주식 투자를 위한
최소한의 재무제표

주식 투자를 위한
최소한의 재무제표

1판 1쇄 인쇄 2026년 2월 20일
1판 1쇄 발행 2026년 2월 27일

지은이 윤종훈, 강지윤

발행인 양원석 **편집장** 최두은 **책임편집** 박완희
디자인 신자용, 김미선 **영업마케팅** 윤송, 김지현, 최현윤, 유민경, 김수윤

펴낸 곳 ㈜알에이치코리아
주소 서울시 금천구 가산디지털2로 53, 20층 (가산동, 한라시그마밸리)
편집문의 02-6443-8858 **도서문의** 02-6443-8800
홈페이지 http://rhk.co.kr
등록 2004년 1월 15일 제2-3726호

ISBN 978-89-255-6986-4 (03320)

주식 투자를 위한

최소한의 재무제표

위험한 주식은 거르고
돈 되는 기업만 남기는 법

(윤종훈·강지윤 지음)

RHK
알에이치코리아

★★★

중고차를 살 때도 사고 이력이나 침수 여부를 꼼꼼히 조회하는데, 정작 내 전 재산이 들어가는 주식은 왜 '카더라' 통신만 믿고 덜컥 매수하게 될까요? 그 이유는 기업의 재무제표에 담긴 숫자의 의미를 모르기 때문입니다. 이 책은 재무제표를 읽고 분석하는 능력을 키워, 감이 아닌 숫자로 투자하는 힘을 길러줍니다.

회계 용어만 보면 머리가 지끈거리는 당신을 위해 현직 회계사 남편이 주식 초보인 아내에게 설명하듯 아주 쉬운 언어로 풀어썼습니다. 덕분에 입문자도 읽기 편합니다. 삼성전자, 아시아나항공 등 친숙한 기업 사례를 통해 '이익은 의견이고 현금은 팩트'라는 투자의 진실을 일깨워줍니다.

어서 책장을 넘겨보세요. 이 책을 읽고 나면 난해한 숫자로 가득하던 재무제표가 기업의 생생한 '건강검진표'로 보이기 시작할 것입니다. 무엇이든 첫 경험이 중요합니다. 주식 투자와 재무제표의 첫 경험을 위해 윤종훈, 강지윤 두 저자가 여러분을 기다리고 있습니다.

염승환 | LS증권 이사, 《주린이가 가장 알고 싶은 최다질문 TOP 77》 저자

★★★

투자는 '답을 찾는 것'보다 '오답을 피하는 것'이 더 중요합니다. 마찬가지로 투자책은 '무엇을 하게 만드는가'보다 '무엇을 하지 않게 만드는가'가 더 중요합니다. 이 책은 우리가 주식 투자를 하면서 꼭 피해야 할 함정을 알려줍니다. 시장을 전망하는 화려한 기술보다는, 기업의 가장 기본적인 언어인 재무제표를 읽는 방법에 집중해 기업의 본모습을 파악하도록 돕습니다.

숫자를 제대로 보지 않아서 손실을 겪는 경우가 많습니다. 숫자를 읽기 위해 회계 전공자 수준으로 공부할 필요는 없습니다. 숫자를 만드는 일은 어렵지만 읽는 법은 누구나 배울 수 있으며, 그 정도만으로도 안전한 회사와 위험한 회사를 충분히 가려낼 수 있습니다.

이 책은 재무제표 읽기를 대학교의 회계 원리 과목 시험문제처럼 딱딱하게 다루지 않습니다. 건강검진표에 비유한 설명 등 주식 초심자를 위한 세심한 배려가 곳곳에 녹아 있습니다.

투자는 답을 찾는 과정이 아니라 오답을 피하는 여정입니다. 이 책은 재무제표를 활용해 오답을 걸러내는 눈을 키워줍니다. 돈을 벌기 전에 돈을 잃지 않는 법을 먼저 배우고자 하는 모든 투자자에게 이 책을 추천합니다.

박곰희 | 금융투자 유튜버, 《박곰희 연금 부자 수업》 저자

투자자의 언어로 풀어낸
재무제표 이야기

제가 회계사 자격증을 취득하고 주식 시장에 뛰어든 지도 어느덧 12년이 넘었습니다. 처음에는 전문가라는 자부심으로 투자를 시작했지만, 저 역시 테마주를 좇고 단기 매매에 몰두하며 시장의 매운맛을 제대로 본 적이 있습니다. 이러한 수많은 시행착오 끝에 얻은 결론은 하나였습니다. 장기적으로 살아남기 위해서는 결국 재무제표를 들여다봐야 한다는 것이었습니다.

이 책을 쓰게 된 계기 역시 그런 경험의 연장선에 있습니다. 재무제표를 전혀 모른 채 주식 투자를 하는 아내를 보며, 물가에 내놓은 아이처럼 위태롭게 느껴졌기 때문입니다. 아내 역시 회계를 배우고 싶다는 의지가 있었고, 저 또한 꼭 알려주고 싶다는 마음이 있었습니다. 하지만 회계 원리조차 배운 적 없는 '회린이' 아내에게 재무제표를 설명하는 일은 생각보다 훨씬 어려운 일이었습니다. 제가 너무도 당연하게 여겨왔던 개념들, 예컨대 감가상각의 정의조차 쉽게 전달되지 않았기 때문입니다.

"초보자의 눈높이에서 다시 설명해줘!"

아내의 이 한마디는 이 책의 방향과 구조를 결정짓는 계기가 됐습니다. 동시에 전문가에게는 일상적인 용어가 처음 회계를 접하는 사람에게는 얼마나 높은 벽이 될 수 있는지를 실감한 순간이기도 했습니다.

사실 회계는 어렵기 때문에 멀어진 것이 아니라, 어렵게 설명돼왔기 때문에 멀어졌습니다. 목적이 다르면 방법도 달라야 합니다. 회계사 시험을 준비하는 수험생에게 필요한 회계기준과 개념을 그대로 투자자에게 나열하는 것은 맞지 않는 옷을 억지로 입히는 것과 같습니다. 회계 이론을 사전식으로 설명하는 대신, 당장 투자 판단의 근거로 삼을 수 있는 기준을 선별해서 투자자의 눈높이에서 회계를 다시 풀어내고자 했습니다.

예를 들어, 교과서에서는 감가상각을 '수익·비용 대응의 원칙에 따라 자산이 수익을 창출하는 기간 동안 비용 처리하는 것'이라고 정의합니다. 하지만 투자자는 '자산을 사용하는 기간 동안 나눠서 비용 처리하는 것'이라고 이해해도 충분합니다. 이렇듯 이 책은 누구나 이해할 수 있는 '직관적인 언어'를 선택했습니다.

구성 역시 단계적으로 설계했습니다. 먼저 재무제표 읽는 법을 배우고(1단계), 위험 신호를 포착한 뒤(2단계), 재무비율로 기업가치를 분석하고(3단계), 마지막으로 뉴스를 해석하는 힘을 기르는(4단계) 흐름입니다. 책을 끝까지 읽고 나면 단순히 숫자를 보는 수준을 넘어, 스스로 질문하고 판단할 수 있는 기준을 갖추게 되는 것을 목표로 했습니다.

또한 회계에 대한 심리적 진입장벽을 낮추는 데에도 많은 공을 들였습니다. 처음에는 '내 돈과 빚'처럼 일상적인 표현으로 설명하고, 이해가 쌓이면 자본금과 차입금으로, 더 나아가 자기자본 조달과 타인자본 조달로 자연스럽게 확장해나갑니다. 회계를 처음 접하는 독자라도 부담 없이 따라올 수 있도록 구성했습니다.

재무제표를 본다고 해서 반드시 돈을 벌 수 있는 공식이 생기는 것은 아닙니다. 하지만 재무제표를 보지 않아 돈을 잃는 경우는 분명히 존재합니다. 이 책을 통해 여러분이 재무제표의 큰 흐름을 이해하고, 스스로 질문하고 판단할 수 있는 기준을 세워나가길 바랍니다. 그것이 이 책이 지향하는 가장 중요한 목표입니다.

마지막으로 기업 분석에는 저자의 주관적인 판단과 회계적 견해가 필연적으로 포함돼 있음을 밝힙니다. 아울러, 도서에 언급된 특정 기업에 대해 투자를 권유하거나 비난하려는 의도가 없음을 명심해주시기 바랍니다.

공인회계사 윤종훈

주식 투자를 한다면 최소한 재무제표는 알아야 합니다

저는 주식 투자를 하면서도 재무제표는 단 한 번도 보지 않았던 전형적인 '회린이'였습니다. 사실 마음 한편으로 재무제표에 대해 회의적인 시각이 있었습니다. 만약 재무제표만으로 주가의 향방을 맞힐 수 있다면, 윤 회계사는 이미 엄청난 부자가 되었어야 마땅하다고 생각했기 때문입니다. 하지만 주식 시장에 쓰디쓴 수업료를 지불하고 난 뒤에야 비로소 깨달았습니다. 내가 투자한 회사가 어떤 상태인지도 모른 채 소중한 돈을 맡기는 것이 얼마나 위험한 도박이었는지를요.

그때부터 재무제표를 다시 보게 되었습니다. 재무제표가 주가 상승을 보장하는 예언서는 아닐지라도, 적어도 투자해서는 안 될 부실기업만큼은 확실하게 걸러내는 필터가 돼준다는 사실을 알게 됐기 때문입니다. 상장폐지나 급격한 주가 하락의 위험이 있는 기업을 미리 피하는 것만으로도 전체 투자 성과는 크게 달라질 수 있다는 본질을 이해하게 된 것입니다.

그러나 막상 재무제표를 제대로 읽어보겠다고 마음먹었어도 기초적인 개념조차 이해하기 쉽지 않았습니다. '수익·비용 대응'이나 '무형자산' '손상차손' 같은 용어들은 처음 듣는 외국어처럼 느껴졌기 때문입니다. 오히려 회계를 이해하려고 할수록 더 멀어지는 기분이 들었습니다. 그때마다 제가 남편에게 반복해서 요청한 것은 딱 하나였습니다.

"초보자의 눈높이에서 다시 설명해줘!"

이렇게 하나씩 다시 설명을 들으며 조금씩 숫자의 행간을 읽기 시작했습니다. 의미 없이 나열된 숫자처럼 보이던 재무제표가 이제는 회사의 자금이 어떻게 조달돼 쓰이고 있는지, 그리고 앞으로 어떤 리스크가 숨어 있는지를 알려주는 객관적인 지표로 보이기 시작했습니다.

물론 주식을 단 한 번만 하고 그만둘 생각이라면 재무제표를 몰라도 상관없을지 모릅니다. 하지만 투자를 평생의 자산 관리 수단으로 삼겠다면, 재무제표는 투자자가 반드시 익혀야 할 '생존 언어'라고 생각합니다.

사실 회계는 생각보다 그리 높은 벽이 아닙니다. 중·고등학교나 대학교에서 배울 기회가 없었기에 낯설게 느껴질 뿐, 최소한의 지식만 갖춘다면 누구나 재무제표의 핵심을 읽어낼 수 있습니다. 저처럼 숫자가 무서워 재무제표를 망설였던 분들이라면, 이 책이 그 첫 문턱

을 넘는 데 큰 힘이 될 것입니다. 전문가의 시선과 초보자의 질문이
함께 담긴 이 책을 통해 여러분도 소중한 자산을 스스로 지킬 수 있
는 기준을 하나씩 만들어가시길 응원합니다.

회린이 강지윤

차례

1 난생처음 재무제표 공부를 시작하다

재무제표에 드러나는 회사의 운명 ①
: 탄생과 첫 거래

재무제표에 드러나는 회사의 운명 ②
: 성장과 확장

재무제표에 드러나는 회사의 운명 ③
: 위기와 몰락

현금흐름 완전 정복

재무비율 완전 정복

뉴스 속 회계 읽기

8 투자의 승률을 높이는 재무제표 활용법

핵심 내용 요약표

투자 전 체크리스트

1장

난생처음
재무제표 공부를
시작하다

워런 버핏의 제1원칙: 절대로 돈을 잃지 마라

회린이   큰일 났어… 주식 계좌가 죄다 파란불이야. 친구가 이 주식은 무조건 오른다고 해서 산 건데 주가가 계속 떨어지기만 해. 도대체 왜 이러는 거야?

윤 회계사   아이고… 혹시 그 회사 주식 사기 전에 재무제표는 한번 확인해 봤어?

회린이   재무제표? 보긴 했는데 숫자만 빽빽해서 뭐가 뭔지 하나도 모르겠더라고.

윤 회계사   너뿐 아니라 대부분이 그렇게 느낄 거야. 개미 투자자와 워런 버핏 같은 투자 대가들의 가장 큰 차이점이지. 버핏은 재무제표의 중요성을 강조하면서 "회계는 비즈니스의 언어"라고 말했거든.

회린이   비즈니스의 언어? 난 그냥 복잡한 숫자라고만 생각했는데…

윤 회계사   재무제표의 모든 숫자는 회사가 우리에게 보내는 일종의 신호이자 언어라고 할 수 있어. 그 언어를 읽을 줄 알면 재무 상태가 엉망인 부실주를 피할 수 있게 되지. 이게 버핏이 말한 투자의 제1원칙 "절대로 돈을 잃지 마라"의 핵심이야.

▎ 투자의 기본은 돈을 잃지 않는 것 ▎

버핏은 왜 그토록 '잃지 않는 것'을 강조했을까? 역설적이게도 주식 시장에는 돈을 벌려는 사람은 넘쳐나지만, 정작 자신의 돈이 어떻게 사라지는지 모르는 사람이 너무나 많기 때문이다.

개미 투자자들이 주식으로 돈을 크게 잃는 상황은 대표적으로 두 가지다. 첫째, 재무 상태가 엉망인 부실주를 샀다가 주가가 폭락하는 경우다. 둘째, 매수한 주식이 상장폐지 되거나 관리종목으로 지정되는 최악의 경우다. 회계 지식은 이런 위험을 사전에 피하도록 도와주는 가장 강력한 도구다. 재무제표를 분석함으로써 위험한 기업들이 보내는 신호를 미리 알아챌 수 있기 때문이다.

재무제표는 워런 버핏이 말한 '돈을 잃지 않는 투자'의 핵심이다.

그는 대박을 터뜨리는 공격적인 기술보다 재무제표 분석을 통해 부실기업을 확실하게 걸러내 소중한 자산을 지키는 것을 투자의 최우선 과제로 삼았다. 비유하자면 회계는 단기적인 고수익을 보장하는 칼이라기보다는 시장의 불확실성과 위험으로부터 내 자산을 지켜주는 견고한 방패라고 할 수 있다.

▎ 회계는 세상을 읽는 도구 ▎

회계를 알면 비로소 세상을 보는 눈이 달라진다. 기업의 가치가 다른 사람들에게는 흑백으로 보이지만 회계를 아는 사람의 눈에는 3D 영화처럼 생생하게 보이는 마법이 펼쳐지는 것이다.

아주 현실적인 예를 들어보자. 출근길 지하철 뉴스 탭에서 '속보! ○○기업, 지난 분기 사상 최대 매출 달성!'이라는 헤드라인을 봤다고 가정하자. 대부분은 '대박이다! 저 회사 주식을 지금이라도 사야 하나?' 하고 생각할 것이다. 매출이 늘었다는 것은 실제로 좋은 신호일 수 있고 겉으로는 더할 나위 없이 훌륭해 보인다.

하지만 회계를 아는 사람들은 여기서 한 걸음 더 나아간다. 이들은 '사상 최대 매출'이라는 화려한 간판 뒤에 숨은 진짜 이야기를 찾아내려 한다. 숫자의 흔적을 따라가며 그 회사의 재무제표를 펼쳐보고 다음과 같은 질문을 던진다.

1. 매출은 늘었는데, 그래서 이익도 그만큼 늘었을까?

매출이 늘었다고 무조건 좋은 것은 아니다. 혹시 그 많은 매출을 올리기 위해 원재료를 너무 비싸게 사 왔다거나, 광고나 마케팅 비용을 과도하게 지출해서 팔면 팔수록 손해 보는 상황은 아닐까? 겉보기에는 화려하지만 속 빈 강정일 수도 있다는 합리적인 의심이다.

2. 현금이 실제로 들어왔을까? 아니면 전부 외상 매출인가?

손익계산서에 이익이 기록됐다고 해도 정작 회사 통장에는 돈이 없을 수 있다. 돈이 없어 직원들 월급 줄 걱정을 하고 있다면 그 회사는 위험한 상태다. 흑자를 기록하고도 현금이 없어 파산하는 '흑자도산'의 사례도 존재한다. 회계는 이런 현금의 흐름까지 자세히 보여 준다.

3. 매출을 올리기 위해 너무 무리하게 빚을 낸 것은 아닐까?

회사가 빚을 잔뜩 내서 무리하게 공장을 확장해 외형만 키운 것은 아닌지, 회사의 부채가 감당 가능한 수준인지도 꼼꼼히 봐야 한다. 빚이 너무 많으면 작은 경제 위기에도 회사가 크게 흔들릴 수 있기 때문이다.

이처럼 회계는 숫자 속에 감춰진 진짜 이야기를 읽어내는 안목을 길러준다. 매출 증가라는 표면적인 정보에 환호하는 대신 그 이면에 숨겨진 회사의 진짜 건강 상태를 따져보게 되는 것이다. 재무제표를 알면 친구가 이 주식이 좋다고 알려줬을 때도 무작정 따라 사지 않는다. 직접 재무제표를 본 뒤 스스로의 기준으로 판단할 수 있게 되는 것이다.

그리고 더 중요한 것은 상장폐지나 관리종목 지정의 위험이 있는 회사들을 미리 알아보고 피해 갈 수 있다는 것이다. 위험한 회사들은 대부분 재무제표에서 이미 신호를 보내고 있다. 회계가 그저 복잡한 숫자 더미가 아니라 세상을 읽는 도구라고 하는 이유가 여기에 있다.

재무제표는
기업의 건강검진표

회린이　　그동안 재무제표 한 번 안 보고 주식에 투자했던 게 너무 후회
　　　　되네. 내가 재무제표를 읽을 줄 알았더라면 친구 말만 듣고 주
　　　　식을 사지 않았을 텐데. 도대체 재무제표가 뭐야?

윤 회계사　이제라도 그 중요성을 알았으니 됐어. 지금부터 배우면 되지.
　　　　어렵게 생각할 것 없이 재무제표는 기업의 건강검진표라고 생
　　　　각하는 게 제일 좋아.

회린이　　건강검진표?

윤 회계사　재무제표라는 건강검진표 안에는 크게 세 가지 핵심 검사 결과
　　　　가 들어 있어. 첫째는 기업의 자산과 빛이 얼마인지 보여주는

재무상태표, 둘째는 1년 동안 장사를 얼마나 잘했는지 보여주는 손익계산서, 마지막은 실제로 회사 통장에 돈이 얼마나 들어오고 나갔는지 보여주는 현금흐름표야.

회린이   재무상태표, 손익계산서, 현금흐름표… 이름만 들어도 머리가 아픈데 이걸 다 알아야 해?

윤 회계사   지금 당장은 아니야. 지금은 그냥 '아, 기업의 건강 상태를 알려주는 세 가지 보고서가 있구나' 하고 눈에 익혀두면 돼. 앞으로 자세히 배울 테니 걱정하지 마.

│ 기업은 재무제표를 왜 공개할까? │

그런데 여기서 한 가지 의문이 생긴다. 개인의 건강검진 결과는 보통 남에게 보여주기 싫은 프라이버시다. 하지만 기업은 정반대다. 자신의 건강 상태를 모든 사람이 볼 수 있도록 만천하에 공개한다. 도대체 왜일까?

가장 큰 이유는 기업의 주인인 주주들에게 회사의 경영 상태를 보고하기 위해서다. 주식회사는 주주의 돈으로 세워지고 운영된다. 따라서 경영진은 주주들에게 '여러분의 돈으로 1년 동안 이렇게 사업을 잘해냈습니다'라고 성과를 보고할 의무가 있다. 또 은행처럼 회사에 돈을 빌려준 이들에게 '우리는 당신들의 돈을 떼먹지 않고 잘 갚을 수 있는 건실한 회사입니다'라고 증명해야 한다. 재무제표는 정부에 세금을 정확하게 내기 위한 근거 자료로도 활용된다.

이처럼 재무제표는 주주, 은행, 정부 등 다양한 관계자에게 회사의 신용과 실적을 증명하는 가장 공식적이고 중요한 소통 수단이다. 투자자는 바로 이 재무제표를 통해 내가 투자하려는 회사가 믿을 만한 곳인지 판단하는 것이다.

| 재무제표의 3대 요소 |

재무제표는 세 가지 핵심 보고서로 구성된다.

1. 자산과 부채, 자본을 나타내는 재무상태표

재무상태표Balance Sheet는 특정 날짜(매년 12월 31일)를 기준으로 기업의 재무 상태를 사진 촬영하듯이 찰칵 찍어낸 것이다. 이 안에는 크게 세 가지 정보가 담겨 있다.

- **자산**: 회사가 가진 '돈이 되는 모든 것'을 말한다. 공장의 기계나 건물뿐 아니라 은행에 있는 현금, 남에게 받을 돈까지 전부 포함된다.
- **부채**: 회사가 갚아야 할 모든 빚이다. 은행에서 빌린 돈, 거래처

에서 물건을 사고 아직 지불하지 않은 외상값 등이 여기에 속한다. 한마디로 '남의 돈'이다.

- **자본**: 회사의 '진짜 내 돈'을 의미한다. 자산에서 부채를 뺀 값으로 순자산이라고도 한다. 회사의 주인인 주주들이 가져갈 몫이다.

재무상태표를 통해 이 회사가 빚에 허덕이는지 아니면 자산이 탄탄한지와 같은 기업의 기초 체력을 한눈에 파악할 수 있다.

2. 1년 동안의 장사 성적을 보여주는 손익계산서

재무상태표가 특정 시점의 사진이라면 손익계산서Income Statement는 1년(1월 1일부터 12월 31일)이라는 기간 동안 회사가 기록한 성적표다. 여기에도 투자자가 꼭 알아야 할 세 가지 핵심 지표가 있다.

- **매출**: 회사가 1년 동안 물건이나 서비스를 팔아서 번 총금액이다. 식당으로 비유하면 총매상과 같은 개념이다.
- **영업이익**: 매출에서 물건 원가, 직원 월급, 사무실 월세처럼 장사에 꼭 필요한 비용을 뺀 이익이다. 회사가 본업(영업활동)을 얼마나 잘하는지 보여주는 가장 중요한 지표다.
- **당기순이익**: 영업이익에서 이자수익, 배당금수익, 이자비용, 자산처분손익 등 영업활동 이외에서 발생한 손익을 더하거나 뺀

다음 세금까지 내고 회사에 최종적으로 남은 돈이다.

3. 현금의 움직임을 정리한 현금흐름표

손익계산서에 이익이 많이 남았다고 해서 반드시 좋은 것만은 아니다. 만약 그 이익이 전부 외상이라면 회사 통장에는 현금이 하나도 없게 된다. 그렇게 되면 회사가 망해 직원들 월급도 주지 못할 수 있다. 현금흐름표Cash Flow Statement는 회사 통장에 현금이 실제로 얼마가 들어오고 나갔는지를 기록한 보고서다. 이익이 아무리 많이 난다고 하더라도 현금흐름이 원활하지 않으면 위험하다. 손익계산서의 이익이 잘 현금화되고 있는지 현금흐름표로 검증할 수 있다.

▍ 주석도 반드시 확인하자 ▍

마지막으로, 세 가지 재무제표를 온전히 해석하기 위해 반드시 함께 검토해야 할 요소가 있다. 바로 주석Notes이다. 재무제표 본문이 기업의 재무 정보를 요약한 '결괏값'이라면, 주석은 그 숫자가 산출된 배경과 세부 내역을 설명하는 '해설서'다. 재무제표 본문에 표시된 숫자만으로는 파악할 수 없는 질적 정보와 구체적인 내역이 주석에 담겨 있기 때문이다.

예를 들어 재무상태표에 '차입금'이 기록돼 있다고 가정해보자. 본문에는 단순히 총액만 표시되므로 이 빚의 성격을 알기 어렵다. 하지만 주석을 확인하면 돈을 빌려준 곳이 시중은행인지 혹은 제2금융권인지, 적용된 이자율은 몇 %이며 만기는 언제인지 알 수 있다.

또한 손익계산서에 '기타비용'이나 '금융비용'으로 합산돼 표시된 항목의 구체적인 내용도 주석을 통해 드러난다. 기업의 이익이 감소했을 때, 그것이 환율 변동에 따른 외화환산손실 때문인지 혹은 보유 자산의 가치 하락에 따른 평가손실 때문인지 주석이 설명해준다. 즉, 주석을 배제한 분석은 기업의 재무 실상을 반쪽밖에 보지 못하는 것과 같다.

정리하자면 재무제표는 재무상태표, 손익계산서, 현금흐름표라는 '3대 핵심 보고서'와 이를 설명하는 '주석'으로 완성된다. 앞으로 우리는 이 보고서들의 결과를 읽고, 그 의미를 해석하는 방법을 체계적으로 배울 것이다.

회계를 모르면
위험한 이유

윤 회계사 이제 재무제표가 대충 어떤 건지 감이 오지? 그럼 회계를 모르면 왜 위험한지 구체적인 사례를 하나 보면서 얘기해보자.

회린이 좋아! 실제 사례를 보면 더 확 와닿을 것 같아.

윤 회계사 이걸 한번 봐봐. 어떤 회사의 재무제표 일부야. 매출액이 어떻게 변하고 있어?

⇨ H사 2020~2022년 매출액

(단위: 원)

	2022년	2021년	2020년
매출액	89,339,914,192	35,217,986,685	25,255,946,308

회린이   와, 대박인데? 2020년에 250억 원 정도였는데 2022년에는 890억 원이 넘었잖아. 매출이 3배 넘게 성장했네! 이런 회사라면 당장 투자해야 하는 거 아니야?

윤 회계사   투자자는 대부분 그렇게 생각해. 그런데 안타깝게도 이 회사는 2024년 3월에 관리종목으로 지정됐어. 더 놀라운 사실은 그 위험 신호가 2022년 감사보고서에 아주 명확하게 나와 있었다는 거야.

│ 겉으로 보이는 매출액의 함정 │

투자자 대부분은 '○○억 매출 성장'과 같은 숫자만 보고 쉽게 흥분한다. 하지만 이 회사의 매출이 정점을 찍었던 2022년 감사보고서에는 '계속기업 관련 중요한 불확실성' 단락이 명시돼 있었다.

> **계속기업 관련 중요한 불확실성**
>
> 감사의견에는 영향을 미치지 않는 사항으로서 이용자는 연결 재무제표에 대한 주석 36에 주의를 기울여야 할 필요가 있습니다. 재무제표에 대한 주석 36에 기술되어 있는 바와 같이, 회사는 2022년 12월 31일로 종료되는 보고 기간에 당기순손실 1,871백만 원이

발생했으며, 당기 말 현재 유동부채가 유동자산을 4,658백만 원 초과하고 있습니다. 이런 사건이나 상황은 주석 36에서 설명하고 있는 다른 사항과 더불어 회사의 계속기업으로서의 존속 능력에 유의적 의문을 제기할 만한 중요한 불확실성이 존재함을 나타냅니다.

H사 2022년 감사보고서

단어는 좀 어렵지만 회계를 모르는 사람이 읽어도 의미는 충분히 전달된다. 회계사가 투자자들에게 '이 회사는 사업을 계속 이어갈 수 있을지 심각하게 의심스럽습니다!'라고 대놓고 경고장을 날린 것이다.

더욱 충격적인 것은 이 위험 신호가 나온 지 1년이 다 돼가던 시점, 즉 관리종목으로 지정되기 불과 3개월 전에도 수많은 개인 투자자가 이 사실을 모르고 있었다는 점이다.

⇨ **H사 2023년 말 소액 주주 현황**

(단위: 주)

	주주			소유 주식			비고
	소액 주주 수	전체 주주 수	비율(%)	소액 주식 수	총 발행 주식 수	비율(%)	
소액 주주	17,458	17,463	99.97	14,847,415	18,606,407	79.8	—

2023년 12월 31일을 기준으로 H사의 소액 주주의 수는 무려

17,458명이었다. 이는 전체 주주의 99.97%에 해당하는 수치다. 거의 모든 주주가 위험을 피할 시간이 충분했음에도 불구하고 그 경고를 놓치고 있었다는 소름 돋는 현실을 보여준다.

이 사례가 보여주는 핵심은 단순하다. 주식 시장은 아무런 경고 없이 기업을 퇴출하지 않는다는 것이다. 즉 H사의 관리종목 지정은 어느 날 갑자기 떨어진 날벼락이 아니다. 오히려 관리종목 지정과 상장폐지에 이르는 전형적인 과정을 그대로 보여준다.

이 과정의 출발점은 재무제표 곳곳에 이미 찍혀 있던 위험 신호들이다. 계속기업 관련 중요한 불확실성, 반복되는 손실, 악화되는 재무구조는 하나같이 '이 기업이 과연 상장사로서 적합한가?'라는 질문으로 이어진다.

그렇다면 재무제표에 어떤 신호들이 나타날 때 주식 시장은 해당 기업을 위험하다고 판단할까? 이를 이해하기 위해서는 관리종목과 상장폐지 제도가 어떤 재무 기준을 중심으로 작동하는지 살펴볼 필요가 있다.

▌ 재무제표가 보내는 위험 신호들 ▌

주식 시장은 재무제표에 드러난 위험 신호들을 바탕으로 기업의 건전성을 판단하고, 필요할 경우 단계적인 조치를 취한다. 그 대표적인 장치가 바로 관리종목 지정과 상장폐지 제도다.

관리종목은 재무 상태의 악화나 공시 위반 등으로 투자에 주의가 필요하다고 판단되는 기업을 지정하는 제도이며, 상장폐지는 이러한 문제가 해소되지 않거나 기준을 충족하지 못한 기업을 시장에서 퇴출하는 제도다. 두 제도는 모두 재무제표에 나타난 수치와 구조를 중요한 판단 근거로 삼는다.

다음은 관리종목 지정이나 상장폐지 판단에 직접적으로 영향을 미치는 대표적인 재무 관련 요건들이다.

1. 영업손실과 상장 적격성 실질 심사

영업손실은 기업이 본업으로 수익을 창출하지 못하고 있음을 뜻한다. 과거에는 코스닥 기업의 장기 영업손실이 즉각적인 퇴출 사유가 됐으나, 현재는 규정이 완화돼 적자 자체가 기계적인 퇴출로 이어지지는 않는다. 하지만 적자가 누적돼 재무 건전성이 심각하게 훼손될 경우, 한국거래소는 해당 기업이 상장사로서 적합한지를 따져보는 '상장 적격성 실질 심사'를 진행한다. 즉, 장기 영업손실은 그 자체로 퇴출 사유는 아니지만, 다른 재무 위험 신호와 결합할 경우 실질 심사의 대상이 될 수 있다.

2. 자본 잠식

누적된 적자가 자본금을 갉아 먹는 상태다. 자본 잠식률이 50% 이상이 되면 관리종목으로 지정된다. 자본이 모두 바닥나 마이너스로 돌아서는 '완전 자본 잠식'은 원칙적으로 상장폐지 사유에 해당하며, 회사가 특별한 회생 가능성을 입증하지 못하면 퇴출로 이어진다.

3. 외부감사인의 감사의견

회계사가 '장부를 믿을 수 없다'고 판단해 '의견거절'이나 '부적정 의견'을 내놓는다면, 그 기업은 시장의 공신력을 잃는다. 상장 유지의 최소 요건을 충족하지 못한 것으로 간주돼 즉각적인 매매 거래 정지 및 상장폐지 여부가 검토된다.

4. 매출액 미달

기업의 실질적인 영업활동이 거의 이루어지지 않는 경우다. 코스피 시장은 연 매출 50억 원, 코스닥 시장은 30억 원 미달 시 즉각 관리종목으로 지정된다. 만약 2년 연속 이 기준을 충족하지 못하면 상장 적격성 실질 심사를 거쳐 퇴출 여부가 결정된다. 2025년부터는 부실기업의 신속한 정리를 위해 심사 절차가 간소화됐다. 회생 가능성을 증명하지 못한 '무늬만 상장사'는 시장에서 더욱 빠르게 자취를 감추게 된다.

이 외에도 법인세비용차감전계속사업손실이 자기자본의 50%를 초과하는 경우나 지배구조 및 공시 의무 위반 등 재무제표와 연동된 요건이 더 있다. 또 코스피 시장과 코스닥 시장은 각 시장 특성에 따라 세부적인 심사 기준과 적용 수치에서 차이가 있다.

아직 회계를 본격적으로 배우기도 전에 상장폐지나 관리종목 요건 같은 어렵고 생소한 규정들을 먼저 접해 당황스러울 수 있다. 하지만 다행인 것은 회계를 배운 투자자는 이 까다로운 규정들을 일일이 외울 필요가 없다는 점이다. 애초에 재무제표가 엉망인 '나쁜 주식'을 거르는 눈을 갖고 있기에, 이런 위험한 규정들과 마주칠 일이 없기 때문이다.

회계,
어디까지 알아야 할까?

회린이   회계가 중요한 건 알겠는데 이걸 다 배우려면 내가 회계사 시험
            이라도 봐야 하는 거 아니야? 무슨 말인지 하나도 모르겠는 용
            어투성이인데… 내가 진짜 할 수 있을까?

윤 회계사   걱정하지 마! 너 건강해지고 싶다고 의사 될 거야?

회린이   에이, 그건 아니지. 그냥 건강검진표 볼 줄 알고 의사 선생님 설
            명만 알아들으면 되잖아.

윤 회계사   우리가 할 게 딱 그 정도야. 재무제표를 보고 '아, 이 회사 건강
            하네' 혹은 '어, 여긴 좀 위험한데?' 구분하는 법만 배우면 돼.

최소한의 회계 공부 4단계

건강해지기 위해 의대생처럼 공부할 필요가 없듯이, 투자를 잘하기 위해 회계사처럼 공부할 필요도 없다. 투자자의 목표는 회계사 시험 합격이 아니다. 재무제표는 회사가 작성하고 회계사가 검증한 최종 결과물이다. 즉 복잡한 회계 처리는 회사의 몫이고 어려운 회계 감사는 회계사의 역할이다. 투자자는 그 모든 과정을 알 필요 없다. 재무제표를 읽고 해석할 수 있는 최소한의 지식만 있으면 충분하다.

이런 관점에서 우리는 투자자에게 필요한 최소한의 회계 지식을 네 단계로 나눠 차근차근 살펴볼 것이다.

1단계 재무제표 읽는 법 배우기

이 단계에서 기억할 가장 중요한 점은 우리가 차변과 대변을 구분하거나 복잡한 회계 처리를 배울 필요가 없다는 것이다. 그것은 회사와 회계사의 영역이지 투자자의 영역이 아니다. 투자자는 그 모든 과정의 최종 결과물인 재무제표만 읽을 줄 알면 된다. 우리는 재무상태표로 회사의 재무 건전성을 확인하고 손익계산서로 지난 1년간 장사를 얼마나 잘했는지 확인하면 된다. 마지막으로 현금흐름표를 통해 회사에 돈이 잘 돌고 있는지만 확인해도 충분하다.

2단계 돈을 잃지 않는 투자의 기초 다지기

재무제표를 읽을 수 있게 되면 그 지식을 바탕으로 위험한 기업을 피하는 방법을 익힌다. 지속적인 적자, 자본 잠식, 단기지급능력 악화 등은 상장폐지나 관리종목으로 이어질 수 있는 명확한 위험 신호다. 이를 재무제표에서 찾아내는 훈련을 하는 것이 이 단계의 핵심이다. 이는 투자의 관점을 대박 종목을 찾는 것에서 치명적인 지뢰를 피하는 것으로 전환하는 중요한 과정이다.

3단계 재무비율로 기업 분석하기

재무제표의 숫자들을 그대로 보는 것을 넘어 숫자끼리 서로 조합하고 나눠 기업의 숨은 특징과 효율성을 파악한다. 이것을 '재무비율 분석'이라고 한다. 예를 들어 PER, PBR로 현재 주가 수준을 가늠해보고, 부채비율을 통해 기업의 재무구조가 얼마나 안정적인지 파악해볼 수 있다. 다만, 재무비율은 기업을 분석하는 시작점일 뿐 정답을 알려주지는 못한다는 한계도 명확히 알아야 한다.

4단계 경제 뉴스의 숨은 의미 해석하기

회계 지식이 차곡차곡 쌓이면 뉴스의 이면을 꿰뚫어 보게 된다. '○○기업, 사상 최대 매출 달성!'이라는 헤드라인에 흥분하는 대신 '그래서 영업이익은? 매출채권은 잘 회수되나?'와 같은 핵심적인 질문을 던질 수 있게 된다. 남들이 그저 좋다며 환호할 때 우리는 한 걸음 더 나아가 기업의 진짜 속사정을 볼 수 있다. 또 남들이 공포에 질려 도망갈 때 반대로 그 안에 숨은 기회가 있는지도 확인할 수 있다.

결국, 우리는 재무제표를 읽고(1단계), 위험을 걸러낸 다음(2단계), 재무비율을 분석하고(3단계), 뉴스를 해석하는 힘을 기르는(4단계) 네 가지 단계를 거쳐 더 현명하게 투자 결정을 내릴 수 있게 되는 것이다.

DART: 모든 기업의 재무제표를 볼 수 있는 곳

회린이　재무제표가 중요하다는 건 이제 알겠어. 그런데 삼성전자나 SK 하이닉스 같은 회사의 재무제표 원본은 대체 어디서 볼 수 있어?

윤 회계사　우리나라 상장 기업은 법에 따라 모든 중요 정보를 공개할 의무가 있어. 전자공시시스템이라고 들어봤어?

회린이　전자공시시스템? 이름은 들어본 것 같아. 그런데 사이트가 엄청 복잡해 보이던데?

윤 회계사　맞아, 처음 보면 정보가 너무 많아서 당황할 수 있어. 하지만 걱정하지 마. 투자자가 꼭 확인해야 할 핵심 보고서는 정해져 있어. 지금은 조회하는 방법만 살펴보자.

DART란 무엇일까?

검색창에 종목명을 입력하기 전에, 먼저 금융감독원의 전자공시시스템DART이 어떤 곳인지 이해하는 것이 중요하다.

DART는 상장법인 등이 법규에 따라 제출하는 공시서류를 투자자를 비롯한 이용자가 조회할 수 있는 온라인 플랫폼이다. DART에 공시되는 정보는 기업이 법적 책임을 지고 공표하는 자료로 중요한 정보의 원천이다.

DART에서는 다양한 공시서류를 조회할 수 있다. 기업은 자신들의 실적을 일정한 주기로 공시하고 있는데 이를 '정기보고서'라고 한다.

⇨ DART 메인 화면

정기보고서는 제출 주기에 따라 크게 세 종류로 나뉜다.

- **사업보고서**

1년의 경영 성과를 총결산하는 가장 중요하고 종합적인 보고서다. 매 사업연도 종료 후 90일 이내에 제출되며 외부감사인의 '감사'를 받은 재무제표가 포함돼 있다.

- **반기보고서**

상반기 6개월간(1~6월)의 실적을 담은 보고서다. 사업연도 시작 후 6개월이 지난 시점부터 45일 이내에 제출된다. 외부감사인의 감사가 아닌 '검토'를 받은 재무제표가 포함된다.

- **분기보고서**

3개월 단위의 실적을 담은 가장 신속한 보고서다. 1분기(1~3월)와 3분기(7~9월) 실적을 대상으로 하며 각 분기 종료 후 45일 이내에 제출된다. 반기보고서와 마찬가지로 외부감사인의 '검토'를 받은 재무제표가 담긴다.

투자자는 1년에 한 번 발표되는 사업보고서를 통해 기업의 연간 실적과 재무 건전성을 깊이 있게 분석하고 분기 및 반기 보고서를 통해 해당 기업의 실적이 시장의 기대에 부합하는지 확인해야 한다. 또

이전 분기 대비 기업이 성장하고 있는지를 주기적으로 추적할 필요가 있다.

| DART 이용법 |

다음은 DART에서 특정 회사의 정기보고서를 조회하는 절차다.

1단계 종목명 검색

DART 사이트(dart.fss.or.kr)에 접속한 후, 화면 중앙의 검색창에 조회하고자 하는 회사명(예: 삼성전자)을 입력하고 정기공시를 체크한다.

⇨ DART 검색창 화면

2단계 보고서 유형 선택 및 조회

검색 결과, 화면에 공시 목록이 나타난다. 여기서 조회 기간을 재설정할 수 있다. 그 후 목록에서 확인하고자 하는 사업보고서, 반기보고서, 분기보고서를 클릭한다.

⇨ **삼성전자 검색 후 화면**

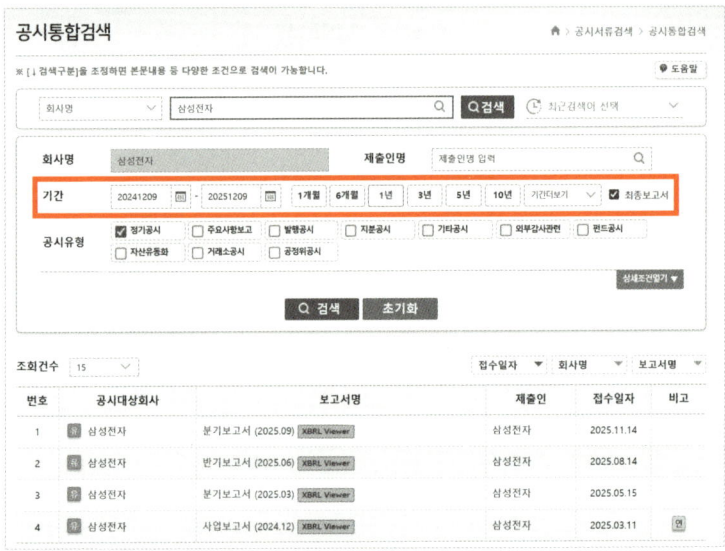

3단계 재무 관련 정보 확인

보고서 뷰어 창이 열리면 좌측의 목차를 활용한다. 목차에서 '재무에 관한 사항'을 클릭하면 관련 내용으로 바로 이동할 수 있다. 해당항목에서는 재무제표 본문(재무상태표, 손익계산서, 현금흐름표 등)과 재무제표에 대한 주석을 확인할 수 있다. 그리고 '첨부 선택'을 클릭하면 외부감사인의 감사의견 또는 검토의견을 확인할 수 있다.

⇨ **삼성전자 재무제표 화면**

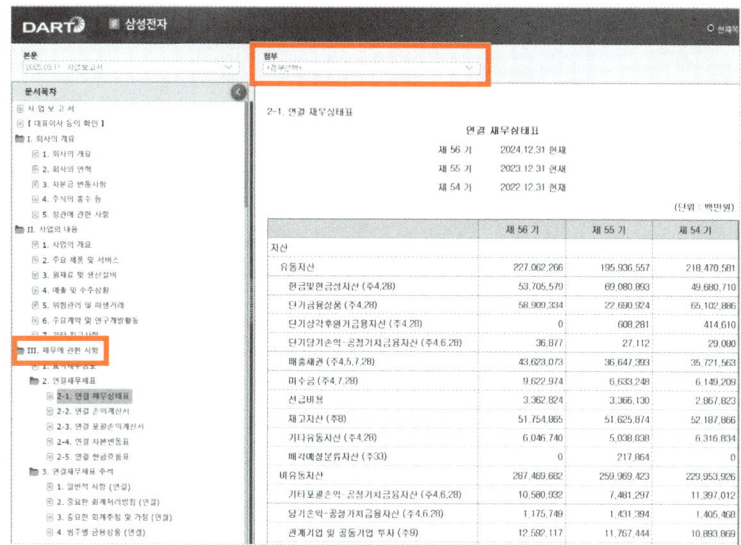

이렇게 투자자는 DART를 통해 모든 상장 기업의 재무 정보를 직접 확인할 수 있다. 투자자가 언론 기사 등 가공된 정보가 아닌 기업이 직접 공시한 원본 데이터를 확인하는 것은 투자 결정에 많은 도움이 된다.

연결 vs 별도 재무제표, 무엇을 봐야 할까?

회린이   알려준 대로 DART에서 삼성전자 사업보고서를 찾아봤어. 그런데 시작부터 막혔어. 재무제표가 두 개나 있던데? 하나는 '연결' 재무제표라고 돼 있고, 다른 하나는 '별도' 재무제표라고 돼 있어. 더 헷갈리는 건 두 표의 숫자가 완전히 다르다는 거야. 도대체 뭘 봐야 해?

윤 회계사   이름만 보면 어렵지? 이걸 가족 이야기로 바꿔서 생각하면 아주 쉬워. 결혼해서 남편과 아내가 같이 살고 있다고 해보자.

회린이   응, 부부네.

윤 회계사   이 부부가 아파트를 사려고 은행에 주택담보대출을 받는다고 해봐. 그럼 은행 직원이 남편 월급만 볼까? 아니면 아내 월급까지 합쳐서 이 가족이 빚을 갚을 능력이 얼마나 되는지를 볼까?

회린이　당연히 둘 다 합쳐서 보겠지. 부부는 경제 공동체니까.

윤 회계사　맞아. 주변 사람들이 저 집 잘산다, 못산다 평가할 때도 마찬가지야. 남편 연봉, 아내 연봉, 그리고 두 사람이 가진 재산을 다 합쳐서 판단하지? 그게 바로 연결 재무제표야. 반대로 남편과 아내의 지갑을 따로따로 보는 게 별도 재무제표고.

| 연결 vs 별도, 무엇이 다를까? |

　DART에서 기업 정보를 찾다 보면 '연결'과 '별도'라는 단어 앞에서 멈칫하게 된다. 결론부터 말하면 기업의 가치를 평가하고 주가가 싼지 비싼지를 판단할 때는 가족 전체를 합친 연결 재무제표를 메인으로 봐야 한다.

　먼저 '별도' 재무제표란 남편과 아내 각각의 성적표다. 삼성전자로 치면 삼성전자라는 법인 하나가 수원 공장, 평택 공장에서 반도체와 스마트폰을 만들어서 번 돈만 기록한다. 자회사들이 아무리 돈을 많이 벌어도 별도 재무제표에는 직접적으로 합산되지 않는다.

　반면 '연결' 재무제표는 가족 전체의 성적표다. 법적으로는 나뉘어 있지만 경제적으로는 한 몸이나 다름없는 모회사와 자회사를 모두 합쳐서 하나의 재무제표로 만든 것이다. 보통 다른 회사의 주식을 50% 넘게 가지고 있으면 '이 회사는 내 것이다'라고 보고, 내 재무제표에 그 회사의 실적을 100% 합쳐버린다. 이것을 '연결'이라고 한다.

다시 삼성전자를 예로 들어보자. 삼성전자 아래에는 삼성디스플레이, 오디오를 만드는 하만Harman, 그리고 수많은 해외 생산 법인들이 자회사로 딸려 있다. 이를 모두 합친 것이 연결 재무제표다.

우리가 삼성전자 주식을 산다는 건 단순히 삼성전자라는 회사 하나에 투자하는 게 아니다. 삼성전자가 거느린 수많은 자회사, 즉 그 가족 전체의 경제력에 투자하는 것이다. 따라서 이 회사가 돈을 잘 버는지, 빚은 얼마나 있는지 판단하려면 삼성전자와 그 자회사의 합산 소득과 합산 재산을 봐야 타당하다.

만약 남편(모회사)은 사업이 잘 안돼서 돈을 못 버는데, 아내(자회사)가 돈을 엄청나게 잘 번다고 가정해보자. 이때 별도 재무제표(남편 지갑)만 보면 이 집안은 가난해 보인다. 그래서 투자자는 이 주식이 매력이 없다고 생각할 수 있다. 하지만 연결 재무제표(부부 합산)를 보면 아내 덕분에 아주 부유한 집안이라는 걸 알 수 있다. 이처럼 기업 집단 전체의 경제적 실질과 포괄적인 사업 규모를 파악하기 위해서는 연결 재무제표를 중심으로 검토하는 것이 타당하다.

| 배당 능력을 확인할 때는 별도 재무제표 |

그렇다면 별도 재무제표는 아예 볼 필요가 없는 쓸모없는 자료일까? 아니다. 아주 중요하게 쓰일 데가 있는데 바로 배당 능력을 판단할 때다.

딸이 아빠에게 용돈을 달라고 하는 상황을 가정해보자. "아빠, 이번 달 용돈 좀 주세요!"이때 아빠가 용돈을 주려면 돈이 어디에 있어야 할까? 당연히 아빠 본인의 주머니에 현금이 있어야 한다. 아무리 엄마(자회사)가 밖에서 돈을 잘 벌어온다 한들, 그 돈을 아빠에게 주지 않으면 아빠는 빈털터리다. 아빠 지갑이 비어 있으면 딸에게 줄 용돈도 없다.

주식회사의 배당도 이와 똑같다. 법적으로 회사가 주주들에게 주는 배당금은 그 회사가 가진 이익잉여금 내에서 지급해야 한다. 즉, 자회사가 돈을 아무리 잘 벌어도, 모회사의 통장에 돈이 없으면 주주들에게 나눠줄 현금이 부족할 수 있다.

따라서 내가 투자한 회사가 돈은 잘 버는 것 같은데(연결 실적은 좋은데), 실제로 나에게 배당을 줄 능력이 있는지 확인하고 싶다면 아빠의 지갑, 별도 재무제표를 열어봐야 한다.

정리하자면 다음과 같은 원칙을 세울 수 있다.

가치평가: 이 주식이 싼가, 비싼가?

→ 연결 재무제표를 본다. 자회사까지 합친 총수익력이 진짜 실력이다. 별도 재무제표는 보조적으로 활용한다.

주주 환원: 배당을 얼마나 줄 수 있을까?

→ 별도 재무제표를 참고한다. 회사 주머니에 실제로 있는 돈이 얼마인지가 중요하다.

기업을 분석할 때는 기본적으로는 가족 전체의 살림살이를 보여주는 연결 재무제표를 메인 화면에 띄워두는 것이 정석이다. 별도 재무제표는 보조 지표로 활용하되, 배당 능력을 확인할 때는 별도 재무제표를 메인 화면에 띄운다.

2장

재무제표에 드러나는
회사의 운명 ①

: 탄생과 첫 거래

재무상태표: 자금 조달과 자산 구성의 원리

윤 회계사   이제 진짜 회사 이야기로 들어가보자. 1장에서 재무제표가 무엇인지 배우긴 했지만 그래도 아직은 좀 생소하고 어렵게 느껴지지?

회린이   맞아. 재무상태표, 손익계산서 같은 게 있다고는 알고 있지만 겨우 단어만 아는 수준이지 뭐…

윤 회계사   원래 용어만 들어서는 감이 잘 안 와. 그래서 이 책에서는 조금 특별한 방식을 쓸 거야.

회린이   특별한 방식?

윤 회계사   응, 우리가 직접 회사를 하나 세운다고 상상해보는 거지.

회린이	오, 창업을 하는 거야?
윤 회계사	맞아. 돈을 모아서 회사를 세우고(2장), 물건을 팔아 회사를 키우고(3장), 때로는 위기에 빠져서 휘청거리는(4장) 회사의 '일생'을 쭉 따라가볼 거야. 그 과정에서 그때그때 필요한 회계를 배우면 훨씬 더 와닿을 테니까.
회린이	회사의 흥망성쇠를 다 겪어보는 거네? 재밌겠다! 스토리텔링 같아서 이해도 잘될 것 같고.
윤 회계사	좋아. 그 긴 여정을 떠나기 전에, 큰 그림부터 보고 가자. 실제 회사의 재무제표가 어떻게 생겼는지 보여주려고 삼성전자 재무제표를 준비했어. 아직은 워밍업 단계니까 깊이 이해하려고 하지 말고 '아 재무제표가 이렇게 생겼구나' 하고 가볍게 보자.

본격적인 창업 스토리에 들어가기에 앞서, 우리는 기업의 실제 재무제표를 먼저 눈에 익혀둘 필요가 있다. 가장 먼저 살펴볼 것은 재무상태표다. 재무상태표는 특정 기준일(예: 2025년 12월 31일)에 기업이 보유한 자산과 그 자산을 형성하기 위해 조달한 부채 및 자본의 구성을 일목요연하게 보여주는 정적인 보고서다.

투자자는 재무상태표를 통해 기업의 재무구조가 얼마나 안정적인지 파악할 수 있다. 예를 들어, 자산을 형성하는 데 있어 빚 의존도가 높은지, 아니면 주주의 돈으로 운영되는지를 분석해 재무적 위험을 가늠할 수 있다. 또한, 기업의 단기 채무 상환 능력, 즉 유동성을 평가할 수 있다. 특히 단기 부채에 비해 현금화할 수 있는 자산이 충분한지는 매우 중요한 분석 포인트다.

그럼 이제 재무상태표를 구성하고 있는 자산, 부채, 자본에 대해 하나씩 알아보자.

| 자산: 기업이 가진 모든 것 |

자산은 기업이 보유하고 운용하는 모든 경제적 자원을 의미한다. 쉽게 말해 '지금 당장 돈이 되거나, 앞으로 돈을 벌어다 줄 수 있는 것'이라고 이해하면 된다. 아래는 삼성전자 자산 내역이다.

⇨ 삼성전자 연결 재무상태표: 자산

(단위: 100만 원)

	2024년	2023년	2022년
자산			
유동자산	227,062,266	195,936,557	218,470,581
현금 및 현금성자산	53,705,579	69,080,893	49,680,710
단기금융상품	58,909,334	22,690,924	65,102,886
단기상각후원가금융 자산	—	608,281	414,610
단기당기손익 -공정가치금융자산	36,877	27,112	29,080

매출채권	43,623,073	36,647,393	35,721,563
미수금	9,622,974	6,633,248	6,149,209
선급비용	3,362,824	3,366,130	2,867,823
재고자산	51,754,865	51,625,874	52,187,866
기타유동자산	6,046,740	5,038,838	6,316,834
매각예정분류자산	—	217,864	—
비유동자산	287,469,682	259,969,423	229,953,926
기타포괄손익 -공정가치금융자산	10,580,932	7,481,297	11,397,012
당기손익 -공정가치금융자산	1,175,749	1,431,394	1,405,468
관계기업 및 공동기업 투자	12,592,117	11,767,444	10,893,869
유형자산	205,945,209	187,256,262	168,045,388
무형자산	23,738,566	22,741,862	20,217,754
순확정급여자산	3,089,571	4,905,219	5,851,972
이연법인세자산	14,236,468	10,211,797	5,101,318
기타비유동자산	16,111,070	14,174,148	7,041,145
자산총계	514,531,948	455,905,980	448,424,507

2024년 재무상태표를 보면 맨 아래 자산총계에 514,531,948이라는 숫자가 적혀 있다. 재무상태표 우측 상단의 단위가 100만 원이므로 이 숫자는 514조 5,319억 원을 의미한다. 2024년 12월 31일이라는 특정 시점에 삼성전자가 보유한 총자산의 규모다. 이처럼 어마어마한 규모의 자산을 쉽게 이해하기 위해 회계는 자산의 성격에 따라

'유동자산'과 '비유동자산'으로 분류한다.

유동자산은 1년 이내에 현금으로 바꾸거나 사용할 수 있는 자산을 말한다. 이는 기업의 단기적인 안정성과 직결된다. 삼성전자의 유동자산총계는 227조 원으로, 그중 대표적인 계정과목은 다음과 같다.

- **현금 및 현금성자산**: 53조 7,055억 원. 이름 그대로 기업이 즉시 사용할 수 있는 현금과 예금을 의미한다.
- **매출채권**: 43조 6,230억 원. 기업이 제품이나 서비스를 외상으로 판매하고 고객사로부터 아직 받지 못한 돈을 뜻한다. 흔히 말하는 '외상값'이다.
- **재고자산**: 51조 7,548억 원. 판매를 위해 창고에 보관 중인 완제품(스마트폰, TV)이나 생산 과정에 투입될 부품 및 원재료(반도체 웨이퍼 등)를 모두 포함하는 금액이다.

비유동자산은 1년 이상 장기간에 걸쳐 기업 활동에 사용될 자산들을 말한다. 이는 기업의 핵심 경쟁력과 미래 성장 잠재력을 엿볼 수 있는 항목들로 구성된다. 삼성전자의 비유동자산총계는 287조 원에 달한다.

- **유형자산**: 205조 9,452억 원. 비유동자산 중 가장 큰 비중을 차지하는 항목이다. 여기에는 평택과 기흥에 위치한 거대한 반도

체 공장, 전 세계의 생산라인, 최첨단 장비 등 물리적 형태를 가
진 모든 자산이 포함된다.

• **무형자산**: 23조 7,385억 원. 특허권, 영업권, 소프트웨어처럼 물
리적 형태는 없지만 기업에 경제적 가치를 제공하는 자산들을
의미한다.

| 부채: 갚아야 할 남의 돈 |

부채는 기업이 과거의 거래로 인해 부담하고 있는 의무를 의미한
다. 쉽게 말해 '미래에 현금이나 서비스로 갚아야 하는 것'이라고 이
해하면 된다. 아래 삼성전자 부채 내역을 확인해보자.

⇨ **삼성전자 연결 재무상태표: 부채**

(단위: 100만 원)

	2024년	2023년	2022년
부채			
유동부채	93,326,299	75,719,452	78,344,852
매입채무	12,370,177	11,319,824	10,644,686
단기차입금	13,172,504	7,114,601	5,147,315
미지급금	18,547,365	15,324,119	17,592,366
선수금	1,841,420	1,492,602	1,314,934
예수금	991,812	892,441	1,298,244

미지급비용	29,613,258	26,013,273	29,211,487
당기법인세부채	4,340,171	3,358,715	4,250,397
유동성장기부채	2,207,290	1,308,875	1,089,162
충당부채	8,216,469	6,524,876	5,844,907
기타유동부채	2,025,833	2,308,472	1,951,354
매각예정분류부채	—	61,654	—
비유동부채	19,013,579	16,508,663	15,330,051
사채	14,530	537,618	536,093
장기차입금	3,935,860	3,724,850	3,560,672
장기미지급금	5,510,455	5,488,283	2,753,305
순확정급여부채	521,410	456,557	268,370
이연법인세부채	528,231	620,549	5,111,332
장기충당부채	3,120,044	2,878,450	1,928,518
기타비유동부채	5,383,049	2,802,356	1,171,761
부채총계	112,339,878	92,228,115	93,674,903

삼성전자의 부채총계는 112조 3,398억 원으로 기록돼 있다. 이는 2024년 12월 31일 기준으로 삼성전자가 외부에 갚아야 할 빚의 총액이다. 자산과 마찬가지로 부채 또한 '유동부채'와 '비유동부채'로 구분한다.

유동부채는 1년 이내에 반드시 상환해야 하는 빚을 말한다. 따라서 이 금액이 너무 많으면 기업의 단기적인 재무 압박이 커질 수 있다. 삼성전자의 유동부채는 93조 3,262억 원이며 주요 계정과목은 다음과 같다.

- **매입채무**: 12조 3,701억 원. 이는 자산 항목의 '매출채권'과 정반대되는 개념이다. 삼성전자가 반도체 생산에 필요한 원재료나 부품을 공급 업체로부터 외상으로 구매하고 아직 지급하지 않은 돈이다.
- **단기차입금**: 13조 1,725억 원. 은행 등 금융기관으로부터 빌린 돈 중에서 1년 안에 갚기로 약속한 돈이다.
- **미지급금/미지급비용**: 미지급금(18조 5,473억 원)과 미지급비용(29조 6,132억 원)은 성격이 유사하다. 서비스나 물건을 구입했지만 아직 지급일이 도래하지 않은 돈이다.

비유동부채는 상환 만기가 1년 이상 남은 장기적인 빚을 말한다. 주로 대규모 시설 투자 등 장기적인 계획을 위해 빌린 자금인 경우가 많다. 삼성전자의 비유동부채는 19조 135억 원이다.

- **장기차입금**: 3조 9,358억 원. 은행 등 금융기관으로부터 빌린 돈 중에서 상환 기간이 1년 이상 남은 금액을 뜻한다.

이처럼 부채 항목을 유동과 비유동으로 나눠 살펴보면 기업의 단기 자금 상환 압박 정도와 장기적인 재무 계획의 윤곽을 파악할 수 있다.

| 자본: 진짜 주주의 몫 |

자본은 자산에서 부채를 차감한 잔액으로 순자산을 의미한다. 이는 채권자에게 갚아야 할 모든 빚을 청산하고 난 뒤 주주들에게 온전히 귀속되는 몫이다.

⇨ 삼성전자 연결 재무상태표: 자본

(단위: 100만 원)

	2024년	2023년	2022년
자본			
지배기업소유주지분	391,687,603	353,233,775	345,186,142
자본금	897,514	897,514	897,514
우선주자본금	119,467	119,467	119,467
보통주자본금	778,047	778,047	778,047
주식발행초과금	4,403,893	4,403,893	4,403,893
이익잉여금	370,513,188	346,652,238	337,946,407
기타자본항목	15,873,008	1,280,130	1,938,328
비지배지분	10,504,467	10,444,090	9,563,462
자본총계	402,192,070	363,677,865	354,749,604

삼성전자의 2024년 재무상태표를 보면 자본총계는 402조 1,921억 원이다. 이는 앞서 살펴본 자산 514조 5,319원에서 총부채 112조 3,398억 원을 뺀 금액과 정확히 일치한다. 여기서 '자산-부채=자본'이라는 회계 항등식이 성립함을 알 수 있다.

자본의 주요 계정과목은 다음과 같다.

- **자본금과 주식발행초과금**: 8,975억 원과 4조 4,038억 원. 이는 주주들이 삼성전자라는 회사를 처음 만들거나 이후 증자를 할 때 회사에 투자한 돈이다.
- **이익잉여금**: 370조 5,131억 원. 자본 항목에서 가장 압도적인 비중을 차지하는 이 계정과목은 투자자가 주목해야 할 숫자다. 이익잉여금이란 삼성전자가 창립 이래 수십 년간 반도체, 스마트폰 등을 팔아 벌어들인 총이익에서 주주들에게 배당으로 나눠주고 남은 이익이다.

재무상태표는 회사가 가진 자산이 빚으로 산 것인지 스스로 번 돈으로 쌓은 것인지를 보여주는 표다. 말하자면 기업의 체력을 한눈에 보여주는 뼈대다. 이 뼈대가 튼튼해야 기업이 안정적으로 운영될 수 있다. 그렇다면 이 튼튼한 뼈대를 바탕으로 기업은 1년 동안 얼마나 장사를 잘했을까? 이제 기업의 성적표인 손익계산서를 확인해볼 차례다.

1. 재무상태표 한눈에 보기

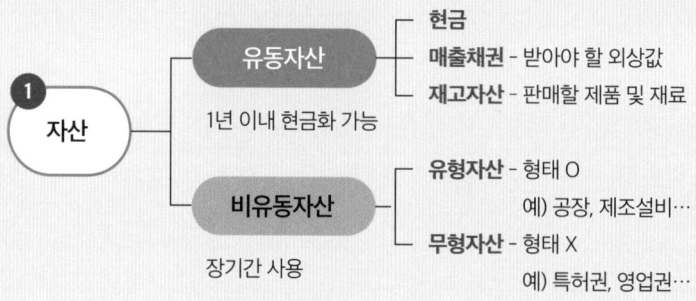

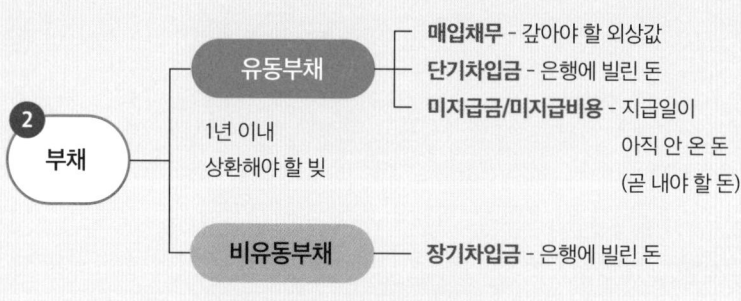

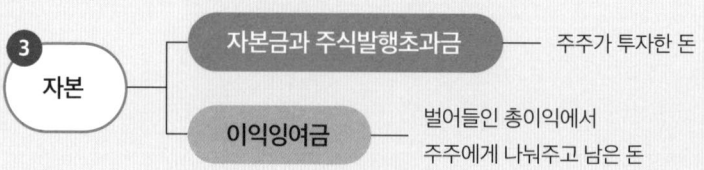

손익계산서:
경영 성과는 어떻게 측정될까?

윤 회계사 지난 시간에 재무상태표를 통해 기업의 자산과 부채 현황을 파악했지? 이제는 그 자산을 바탕으로 기업이 실제 시장에서 어떤 성과를 냈는지 확인할 차례야.

회린이 성과? 아, 1년 동안 돈을 얼마나 벌었는지 보는 거구나.

윤 회계사 재무상태표가 특정 시점의 재무 상태를 보여준다면, 손익계산서는 일정 기간 동안의 경영 성과를 보여주는 보고서야. 기업이 수익을 창출하는 과정을 구조적으로 파악할 수 있지.

윤 회계사가 말한 '구조적'이란 무엇일까? 이는 손익계산서가 단순히 얼마를 벌어서 얼마를 남겼다는 최종 결과만 보여주는 표가 아니라는 뜻이다.

손익계산서는 매출이라는 시작점에서 출발해, 비용을 단계적으로 차감해나가며 이익이 만들어지는 과정을 보여준다. 매출액에서 시작해 매출총이익, 영업이익, 당기순이익을 순차적으로 계산해나가는 구조이기 때문에, 투자자는 일정 기간 동안 기업의 매출이 어떤 비용을 거쳐 최종 이익으로 이어졌는지를 자연스럽게 파악할 수 있다.

이제 삼성전자의 손익계산서를 통해 실제 손익계산서가 어떤 구조로 구성돼 있으며, 이익이 어떤 과정을 거쳐 만들어지는지 살펴보자.

| 이익을 산출하는 과정 |

⇨ 삼성전자 연결 손익계산서

(단위: 100만 원)

	2024년	2023년	2022년
매출액	300,870,903	258,935,494	302,231,360
매출원가	186,562,268	180,388,580	190,041,770
매출총이익	114,308,635	78,546,914	112,189,590
판매비와 관리비	81,582,674	71,979,938	68,812,960
영업이익	32,725,961	6,566,976	43,376,630
기타수익	1,960,338	1,180,448	1,962,071
기타비용	1,625,229	1,083,327	1,790,176

지분법이익	751,044	887,550	1,090,643
금융수익	16,703,304	16,100,148	20,828,995
금융비용	12,985,684	12,645,530	19,027,689
법인세비용차감전순이익	37,529,734	11,006,265	46,440,474
법인세비용(수익)	3,078,383	(4,480,835)	(9,213,603)
당기순이익	34,451,351	15,487,100	55,654,077
당기순이익의 귀속			
지배기업소유지분	33,621,363	14,473,401	54,730,018
비지배지분	829,988	1,013,699	924,059
주당이익			
기본주당이익(단위: 원)	4,950	2,131	8,057
희석주당이익(단위: 원)	4,950	2,131	8,057

1단계 매출액

손익계산서의 최상단에는 매출액이 위치한다. 이는 기업의 영업활동 규모와 시장 지배력을 나타내는 가장 직관적인 지표다. 삼성전자의 2024년 매출액은 300조 8,709억 원이다.

2단계 매출총이익

매출액(300조 8,709억 원) − 매출원가(186조 5,623억 원)

= 매출총이익(114조 3,086억 원)

매출액에서 제품 생산에 직접 투입된 비용인 매출원가를 빼면 매출총이익이 나온다. 매출원가란 반도체 칩을 만드는 데 들어간 재료비나 공장 직원의 인건비처럼 제품 생산과 직접적으로 관련된 비용을 말한다. 삼성전자의 매출총이익은 114조 3,086억 원이다.

3단계 영업이익

> 매출총이익(114조 3,086억 원) − 판매비와 관리비(81조 5,827억 원)
> ＝영업이익(32조 7,259억 원)

매출총이익에서 제품을 판매하고 기업 조직을 운영하는 데 소요된 판매비와 관리비 81조 5,827억 원을 빼면 32조 7,259억 원으로 계산된다. 영업이익은 기업 본연의 비즈니스 경쟁력을 나타내는 핵심 지표다.

4단계 당기순이익

> 영업이익(32조 7,259억 원) ＋ 금융수익 등(1조 7,254억 원)
> ＝당기순이익(34조 4,513억 원)

기업은 본업(영업활동) 외에도 다양한 활동을 한다. 은행 예금을 통해 이자를 받거나(금융수익), 반대로 돈을 빌려 이자를 내기도(금융비용) 한다. 이런 영업 외적인 수익과 비용을 모두 반영하고, 마지막으로 국가에 내야 할 세금(법인세비용)까지 빼고 나면 회사의 최종 이익인 당기순이익이 계산된다. 삼성전자의 2024년 당기순이익은 34조 4,513억 원이다.

삼성전자의 손익계산서에서 주목할 점은 본업에서 창출한 영업이익(32조 7,259억 원)보다 당기순이익(34조 4,513억 원)이 더 크다는 사실이다. 이는 삼성전자가 본업인 제조 및 판매 활동 외에도 투자활동 등을 통해 추가적인 수익을 창출했음을 의미한다.

이처럼 손익계산서를 단계별로 분석하면 기업의 이익이 본업의 경쟁력에서 기인한 것인지, 혹은 영업 외적인 요인에 의한 것인지 그 이익의 질을 명확히 파악할 수 있다. 단순히 최종 이익만 확인하는 것을 넘어, 수익 창출의 과정을 이해하는 것이 손익계산서 분석의 핵심이다.

| 당기순이익의 귀속 |

당기순이익 아래를 보면 '당기순이익의 귀속'이라는 항목이 있다. 연결 회계 개념이 들어가기 때문에 조금 어려울 수 있다. 여기서부터는 이 숫자가 무엇을 의미하는지 이해하는 차원에서 가볍게 읽고 넘어가면 된다.

지배기업소유지분과 비지배지분

'지배기업소유지분'과 '비지배지분'이라는 낯선 용어가 등장한다. 이게 무슨 뜻일까? 앞서 배운 연결 재무제표의 개념을 다시 떠올려보자. 삼성전자는 수많은 자회사를 거느리고 있다. 그런데 자회사 중에는 삼성전자가 지분을 100% 다 가진 곳도 있지만, 50%나 60%만 가진 곳도 있다.

연결 손익계산서의 맨 위 매출액부터 당기순이익까지는 자회사의 실적을 지분율과 상관없이 100% 다 합쳐서 계산한 것이다. 그래야 회사의 전체 덩치를 알 수 있기 때문이다. 하지만 이익을 나눌 때는 계산이 달라져야 한다. 자회사가 번 돈 중 삼성전자의 몫은 정확히 삼성전자의 지분율만큼이고, 나머지는 그 자회사의 다른 주주들 몫이기 때문이다.

- **지배기업소유지분**: 삼성전자 본사가 번 돈에 자회사가 번 돈 중 삼성전자의 지분만큼을 합친 것이다. PER을 계산할 때 써야 하는 순이익은 전체 당기순이익이 아니라 이 숫자다.
- **비지배지분**: 자회사가 벌었지만 삼성전자의 몫이 아닌 다른 주주들의 몫이다.

손익계산서를 보면 삼성전자의 연결당기순이익은 34조 4,513억 원인데, 이 중 지배주주(삼성전자 주주)의 몫은 33조 6,213억 원이다. 비지배지분인 8,300억 원은 엄밀히 말해 삼성전자 주주의 몫이 아니다.

기본주당이익

마지막으로 주당이익EPS, Earnings Per Share을 보자. 기본주당이익이 4,950원으로 적혀 있다. 이는 앞서 구한 지배주주 당기순이익 33조 6,213억 원을 전체 발행 주식 수로 나눈 값이다. 복잡하게 생각할 것 없다. 내가 삼성전자 주식 1주를 가지고 있다면, 1년 동안 4,950원을 번 셈이라는 뜻이다.

2. 손익계산서 한눈에 보기

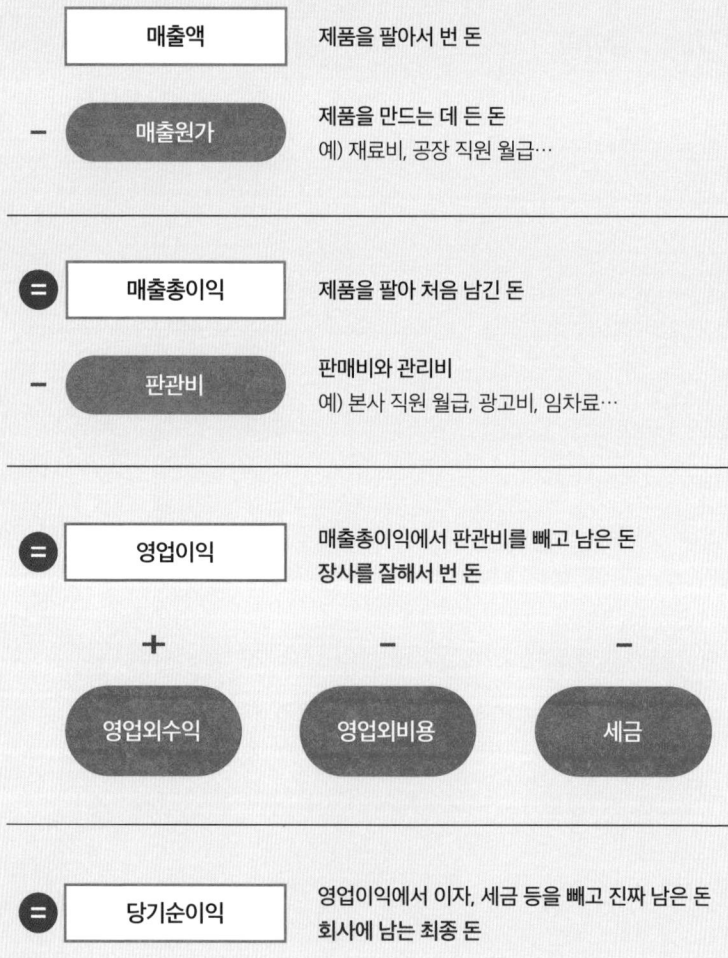

매출액　　제품을 팔아서 번 돈

−　매출원가　　제품을 만드는 데 든 돈
예) 재료비, 공장 직원 월급…

=　매출총이익　　제품을 팔아 처음 남긴 돈

−　판관비　　판매비와 관리비
예) 본사 직원 월급, 광고비, 임차료…

=　영업이익　　매출총이익에서 판관비를 빼고 남은 돈
장사를 잘해서 번 돈

+　　**−**　　**−**

영업외수익　　**영업외비용**　　**세금**

=　당기순이익　　영업이익에서 이자, 세금 등을 빼고 진짜 남은 돈
회사에 남는 최종 돈

심화 포괄손익계산서와 자본변동표

회린이   재무상태표랑 손익계산서는 뭔지 알겠어. 그런데 DART를 보다 보니까 낯선 표들이 더 있더라고. '포괄'손익계산서랑 자본변동표라는 건데, 이것들도 다 분석해야 해?

윤 회계사   결론부터 말하면 가볍게 보고 넘어가도 좋아.

회린이   오, 진짜? 안 봐도 투자하는 데 문제없어?

윤 회계사   핵심만 파고든다면 그렇지. 주식 투자에 필요한 핵심 정보의 대부분은 재무상태표와 손익계산서, 그리고 나중에 배울 현금흐름표에 다 들어 있거든. 그래도 궁금하니까 어떤 건지 개념만 한번 짚고 넘어가자.

기업이 공시하는 재무제표에는 우리가 지금까지 살펴본 재무상태표와 손익계산서 외에도 포괄손익계산서Statement of Comprehensive Income와 자본변동표Statement of Changes in Equity가 포함돼 있다(손익계산서와 포괄손익계산서를 하나의 표로 만드는 기업도 있다). 이들은 재무제표의 형식을 완성해주지만, 주식 투자 관점에서는 굳이 깊이 살펴보지 않아도 되는 자료들이다. 삼성전자의 실제 보고서를 통해 이 표들이 어떤 정보를 담고 있는지 간략히 살펴보자.

| 더 포괄적인 손익계산서 |

우리가 흔히 말하는 손익계산서는 당기순이익에서 끝난다. 하지만 포괄손익계산서는 여기서 한 걸음 더 나아간다. 삼성전자의 연결 포괄손익계산서를 보자.

당기순이익 밑에 '기타포괄손익'이라는 항목이 있다. 당기순이익이 34조 원인데, 기타포괄손익이 17조 원이나 더해져서 총포괄손익은 51조 원이 됐다.

도대체 기타포괄손익이 뭘까? 쉽게 말해 기타포괄손익은 자산의 가치는 변했지만, 당기순이익으로 반영하지 않은 손익을 말한다.

이 개념은 해외에 사업장을 둔 기업을 떠올리면 이해하기 쉽다. 이들의 자산과 부채는 현지 통화로 표시돼 있는데, 환율이 변하면 원화

⇨ **삼성전자 연결 포괄손익계산서**

(단위: 100만 원)

	2024년	2023년	2022년
당기순이익	34,451,351	15,487,100	55,654,077
기타포괄손익	16,844,987	3,350,311	4,005,664
후속적으로 당기손익으로 재분류되지 않는 포괄손익	1,462,507	665,943	(822,137)
기타포괄손익-공정가치금융자산평가손익	2,300,166	1,481,091	(1,969,498)
관계기업 및 공동기업의 기타포괄손익에 대한 지분	(71,581)	13,150	(6,318)
순확정급여부채(자산) 재측정요소	(766,078)	(828,298)	1,153,679
후속적으로 당기손익으로 재분류되는 포괄손익	15,382,480	2,684,368	4,827,801
관계기업 및 공동기업의 기타포괄손익에 대한 지분	305,327	61,962	(44,192)
해외사업장환산외환차이	15,116,099	2,621,479	4,884,886
현금흐름위험회피파생상품평가손익	(38,946)	927	(12,893)
총포괄손익	51,296,338	18,837,411	59,659,741
포괄손익의 귀속			
지배기업소유주지분	50,048,199	17,845,661	58,745,107
비지배지분	1,248,139	991,750	914,634

기준 자산과 부채의 가치도 함께 달라진다. 하지만 환율이 올랐다고 해외 공장을 당장 팔아 현금으로 바꾸지는 않는다.

이런 단기간에 실현되지 않을 자산가치의 변동을 당기순이익에 그대로 반영한다면, 기업이 실제로 번 돈보다 이익이 부풀려지거나 줄어들 수 있다. 그렇게 되면 당기순이익은 기업의 성과를 보여주는 지표라기보다, 환율이나 시장 환경에 따라 출렁이는 숫자가 되고 만다.

그래서 회계에서는 이런 단기간 실현되지 않을 자산가치 변화는 당기순이익에 넣지 않고 기타포괄손익으로 따로 구분한다. 회사의 본질적인 성과와 외부 환경 변화에서 생긴 효과를 구분하기 위해서다.

삼성전자의 포괄손익계산서를 다시 보자. 기타포괄손익 가운데 가장 큰 항목은 해외사업장환산외환차이로 그 규모가 15조 원에 달한다. 삼성전자는 전 세계 곳곳에 공장과 법인을 보유한 글로벌 기업이다. 환율이 변하면 해외 사업장의 자산과 부채 가치는 원화 기준으로 달라지는데 이 변동분을 기타포괄손익에 반영한다.

정리하면 기타포괄손익은 '아, 당장 팔 건 아니지만 회사의 잠재적인 자산가치가 이만큼 변했구나' 정도로 참고만 하면 된다.

▌ 자본의 변동을 보여주는 표 ▌

다음으로 자본변동표를 알아보자. 자본변동표는 말 그대로 1년 동안 자본이 어떻게 변했는지를 보여주는 표다. 기초(1월 1일)에 있던 자본이 기말(12월 31일)에 얼마가 됐는지, 그리고 그사이 무슨 일이 있었는지를 기록한다.

삼성전자의 2024년 자본변동표를 보자.

⇨ **삼성전자 연결 자본변동표**

(단위: 100만 원)

	자본 합계	지배기업 소유주지분					비지배 지분
		자본금	주식 발행 초과금	이익 잉여금	기타 자본 항목	지배기업 소유주 지분 합계	
자본변동표							
기초자본	363,677,865	897,514	4,403,893	346,652,238	1,280,130	353,233,775	10,444,090
당기순이익	34,451,351	—	—	33,621,363	—	33,621,363	829,988
기타포괄손익-공정가치금융자산평가손익	2,300,166	—	—	49,024	1,960,896	2,009,920	290,246
관계기업 및 공동기업의 기타포괄손익에 대한 지분	233,746	—	—	—	239,431	239,431	(5,685)
해외사업장환산외환차이	15,116,099	—	—	—	14,963,848	14,963,848	152,251
순확정급여부채(자산) 재측정요소	(766,078)	—	—	—	(747,417)	(747,417)	(18,661)
현금흐름위험회피파생상품평가손익	(38,946)	—	—	—	(38,946)	(38,946)	—
배당	(10,912,062)	—	—	(9,809,437)	—	(9,809,437)	(1,102,625)

연결실체 내 자본거래 등	(8,511)	–	–	–	–	–	(8,511)
연결실체의 변동	(76,626)	–	–	–	–	–	(76,626)
자기주식의 취득	(1,811,775)	–	–	–	(1,811,775)	(1,811,775)	–
기타	26,841	–	–	–	26,841	26,841	–
기말자본	402,192,070	897,514	4,403,893	370,513,188	15,873,008	391,687,603	10,504,467

표가 복잡해 보이지만 원리는 단순하다.

> **기초자본 + 당기순이익(돈을 벎) − 배당(돈을 나눠줌) = 기말자본**

삼성전자의 자본이 늘어난 가장 큰 이유는 당기순이익이 흑자이기 때문이다. 34조 원을 벌어서 자본을 불렸다. 반대로 자본이 줄어든 항목도 있다. 바로 배당이다. 표 중간에 보면 배당으로 10조 9,120억 원이 빠져나간 것을 볼 수 있다. 회사가 번 돈을 주주들에게 나눠줬으니 자본은 그만큼 줄어드는 것이다. 나머지 여러 항목의 변동이 있지만 이름 정도만 눈에 익히면 된다.

자본변동표는 배당을 얼마나 줬는지, 유상증자나 감자를 했는지 한눈에 파악하기 좋다. 하지만 이 역시 재무상태표의 자본 항목과 주석, DART 공시를 통해 충분히 확인할 수 있는 내용들이다.

결론적으로 포괄손익계산서와 자본변동표는 몰라도 주식 투자하는 데 큰 지장은 없다. 덜 중요한 정보에 에너지를 쓰기보다, 매출과 영업이익 같은 핵심 지표를 한 번 더 보는 게 훨씬 도움이 된다.

 **부채와 자본: 주주와 은행의 돈으로 회사를 세우다**

윤 회계사　이제 재무제표의 전체적인 구조는 이해했지? 그럼 이제부터는 거래가 일어날 때 그 활동들이 어떻게 숫자로 기록되는지 흐름을 따라가볼 거야.

회린이　좋아! 재무제표의 내용은 어떻게 채워지는지 궁금했어.

윤 회계사　모든 이야기의 시작은 회사의 탄생부터지. 회사를 처음 세울 때 가장 먼저 필요한 게 뭐라고 생각해?

회린이　당연히 돈이지! 뭐든 사업을 시작하려면 종잣돈이 필요하잖아.

윤 회계사　맞아. 그 종잣돈을 마련하는 방법은 크게 두 가지야. 하나는 주주에게 투자받는 거고 다른 하나는 남에게서 빌리는 거지.

모든 회사는 이 질문에서 시작한다. '사업할 돈을 어디서 구할까?' 그 자금 조달의 원천을 보여주는 것이 재무상태표의 부채와 자본이다.

| 회사의 시작은 주주의 돈 |

회사는 주주의 출자로 시작된다. 주식회사의 주인은 주주이므로, 회사가 처음 사업을 시작할 때 필요한 돈은 주주가 부담한다.

주주가 회사에 돈을 출자하면 주식의 액면금액에 해당하는 부분은 자본금으로, 액면금액을 초과하는 부분은 주식발행초과금으로 기록된다. 예를 들어 주식 발행 가격이 1만 원이고 액면금액이 6,000원이라면, 이 중 6,000원은 자본금으로 기록되고, 나머지 4,000원은 주식발행초과금이라는 또 다른 자본 항목으로 처리된다.

자본금과 주식발행초과금은 회사를 세우는 데 필요한 가장 기본적인 종잣돈이자, 이 회사가 주주의 것임을 보여주는 상징적인 숫자다. 또한 부채와 달리, 회사가 언젠가 갚아야 할 의무가 있는 돈도 아니다.

이쯤 되면 '자본금' '자본' '자본총계'처럼 비슷한 용어들이 한꺼번에 등장해 다소 헷갈릴 수 있다. 하지만 실제 개념은 그리 복잡하지 않다.

재무제표에서 말하는 자본은 보통 자본총계를 의미하며, 두 용어는 같은 뜻으로 쓰인다. 자본은 주주들이 투자한 돈(자본금과 주식발행

초과금)에 더해, 회사가 영업을 통해 벌어들여 내부에 쌓아둔 이익(이익잉여금 등)까지 모두 합한 금액이다.

정리해보면, 자본금은 주주가 출자한 돈 중 주식의 액면금액에 해당하는 부분이고, 자본(자본총계)은 설립 이후 현재까지 회사의 성과가 누적된 결과물이다.

| 왜 기업은 굳이 이자를 내며 빚을 쓸까? |

사업을 하다 보면 주주의 출자금만으로는 모든 투자를 감당하기 어려운 순간이 온다. 공장을 더 크게 짓거나, 설비를 늘리거나, 새로운 사업에 진출하려면 한 번에 큰돈이 필요하기 때문이다. 이럴 때 회사는 외부에서 자금을 조달하는데, 가장 대표적인 방법이 차입이다.

은행에서 돈을 빌리면 차입금, 회사채를 발행해 투자자들로부터 자금을 조달하면 사채로 기록된다. 이처럼 회사가 외부로부터 자금을 빌려 사용하는 것을 통칭해 차입이라고 한다. 차입을 하면 정해진 시점에 원금과 이자를 지급해야 한다.

그럼 '원금과 이자가 안 나가는 자본이 더 좋은 것 아닌가?' 하는 생각이 들 수 있다. 하지만 기업이 굳이 빚을 내는 이유는 분명히 있다. 차입을 잘 활용하면 적은 자본으로 더 큰 사업을 할 수 있기 때문이다. 이를 회계에서는 레버리지Leverage라고 부른다. 지렛대를 이용하면 작은 힘으로도 큰 물체를 움직일 수 있듯이, 차입은 기업의 투자 규모와 수익성을 키우는 지렛대 역할을 한다.

예를 들어, 자본 100억 원만으로 사업을 하면 투자 규모도 그에 제한된다. 하지만 여기에 차입금 100억 원을 더하면, 회사는 200억 원 규모의 사업을 할 수 있다. 만약 이 사업에서 이자비용을 충분히 감당하고도 이익이 남는다면 차입은 오히려 주주의 수익률을 끌어올리는 긍정적인 도구가 된다.

이제 회사가 자금을 조달하는 두 가지 방법에 대한 이해가 끝났다. 그럼 이 자금 조달이 재무제표에는 어떻게 나타나는지 알아보자. 예를 들어 X사가 주주에게 3,000만 원을 투자받고 은행에서 7,000만 원을 대출받아서 총 1억 원의 자금으로 사업을 시작한다고 해보자. 편의상 주식발행초과금은 없다고 가정한다. 이 거래가 발생한 순간 회사의 첫 번째 재무상태표가 탄생하게 된다.

⇨ X사 재무상태표

(단위: 만 원)

현금	10,000	차입금	7,000
		부채총계	7,000
		자본금	3,000
		자본총계	3,000
자산	10,000	**부채와 자본**	10,000

조달한 총 1억 원의 자금은 회사가 사업에 사용할 수 있는 자산이 돼 재무상태표의 자산 항목에 현금으로 기록된다. 동시에 이 돈이 어디에서 왔는지를 보여주기 위해, 은행의 돈 7,000만 원은 차입금으로, 주주가 낸 3,000만 원은 자본금으로 함께 기록된다. 앞으로 발생하는 모든 거래는 이 첫 재무상태표를 바탕으로 계속해서 숫자를 바꿔나갈 것이다.

 # 유형자산:
제품을 만들 공장을 짓다

윤 회계사 회사 통장에는 1억 원이라는 든든한 자금이 마련됐어. 그럼 이 돈으로 가장 먼저 뭘 해야 할까?

회린이 음, 물건을 만들 공장이랑 기계부터 사야 할 것 같은데?

윤 회계사 맞아! 사업의 기반이 되는 생산 설비를 갖춰야지. 이렇게 회사가 장기간에 걸쳐 영업활동에 사용할 목적으로 보유하는 물리적인 형태가 있는 자산을 '유형자산'이라고 불러.

회린이 아! 지난번에 잠깐 배운 비유동자산의 대표적인 예시네. 공장, 기계, 자동차 같은 것들 말이야.

윤 회계사 맞아. 제조 회사의 자산 중에서 가장 중요한 걸 하나만 꼽으라면, 나는 유형자산을 꼽아.

| 돈을 버는 도구이자 현금이 나가는 곳 |

유형자산의 대표적인 예로는 토지, 건물, 기계장치, 차량 등이 있다. 이들은 공통적인 특징이 있는데 한 번 쓰고 끝나는 것이 아니라 여러 해에 걸쳐 사용되고 기업의 본업과 직접적으로 연결돼 있다는 점이다.

이런 특징 때문에 유형자산은 중요하다. 공장과 기계 같은 유형자산이 있어야 제품을 만들 수 있고 매출이 발생한다. 즉 기업이 돈을 벌 수 있는 물리적인 기반인 것이다.

하지만 유형자산이 돈을 벌기만 하는 것은 아니다. 기계는 쓰다 보면 고장이 나고, 시간이 지나면 효율이 떨어진다. 기술이 발전해 더 좋은 설비로 교체해야 하는 경우도 많다. 이 과정에서 교체 비용과 유지·보수 비용이 반복적으로 발생한다. 즉, 유형자산은 매출을 만들어내는 출발점인 동시에, 지속적으로 현금이 빠져나가는 곳이기도 하다.

다만 모든 업종에서 유형자산이 똑같이 중요한 것은 아니다. 바이오, 소프트웨어, 게임, 플랫폼 서비스와 같은 업종은 유형자산의 비중이 매우 낮다. 이들은 물리적인 공장보다는 인적 자원이나 지식재산권 같은 무형의 가치로 수익을 내기 때문이다. 따라서 내가 투자하려는 기업이 어떤 산업에 속해 있는지에 따라 유형자산을 바라보는 시각도 달라져야 한다.

유형자산의 개념을 이해했다면 이제 숫자로 확인해보자. 유형자산을 취득하면 회사의 재무제표에는 어떤 변화가 생길까?

회사가 보유한 현금 1억 원 중 6,000만 원을 사용해 공장과 기계를 취득했다고 가정해보자. 겉으로 보면 현금이 빠져나갔으니 회사의 자산이 줄어든 것처럼 느껴질 수 있다. 하지만 재무상태표에서 보면 결과는 다르다.

⇨ **X사 재무상태표**

(단위: 만 원)

현금	4,000	차입금	7,000
유형자산	6,000	부채총계	7,000
		자본금	3,000
		자본총계	3,000
자산	10,000	**부채와 자본**	10,000

현금 6,000만 원이 줄어든 대신 공장과 기계라는 유형자산이 6,000만 원 늘어난다. 이 거래로 회사의 자산총계는 변하지 않는다. 바뀐 것은 자산의 규모가 아니라 구성이다.

여기서 한 가지 중요한 질문이 생긴다. 공장과 기계를 구입하느라 6,000만 원이라는 거액을 지출했는데 왜 이 금액은 손익계산서에 비용으로 기록되지 않는 것일까? 이 질문에 답하기 위해서는 회계의 매우 중요한 개념인 감가상각을 알아야 한다.

| 유형자산을 사면 감가상각은 필수 |

회사가 6,000만 원짜리 기계를 사면 적어도 5년, 10년 이상 장기 간에 걸쳐 사용하며 수익을 창출할 것이다. 만약 기계를 산 첫해에 6,000만 원을 모두 비용으로 처리한다면, 첫해의 이익은 비정상적으 로 낮게 기록되고 그 이후 연도의 이익은 부당하게 높게 계산되는 왜 곡이 발생한다.

이를 방지하기 위해 회계에서는 자산의 취득원가를 해당 자산을 사용하는 기간 동안 비용 처리한다. 이것이 감가상각이다. 예를 들어, 6,000만 원짜리 기계를 5년 동안 사용한다면 회사는 매년 1,200만 원(6,000만 원÷5년)씩 자산의 가치가 감소한다고 본다. 이 1,200만 원 이 감가상각비다.

감가상각비의 가장 큰 특징은 장부상에는 비용으로 기록되지만, 현금은 나가지 않는다는 점이다. 기계를 살 때 이미 현금 지출은 끝났 다. 다만 회계에서는 기계를 사용하는 기간 동안 매년 나눠 비용으로 처리하는 것뿐이다.

# 재고자산과 매입채무: 원재료를 외상으로 들여오다

윤 회계사   이제 제품을 만들 공장과 기계까지 준비를 마쳤어. 제품을 만들려면 또 뭐가 필요할까?

회린이   당연히 재료가 있어야겠지?

윤 회계사   그래서 이번에는 제품을 만들 원재료를 3,000만 원어치 사 오기로 했어. 그런데 지금 사용할 수 있는 현금이 부족해서 거래처 사장님께 "물건 먼저 주시면 돈은 다음 달에 드릴게요" 하고 약속한 거야.

회린이   아, 외상으로 물건을 사 온 거구나. 그럼 당장 우리 회사 통장에서는 돈이 하나도 안 나갔겠네?

윤 회계사   그렇지. 하지만 돈이 오가지 않았다고 해서 거래가 없는 건 아니야. 이 '외상 거래'가 회계장부에는 어떤 이름으로 기록되는지 한번 볼까?

| 재고라는 자산 |

가장 먼저 확인할 변화는 '늘어난 자산'이다. 회사 창고에는 3,000만 원의 원재료가 들어왔다. 이는 미래에 제품으로 만들어져 돈을 벌어다 줄 소중한 경제적 자원이다. 회계에서는 이렇게 판매를 위해 보유하고 있거나 생산 과정에 있는 자산을 통틀어서 '재고자산'이라고 부른다.

재고자산은 공정의 어느 단계에 있느냐에 따라 세부적으로 이름이 나뉜다.

- **원재료**: 제품을 만들기 위해 구매한 재료나 부품(예: 밀가루)
- **재공품**: 현재 공장에서 만들어지고 있는 미완성품(예: 반죽)
- **제품**: 모든 공정을 거쳐 완성된 완제품(예: 빵)

이와 달리, 회사가 직접 만들지 않고 외부에서 이미 완성된 물건을 사 와서 이윤을 붙여 되파는 경우에는 상품이라 부른다. 백화점이나 대형마트 같은 유통업체가 판매를 위해 쌓아둔 물건들이 상품의 대표적인 예다.

이번 거래에서는 가공되지 않은 재료를 사 왔으므로 재무상태표의 자산 항목에는 재고자산(원재료) 3,000만 원이 새롭게 기록된다.

| 외상값은 매입채무 |

자산이 늘어났으니 반대급부도 있다. 회사는 원재료를 얻는 대가로 거래처에 3,000만 원을 갚아야 할 의무가 생겼다. 이는 갚아야 할 빚, 즉 부채다. 이처럼 기업의 주된 영업활동과 관련해 원재료나 상품을 외상으로 구매하고 아직 지급하지 않은 돈을 '매입채무'라는 이름의 부채로 기록한다.

⇨ **X사 재무상태표**

(단위: 만 원)

현금	4,000	차입금	7,000
재고자산	3,000	매입채무	3,000
유형자산	6,000	부채총계	10,000
		자본금	3,000
		자본총계	3,000
자산	13,000	**부채와 자본**	13,000

이 거래의 결과, 재무상태표는 재고자산 3,000만 원과 매입채무 3,000만 원이 동시에 증가하게 된다. 따라서 자산총계와 부채와 자본의 총계는 똑같이 3,000만 원씩 늘어나 1억 3,000만 원이 된다.

매출채권:
외상 판매로 시작한 첫 장사

윤 회계사 창고에 원재료도 준비됐으니, 제품을 만들어서 팔아볼까?

회린이 드디어 첫 장사를 시작하는구나!

윤 회계사 원재료 1,500만 원어치에 인건비 같은 비용 500만 원을 더해서 원가 2,000만 원짜리 제품을 완성했어. 그리고 이 제품을 3,000만 원에 외상으로 팔았어.

회린이 잠깐만, 그럼 우리 통장에 돈은 하나도 안 들어온 거잖아. 돈도 안 받았는데 이걸 판매라고 기록할 수 있는 거야? 이익이 생겼다고 말할 수 있어?

윤 회계사 돈이 오가지 않았다고 해서 아무 일도 없었던 게 아니야. 회계에서는 돈이 오가는 것보다 거래가 발생했다는 사실 그 자체를 더 중요하게 보거든. 이걸 발생주의Accrual Basis라고 해.

| 외상 거래가 '발생'하면? |

가계부와 회계의 가장 큰 차이점이 바로 여기에 있다. 가계부는 현금이 들어오고 나가야 기록하지만, 회계는 현금의 이동과 상관없이 거래가 발생한 시점을 기준으로 기록한다. 제품이 고객의 손에 넘어간 순간, 회사는 돈을 받을 권리가 생겼으므로 수익이 발생했다고 보는 것이다.

이 거래는 손익계산서와 재무상태표에 동시에 영향을 준다.

1. 손익계산서에 수익과 비용이 기록된다.

- **매출(수익)**: 회사가 제품을 팔아 벌어들인 대가다. 판매 가격인 3,000만 원이 매출에 기록된다. 현금을 받았는지는 중요하지

⇨ X사 손익계산서

(단위: 만 원)

매출	3,000
매출원가	(−)2,000
매출총이익	1,000

않다. 판매 행위가 완료된 것만으로도 수익으로 인식한다.

- **매출원가(비용):** 수익을 얻기 위해 제공된 재고자산의 가치다. 3,000만 원을 벌기 위해 원가 2,000만 원짜리 제품을 고객에게 건네줬다. 이 제품은 더 이상 회사의 자산이 아니라 매출을 위해 사용된 비용, 매출원가로 바뀐다.

결과적으로 손익계산서에는 매출 3,000만 원과 매출원가 2,000만 원이 기록되고, 그 차액인 1,000만 원이 매출총이익으로 남게 된다.

2. 재무상태표의 자산 구성이 바뀐다.

- **재고자산의 감소:** 고객에게 판매된 원가 2,000만 원짜리 제품은 창고에서 사라졌다. 따라서 재고자산 2,000만 원이 줄어든다.
- **매출채권의 증가:** 재고자산이 감소한 대신 3,000만 원을 받을 수

⇨ X사 재무상태표

(단위: 만 원)

현금	4,000	차입금	7,000
매출채권	3,000	매입채무	3,000
재고자산	1,000	부채총계	10,000
유형자산	6,000	자본금	3,000
		이익잉여금	1,000
		자본총계	4,000
자산	14,000	부채와 자본	14,000

있는 법적인 권리가 생겼다. 이를 '매출채권'이라는 자산으로 3,000만 원 기록한다.

여기서 주목할 점은 자산의 총계가 늘어났다는 것이다. 2,000만 원짜리 재고자산을 내주고, 3,000만 원짜리 매출채권이 생겼기 때문에 회사의 총자산은 1,000만 원만큼 증가했다. 이 1,000만 원은 앞서 손익계산서에서 구한 매출총이익과 정확히 일치한다. 물론 실제로는 판매비와 관리비, 세금 등을 빼야 하지만 다른 비용이 없다고 가정한다면 이 이익은 고스란히 이익잉여금으로 쌓인다.

판매비와 관리비: 월급·광고비·월세를 내다

윤 회계사 지금까지의 거래로 회사는 1,000만 원의 매출총이익을 벌었
어. 그런데 이게 회사가 최종적으로 번 돈일까?

회린이 음, 아닐 것 같은데? 본사 직원들 월급도 줘야 하고, 광고도 해
야 하고, 사무실 월세도 내야 하고… 돈 들어갈 데가 많잖아.

윤 회계사 맞아. 제품 원가 외에 회사를 운영하는 데 쓴 모든 비용까지 빼
야 회사의 진짜 실적이 보여. 매출총이익에서 이런 비용들을 빼
면 영업이익이 계산돼.

회린이 아, 영업이익! 뉴스에서 맨날 나오는 거! 그게 어떻게 계산되는
건지 드디어 배우는구나.

영업이익을 산출하기 위해서는 회린이가 언급한 비용들을 회계적으로 분류하는 작업이 선행돼야 한다. 제품을 만드는 데 들어가는 직접적인 비용(매출원가) 외에도 회사를 유지하고 제품을 팔기 위한 활동에는 수많은 비용이 발생한다. 이렇게 제품 생산과 직접적인 관련은 없지만 회사를 운영하고 성장시키는 데 꼭 필요한 모든 비용을 묶어서 '판매비와 관리비', 줄여서 '판관비'라고 부른다.

▎ 판매와 관리에 드는 비용 ▎

판관비는 회사의 본업 경쟁력을 유지하고 미래를 준비하는 데 필요한 비용이다. 대표적인 항목은 다음과 같다.

- **급여**: 본사 경영지원팀, 마케팅팀 등 비생산직 직원에게 지급하는 급여
- **광고선전비**: 제품이나 브랜드를 알리기 위해 집행하는 TV 광고와 온라인 마케팅 비용
- **임차료**: 본사 사무실이나 판매 매장을 임차하고 지급하는 비용
- **감가상각비**: 본사 건물이나 업무용 차량처럼 생산 외 활동에 사용되는 자산의 가치 감소분

여기서 주의해야 할 부분이 하나 있다. 비용의 이름이 같더라도, 발생 장소와 제품 생산과의 직접성에 따라 회계 처리가 완전히 달라진다는 점이다. 흔히 "월급은 다 똑같이 비용 처리되는 돈 아니야?"라고 생각하기 쉽지만, 회계에서는 이를 엄격히 구분한다.

예를 들어 본사 직원의 급여는 판관비로 분류되지만, 공장 직원의 급여는 재고자산 원가에 포함된다. 마찬가지로 본사 건물의 감가상각비는 판관비로, 공장 건물의 감가상각비는 재고자산으로 인식된다.

즉 공장 직원의 급여와 공장 건물의 감가상각비는 재고자산의 원가에 포함됐다가 해당 재고자산이 판매되는 시점에 매출원가로 비용 처리된다.

이렇게 나뉘는 기준은 '제품 생산과 직접적으로 관련이 있는가?'다. 공장 직원의 노동이나 공장 설비는 제품을 만드는 데 직접적으로 기여하므로 제품의 원가, 즉 매출원가에 포함된다. 반면 본사 직원의 업무나 본사 건물은 제품 생산이 아닌 판매 및 관리 활동을 위해 존재하므로 판관비로 분류된다.

이처럼 판관비는 제품 원가를 제외한 모든 영업활동의 비용을 의미한다. 따라서 판관비를 얼마나 효율적으로 관리하느냐는 기업의 수익성에 큰 영향을 준다.

| 본업의 경쟁력을 보여주는 영업이익 |

회사가 올해 판관비로 400만 원을 사용했다고 하자. 앞서 계산한 매출총이익 1,000만 원에서 이 판관비를 차감하면 영업이익이 계산된다. 손익계산서는 다음과 같이 기록된다.

⇨ **X사 손익계산서**

(단위: 만 원)

매출	3,000
매출원가	(−)2,000
매출총이익	1,000
판매비와 관리비	(−)400
영업이익	**600**

영업이익은 투자자가 기업의 본질적인 경쟁력을 파악할 때 가장 중요한 지표다. 매출총이익이 제품 판매 단계에서의 마진을 보여준다면, 영업이익은 마케팅, 연구개발, 인력 운용 등 기업 활동 전반에 드는 비용까지 모두 반영한 결과다. 즉, 판관비까지 차감한 뒤 본업을 통해 실제로 거둔 성과를 나타내는 핵심적인 숫자라 할 수 있다.

따라서 투자자는 영업이익의 성장성과 지속 가능성을 통해 기업의 이익 창출 역량을 가늠할 수 있다.

당기순이익: 본업 외의 손익과 세금을 계산하다

윤 회계사   회사의 본업 실력인 영업이익 600만 원까지 계산했어. 그럼 이게 진짜 최종 이익일까?

회린이   음, 아닐 것 같아. 은행에서 빌린 돈에 대한 이자도 내야 하고, 세금도 내야 하잖아! 그걸 빼야 진짜 남는 돈이지.

윤 회계사   맞아! 영업이익에서 본업 외의 활동에서 생긴 손익과 세금까지 가감해야 회사의 최종 성적표, 당기순이익이 완성돼. 영업이익과 당기순이익의 구분은 정말 중요하니까 자세하게 알아보자.

| 영업외손익까지 빼야 최종 이익 |

영업이익 계산이 끝나면, 이제 본업 이외의 영역에서 발생한 손익을 반영해 당기순이익을 계산할 차례다.

기업은 제품을 생산하고 판매하는 본업 외에도 다양한 투자활동과 재무활동을 수행한다. 여유 자금을 은행에 예치해 이자를 받기도 하고, 설비 투자를 위해 차입금을 조달하면서 이자를 지급하기도 한다. 이처럼 회사의 주된 영업활동과 직접 관련 없는 영역에서 발생한 수익을 영업외수익, 비용을 영업외비용이라고 한다. 손익계산서에서는 영업외수익을 금융수익과 기타수익으로, 영업외비용을 금융비용과 기타비용으로 구분해 표시한다.

영업이익에 이러한 영업외손익을 반영한 뒤, 세금을 차감하면 최종 이익인 당기순이익이 계산된다.

⇨ X사 손익계산서

(단위: 만 원)

매출	3,000
매출원가	(−)2,000
매출총이익	1,000
판매비와 관리비	(−)400
영업이익	600
영업외수익(금융수익, 기타수익)	(+)200
영업외비용(금융비용, 기타비용)	(−)100

법인세비용차감전순이익(세전이익)	700
법인세비용	(−)100
당기순이익	600

계산 구조를 살펴보자. 먼저 영업이익 600만 원에 영업외수익을 더하고 영업외비용을 뺀다. 만약 영업외수익이 200만 원, 영업외비용이 100만 원이라면 700만 원이 남는다. 이를 세전이익, 즉 '법인세비용차감전순이익'이라 부른다.

다음으로 회사가 벌어들인 이익에 대해 국가에 납부해야 할 세금인 법인세비용을 차감한다. 세전이익 700만 원에서 법인세비용 100만 원을 빼면 600만 원이 남는다. 이 600만 원이 기업에게 최종적으로 귀속되는 이익, 바로 당기순이익이다.

| 영업이익 vs 당기순이익, 무엇이 더 중요할까? |

투자자의 입장에서 영업이익과 당기순이익 중 무엇이 더 중요할까? 이 둘의 차이를 비유하자면 개인의 월급과 총소득의 차이와 같다. 월급(영업이익)이 그 사람의 본업 실력을 보여준다면, 주식 투자나 이자수익 같은 재테크 수입까지 합친 총소득(당기순이익)은 그 사람의 재무 성과 전체를 보여준다.

이와 비슷하게 영업이익은 회사의 핵심 경쟁력을 보여주는 반복적이고 지속 가능한 이익이다. 영업이익과 당기순이익의 차이를 만드는 영업외손익은 일시적이거나 비경상적인 손익인 경우가 많다.

대표적인 영업외손익은 다음과 같다.

영업외수익: 본업 외에서 생긴 플러스 요인

- 이자수익과 배당금수익
- **외화환산이익과 외환차익**: 환율 변동에 따라 발생하는 이익
- **금융자산관련이익**: 투자 목적으로 보유한 다른 회사 주식이나 채권의 가격이 올라서 발생한 평가 이익 또는 장부 가격보다 비싸게 팔아서 남긴 차익
- **유형자산처분이익**: 회사가 사용하던 공장 건물이나 기계를 장부 가격보다 비싸게 팔았을 때 생기는 이익

영업외비용: 본업 외에서 생긴 마이너스 요인

- 이자비용
- **외화환산손실과 외환차손**: 환율 변동에 따라 발생하는 손실
- **금융자산관련손실**: 투자한 주식이나 채권의 가격이 떨어져 발생한 평가 손실 또는 장부 가격보다 싸게 팔아서 손해를 본 금액
- **유형자산처분손실**: 회사가 사용하던 공장 건물이나 기계를 장부 가격보다 싸게 팔았을 때 생기는 손실

투자자들은 영업이익과 당기순이익을 비교해봐야 한다. 영업이익은 좋은데 당기순이익이 나쁘다면? '본업은 잘했는데 빌린 돈이 너무 많아 이자 부담이 크거나 재테크에 실패했구나' 하고 분석할 수 있다. 반대로 영업이익은 별로인데 당기순이익이 높다면? '본업은 못 했는데 땅이나 건물을 팔아서 일회성으로 이익을 냈구나' 하고 그 이익의 질이 좋지 않다고 판단할 수 있다.

기업의 장기적인 가치와 지속 가능성은 결국 본업에서 나온다. 투자자에게 가장 중요한 숫자가 바로 영업이익인 이유가 여기에 있다. 영업이익이 꾸준히 성장한다는 것은 그 회사의 본업 경쟁력이 강하다는 뜻이며, 이는 미래에도 지속적으로 이익을 창출할 가능성이 높다는 신호다.

그러므로 재무제표를 볼 때는 최종 결과물인 당기순이익도 중요하지만 영업이익의 추세를 우선적으로 확인해야 한다. 두 이익 간의 차이가 유의미하게 크면 주석을 통해 그 원인(금융비용, 자산 매각, 환율효과 등)을 파악하는 것이 필요하다.

 # 이익잉여금:
벌어들인 돈은 어디로 갔을까?

윤 회계사 매출에서 모든 비용과 세금을 빼고 최종적으로 600만 원이라
는 당기순이익을 얻었어.

회린이 그럼 이 600만 원은 회사가 자유롭게 쓸 수 있는 돈이야?

윤 회계사 그 돈을 주주에게 배당으로 나눠줄 수도 있고, 미래를 위해 회
사에 쌓아둘 수도 있어. 이익을 쌓아두는 걸 '이익잉여금'이라
고 부르는데, 혹시 이 단어 어디서 봤는지 기억나?

회린이 아! 이익잉여금! 재무상태표의 자본 항목에서 봤어! 회사가 그
동안 벌어서 쌓아둔 돈이라고 했지? 그럼 우리 회사 통장에 현
금 600만 원이 쌓였다는 뜻이구나!

윤 회계사 하하, 많이들 오해하는 지점이야. 이해를 돕기 위해서 '쌓아둔 돈'이라고 표현하긴 했는데 정확하게 말하면 현금으로 갖고 있다는 뜻은 아니야. 이익잉여금은 단지 '과거부터 지금까지 이만큼 이익을 냈습니다'라는 회계상의 기록일 뿐이야.

| 이익잉여금의 행방 |

그렇다면 회사가 번 600만 원은 어디에 있을까? 이익이 현금이 아닌 다른 형태로 존재한다는 사실을 이해하기 위해 회사의 거래 과정을 복기해보자.

회사는 2,000만 원짜리 제품을 3,000만 원에 외상으로 팔았다. 그리고 다른 손익이 없다고 가정하면 매출총이익과 당기순이익은 모두 1,000만 원으로 동일하다. 현금은 한 푼도 받지 못했지만, 손익계산서에는 1,000만 원의 당기순이익이 기록된다. 이 이익의 실체는 현금이 아니다. 매출채권 3,000만 원이 생기고 재고자산 2,000만 원이 사라졌을 뿐이다.

마찬가지로 회사가 낸 최종 이익 600만 원은 현금으로 쌓여 있을 수도 있지만, 고객에게 아직 받지 못한 돈(매출채권)의 형태일 수도 있다. 아니면 창고에 있는 재고자산의 형태일 수도 있고 새로운 기계의 일부가 됐을 수도 있다.

손익계산서의 당기순이익은 재무상태표로 흘러가 이익잉여금을 늘린다. 이는 마치 개인이 한 달간 열심히 일해서 600만 원의 월급(당기순이익)을 받은 것과 같다. 그 결과 그 사람의 순자산(자본)은 600만 원만큼 늘어난다. 그렇다고 해서 600만 원 전부를 현금으로 갖고 있지는 않다. 월급의 일부는 이미 새 컴퓨터(유형자산)를 사거나, 친구에게 빌린 돈을 갚는(부채 감소) 데 사용됐을 수 있기 때문이다.

이처럼 이익잉여금은 회사가 벌어들인 이익의 '총량'을 기록한 것이지, 그 이익이 모두 현금의 형태로 남아 있다는 뜻은 아니다. 정리하면 당기순이익이 발생했다는 것은 회사의 현금이 아니라 순자산이 그만큼 증가했다는 뜻이다.

3장

재무제표에 드러나는 회사의 운명 ②

: 성장과 확장

무형자산: 미래 먹거리를 위한 기술에 투자하다

윤 회계사 회사의 영업이익은 600만 원이야. 영업이익을 유지하거나 늘리기 위해서 회사는 어떻게 해야 할까?

회린이 음, 신제품을 개발해야 하지 않을까? 지금 제품에 만족하지 않고 더 좋은 제품을 개발해야 고객들이 계속 구매할 테니까.

윤 회계사 맞아! 미래를 위한 투자, 연구개발이 필요해. 이 연구개발 활동의 결과로 '무형자산'이 생겨.

회린이 무형자산? 아, 예전에 잠깐 들었던 거다. 눈에 보이지 않는 자산이라고 했지? 그런데 연구개발 하는 데 쓰는 돈은 그냥 비용 아니야? 그게 왜 자산이 되는 거야?

┃ 연구개발비는 비용일까, 자산일까? ┃

회린이의 말처럼 돈을 썼으니 당연히 비용이라고 생각하기 쉽다. 하지만 회계에서 연구개발비는 조금 다르다. 회사가 연구개발 활동에 쓴 돈은 상황에 따라 비용이 되기도 하고, 미래의 수익을 위한 자산이 되기도 한다.

회계기준에서는 이 돈을 어떻게 처리할지 결정하기 위해 연구개발 과정을 '연구 단계'와 '개발 단계'라는 두 가지 성격으로 구분한다.

1. 연구 단계 → 비용 처리

새로운 지식을 탐색하거나 상용화 여부가 매우 불확실한 초기 단계를 말한다. 이 단계에서 쓴 돈은 미래에 돈을 벌어다 줄 거라는 보장이 없기 때문에 일반적으로 손익계산서에 '연구개발비'라는 비용으로 처리한다.

2. 개발 단계 → 자산 처리

연구가 끝나고 기술적으로 실현 가능성이 높아져 본격적으로 상용화를 준비하는 단계를 말한다. 이때부터 쓰는 돈은 미래에 돈을 벌어다 줄 가능성이 높다고 보고, '개발비'라는 이름의 무형자산으로 재무상태표에 기록할 수 있다. 이후 자산이 사용 가능 상태가 되면 매년 무형자산상각비로 비용 처리하며, 프로젝트가 실패할 경우 남아 있는 자산가치는 손상차손으로 한 번에 비용 처리된다.

즉, 똑같은 연구개발비라도 성공 가능성이 낮으면 비용이 되고, 성공 가능성이 높으면 자산이 되는 것이다. 이 회계 처리가 기업마다 얼마나 다르게 적용되는지 실제 사례를 비교해보자.

사례 1 100% 비용으로 본 경우

아래 내용은 2024년 삼성전자 사업보고서의 연구개발비와 관련된 부분이다.

⇨ 삼성전자 연구개발비용

(단위: 100만 원)

		2024년	2023년	2022년
연구개발비용 총계		35,021,531	28,352,769	24,929,171
(정부보조금)		(23,389)	(13,045)	(9,973)
연구개발비용 계		34,998,142	28,339,724	24,919,198
회계 처리	개발비(무형자산)	—	—	—
	연구개발비(비용)	34,998,142	28,339,724	24,919,198

삼성전자는 2024년 연구개발에 35조 원이라는 막대한 돈을 썼다. 하지만 이 중 개발비로 처리된 금액은 0원이다. 즉, 35조 원 전부를 그해의 비용으로 처리했다.

사례 2 절반은 비용, 절반은 자산으로 본 경우

다음은 셀트리온의 2024년 사업보고서 중 연구개발비와 관련된 부분이다.

⇨ 셀트리온 연구개발비용

(단위: 1,000원)

		2024년	2023년	2022년
연구개발비용 총계		434,699,395	342,736,271	412,361,987
(정부보조금)		—	—	(78,622)
연구개발비용 계		434,699,395	342,736,271	412,283,365
회계 처리	판관비	199,718,528	161,112,164	139,714,341
	제조경비	14,733,724	—	—
	개발비(무형자산)	220,247,143	181,624,107	272,569,024

표를 보면 셀트리온은 2024년 연구개발비로 4,347억 원을 썼다. 그런데 그중 2,202억 원, 절반(50.6%)에 가까운 금액을 개발비로 처리했다.

연구개발비 중 자산으로 처리한 금액이 삼성전자는 0원인데 셀트리온은 절반을 잡았다. 물론 두 기업은 업종이 다르고 연구개발의 성격도 동일하지 않다. 이를 감안하더라도 연구개발비를 회계 처리하는 방식에서 나타나는 이 극단적인 차이는 투자자에게 중요한 질문을 던진다. 왜 이런 차이가 발생했을까?

삼성전자가 35조 원의 막대한 연구개발비를 전액 비용으로 처리한 것은 현재 이익을 아주 잘 내고 있기에 '이 정도 비용은 한 번에 감당할 수 있다'는 자신감의 표현일 수 있다. 또한, 기술 변화가 매우 빠르게 일어나는 IT 산업 특성상 개별 연구개발 성과를 장기간 효익이 발생하는 자산으로 식별하기 어려웠기 때문일 수도 있다.

반면, 셀트리온 같은 바이오 기업은 상황이 다르다. 바이오 산업은 신약이나 바이오시밀러 하나를 개발하는 데 막대한 비용과 긴 시간이 소요된다. 따라서 기술적 실현 가능성이 입증된 프로젝트(임상 3단계 진입 등)에 투입된 돈은 미래의 수익을 가져다 줄 자산으로 인식하는 것이 기업의 가치를 더 정확하게 보여주는 방법일 수 있다. 셀트리온은 자신들이 개발 중인 파이프라인^{Pipeline}(미래의 실적으로 이어질 수 있는 프로젝트·후보군의 목록)의 성공 가능성을 높게 평가해 이를 '개발비'라는 자산으로 장부에 기록한 것이다.

이는 사업 특성과 숫자가 보여주는 맥락을 토대로 한 합리적인 해석이다. 사업보고서와 주석에서 왜 이렇게 회계 처리했는지 그 속사정까지 자세히 밝히고 있지 않기 때문이다. 중요한 건 이 대조적인 사례가 우리에게 한 가지 시사점을 던져준다는 점이다. 삼성전자와 셀트리온 중 어느 쪽의 회계 처리가 정답이라고 단정하기 어렵다는 것이다. 연구개발비 회계 처리는 애초에 주관적인 판단의 여지가 큰 영역이기 때문이다.

| 과도한 연구개발비는 손실이 될 수 있다 |

연구개발비의 회계 처리에서 가장 어려운 부분은 특정 지출을 비용으로 볼 것인지, 미래 수익을 창출할 자산으로 볼 것인지 결정하는 것이다. 회계기준은 '기술적 실현 가능성'이라는 잣대를 제시하지만, 진행 중인 프로젝트의 최종 성공 가능성을 객관적으로 수치화하기란 사실상 불가능에 가깝다. 결국 자산화 여부를 결정하는 최종 주체는 경영진이며, 이 과정에서 경영진의 주관적 판단이 개입될 수밖에 없다.

투자자가 특히 경계해야 할 상황은 경영진의 낙관적인 판단이다. 연구개발비를 과도하게 자산으로 처리하면 당기 비용이 감소해서 손익계산서의 이익은 실제보다 커 보인다. 하지만 이는 잠재적 위험을 재무상태표에 쌓아두는 것과 같다.

만약 프로젝트가 예상대로 진행되지 않거나 임상 실패 등으로 상업성이 상실되면, 그동안 자산으로 쌓아온 개발비의 가치는 즉시 사라진다. 이때 회사는 개발비의 장부상 가액을 한 번에 무형자산 손상차손으로 인식해야 하며, 그 결과 당기순이익이 큰 폭으로 감소한다.

과거 신약 개발이나 콘텐츠 제작처럼 불확실성이 높은 업종에서 이러한 사례가 흔하게 발생했다. 장밋빛 전망을 기반으로 대규모 개발비를 자산으로 인식했다가, 프로젝트가 무산되면서 거액의 손상차손을 인식하는 것이다. 이에 금융당국은 제약·바이오 기업의 연구개발비 회계 처리 관련 가이드라인을 배포하기도 했다. 그러나 아래의 회사처럼 신약 개발 프로젝트의 가치를 재평가하면서 대규모 무형자산 손상차손을 인식하는 사례는 여전히 나오고 있다.

⇨ H사 무형자산 손상차손

(단위: 1,000원)

	개별자산	기초 장부가액	증가액	손상차손	기말 장부가액
개발비	신약 A	10,976,342	4,083,789	(15,060,131)	—

※ 당기 및 전기 연결기업의 개발비는 전액 당뇨병 치료제 신약 A의 FDA 임상 3상 시험에 대한 개발 프로젝트 지출액입니다. 해당 프로젝트의 정부 승인 등 기술적 실현 가능성이 매우 높은 것으로 판단해 개발비로 인식했으나, 당기 및 전기 이전 손상 검사에 따라 누적 지출액은 전액 무형자산 손상차손으로 처리했습니다.

표를 보면 이 회사는 당뇨병 치료제 신약 개발을 위해 쓴 돈을 '개발비'라는 자산으로 인식했다. 작년까지 110억 원, 올해도 40억 원을 지출했다. 그 결과 총 150억 원의 개발비를 인식하고 있었다. 하지만 손상 검사에 따라 150억 원 전액을 무형자산 손상차손으로 비용 처리했다.

개인 투자자 입장에서 회사가 진행 중인 신약이나 게임 프로젝트의 성공 가능성을 정확히 판단하는 것은 불가능에 가깝다. 따라서 우리는 다른 접근법이 필요하다.

프로젝트의 성공 여부를 예측하는 대신, 그 회사의 회계 처리 방식을 보고 보수적으로 접근하는 것이다. 재무상태표에서 무형자산 금액이 크다면 주석을 통해 그 안에 개발비가 얼마나 포함돼 있는지 확인해야 한다. 그리고 전체 연구개발비 중에서 자산으로 처리된 개발비의 비율이 비정상적으로 높다면, '프로젝트가 실패하면 이 자산이 전부 손실로 바뀔 수도 있겠네' 하고 그 잠재 위험을 인지하고 투자에 더 신중해야 한다.

# 투자자산: 남는 돈으로
부동산과 주식에 투자하다

윤 회계사   회사가 본업인 제조업으로 꾸준히 이익을 내서 통장에 여윳돈

이 제법 쌓였어. 이 돈을 그냥 통장에 쌓아두기만 할까?

회린이   아니지! 우리도 여윳돈 생기면 예금 이자가 높은 곳에 넣어두

거나 주식에 투자하기도 하잖아. 회사도 똑같이 재테크를 하지

않을까?

윤 회계사   맞아! 기업도 영업활동을 하고 남은 돈을 더 불리기 위해 다양

한 투자를 해. 이렇게 회사가 본업이 아닌 투자 목적으로 보유

하는 자산을 통틀어 '투자자산'이라고 불러.

회린이   투자자산? 어떤 것들이 있는데?

윤 회계사 대표적인 게 부동산과 주식이야.

회린이 그런데 지난번에 공장이나 건물은 유형자산이라고 했잖아. 이번에는 투자자산이라고 하니 헷갈려.

건물은 다 똑같은 건물 아닌가 싶겠지만, 회계에서는 '왜 그 건물을 가지고 있느냐'에 따라 서로 다른 이름표를 붙인다. 그 핵심 기준은 바로 부동산의 '사용 목적'이다.

| 회사가 부동산에 투자하면? |

예를 들어 현대자동차를 생각해보자. 현대차가 자동차를 조립하고 만드는 울산의 공장 부지와 건물은 자동차 생산이라는 회사의 '주된 영업활동'에 직접 사용된다. 이렇게 본업에 사용되는 부동산은 유형자산이다.

그런데 만약 현대자동차가 본업과 상관없이 임대 수익을 목적으로 강남에 빌딩을 한 채 사서 다른 회사들에 사무실로 빌려준다고 해보자. 이 빌딩은 자동차를 만드는 데 쓰이는 것이 아니라 순전히 재테크를 위해 보유하는 것이다. 이렇게 임대 수익이나 시세 차익을 얻을 목적으로 보유하는 부동산을 '투자부동산'이라고 부른다.

즉 똑같은 건물이라도 기업이 직접 쓰면 유형자산, 남에게 빌려주거나 팔아서 돈을 벌려고 가지고 있으면 투자부동산이 되는 것이다.

| 회사가 금융상품에 투자하면? |

　기업은 여윳돈으로 부동산뿐 아니라 다른 회사의 주식이나 채권 같은 금융상품에 투자하기도 한다. 재무제표에서 '금융자산'은 투자 부동산보다 좀 더 복잡하게 분류하고 있다. 이해를 돕기 위해 소주(좋은데이)를 만드는 무학이라는 기업의 2024년 재무제표 주석을 통해 금융자산을 살펴보자.

⇨ 무학 주석: 금융자산 범주별 공시

(단위: 1,000원)

	상각후원가로 측정하는 금융자산	공정가치평가를 기타포괄손익으로 인식하는 금융자산	당기손익인식 금융자산	금융자산 합계
현금 및 현금성자산	243,333,765			243,333,765
단기금융상품	6,955,892			6,955,892
최초인식시점 또는 그 이후에 지정된 유동당기손익인식 금융자산			1,838,969	1,838,969
유동매출채권	18,302,878			18,302,878
기타유동금융자산	1,658,861			1,658,861

최초인식시점 또는 그 이후에 지정된 비유동당기손익인 식금융자산			166,206,808	166,206,808
기타포괄손익-공정 가치지정비유동지 분상품투자		7,429,449		7,429,449
기타비유동금융자산	7,471,717			7,471,717
총금융자산	277,723,113	7,429,449	168,045,777	453,198,338

주석을 보면 '상각후원가로 측정하는 금융자산' '공정가치평가를 기타포괄손익으로 인식하는 금융자산' 등 이름부터 복잡하고 어려워서 머리가 아프다. 하지만 이건 회사가 가진 금융자산을 어떤 의도로 보유하고 있는지에 따라 종류별로 나눠놓은 이름표일 뿐이다.

- **상각후원가측정금융자산**: 주로 만기가 정해진 예금이나 채권처럼 회사가 중간에 팔 생각 없이 만기까지 보유해서 이자와 원금을 모두 받겠다는 의도로 가진 금융자산이다.
- **기타포괄손익-공정가치측정금융자산**: 장기적인 관점에서 보유하다가 적절한 시점에 매각할 수 있는 주식이나 채권 등이다.
- **당기손익-공정가치측정금융자산**: 단기간에 사고팔아서 매매차익을 얻을 목적으로 보유한 주식이나 채권 등이다.

똑같은 자산이라도 만기까지 쭉 가져갈 건지(상각후원가), 장기적으로 투자할 건지(기타포괄손익), 아니면 단기 매매를 할 건지(당기손익) 그 의도에 따라 이름표를 다르게 붙이는 것이다. 물론 실제 회계기준에서는 자산의 특성과 사업 모델에 따라 훨씬 까다로운 잣대로 분류하지만, 투자자의 시각에서 직관적으로 이해할 수 있도록 보유 의도에 초점을 맞춰 풀어서 설명했다.

중요한 것은 다음부터다. 일반적인 제조업·서비스업 기업의 경우 이러한 금융상품이나 앞서 배운 투자부동산에서 발생하는 대부분의 수익과 비용은 회사의 영업이익에는 영향을 주지 않고 영업외손익으로 기록된다는 것이다. 즉 투자자산에서 손익이 발생하더라도 대체로 영업이익에는 직접적인 영향이 없고, 주로 당기순이익에 반영되는 구조라고 이해하면 된다. 이는 투자자에게 회사의 본업 실적과 재테크 실적을 철저히 분리해서 보여주기 위함이다.

실제 무학의 2024년 손익계산서를 보자.

⇨ **무학 연결 포괄손익계산서**

(단위: 원)

	2024년	2023년	2022년
매출액	152,059,251,251	146,573,700,822	152,832,444,811
매출원가	84,783,555,708	84,776,928,175	85,905,649,776
매출총이익	67,275,695,543	61,796,772,647	66,926,795,035
판관비	50,399,832,359	45,633,830,673	51,283,657,293

영업이익(손실)	16,875,863,184	16,162,941,974	15,643,137,742
금융수익	2,327,987,902	2,280,191,126	2,488,518,666
금융원가	1,526,074,740	2,653,191,664	2,261,435,031
기타이익	54,787,755,025	76,794,380,372	7,162,091,486
기타손실	8,201,564,022	9,202,348,711	38,484,057,918
법인세비용차감전 순이익(손실)	64,263,967,349	83,381,973,097	(15,451,745,055)
법인세비용(수익)	15,842,037,986	17,956,111,280	(2,249,451,921)
당기순이익(손실)	48,421,929,363	65,425,861,817	(13,202,293,134)

　무학이 1년 동안 소주를 팔아서 번 영업이익은 168억 원이다. 그런데 그 아래를 보면 금융수익, 금융원가, 기타이익, 기타손실 같은 영업외손익 항목들이 있다. 주석을 통해 그 상세 내역을 확인해보자.

⇨ **무학 주석: 금융수익 및 금융원가**

(단위: 1,000원)

		공시금액
금융수익		2,327,988
금융수익	이자수익	1,564,960
	배당금수익	763,028
금융원가		(1,526,075)
금융원가	이자비용	(1,526,075)

　금융수익은 예상했던 대로 예금이나 채권에서 발생한 이자수익과 다른 회사 주식에서 받은 배당금수익으로 이루어져 있다.

흥미로운 것은 기타이익과 기타손실 주석이다.

⇨ **무학 주석: 기타이익 및 기타손실**

(단위: 1,000원)

		공시금액
기타이익		54,787,755
	외환차익	701,254
	외화환산이익	1,992,292
	임대료수익	1,760,844
기타이익	당기손익-공정가치측정금융자산처분이익	2,589,184
	당기손익-공정가치측정금융자산평가이익	45,725,469
	유형자산처분이익	768,794
	잡이익	1,249,919
기타손실		8,201,564
	외환차손	371,992
	외화환산손실	668,637
	당기손익-공정가치측정금융자산처분손실	1,101,361
	당기손익-공정가치측정금융자산평가손실	4,588,917
기타손실	유형자산처분손실	58,316
	기타의대손상각비	28,747
	기부금	50,000
	투자부동산상각비	460,440
	종속기업투자손상차손	414,026
	잡손실	459,127

기타이익에서 가장 큰 금액은 '당기손익-공정가치측정금융자산평

가이익' 457억 원이다. 여기서 중요한 것은 이것이 처분이익이 아닌 평가이익이라는 점이다. 즉, 주식을 팔아서 현금으로 번 돈이 아니라 그냥 가지고 있는데 가격만 오른 장부상의 이익이라는 뜻이다. 실제로 당기손익-공정가치측정금융자산을 팔아서 번 돈은 그 위의 처분이익 25억 원이다. 기타손실에는 당기손익-공정가치측정금융자산 처분손실 11억 원과 평가손실 45억 원이 기록돼 있다.

그 결과 본업의 이익인 영업이익 168억 원에 이런 영업외손익을 모두 더하고 뺀 법인세비용차감전순이익은 642억 원으로 훨씬 더 커졌다.

이것은 무엇을 의미할까? 무학은 2024년에 본업인 소주 판매로 번 돈 168억 원보다, 재테크(주로 주식 평가이익)로 번 돈이 3배 가까이 더 많았다는 뜻이다.

이렇게 손익계산서와 주석을 함께 뜯어보면, 이 회사가 이익을 냈는데 그 이익이 과연 본업에서 나온 건지 아니면 일회성 투자나 기타 활동에서 나온 건지 '이익의 질'을 정확하게 파악할 수 있다.

| 본업에서 나온 이익에 집중하라 |

당기순이익은 주주에게 귀속되는 최종적인 성과이자 배당금 산정의 기초가 되는 중요한 지표다. 하지만 무학의 사례에서 보듯이 단순히 당기순이익 수치만 보고 투자를 결정해서는 안 된다. 그 이익이 창출된 과정을 면밀히 분석하는 과정이 수반돼야 한다.

이때 분석의 기준점은 항상 본업의 경쟁력을 나타내는 영업이익이다. 영업이익은 비영업적인 요인을 제외하고, 기업의 핵심 사업 모델이 지속적으로 수익을 낼 수 있는지를 보여주는 지표이기 때문이다.

만약 영업이익과 당기순이익 간의 차이가 비정상적으로 벌어졌다면, 재무제표 주석을 통해 그 원인을 파악해야 한다. 당기순이익 성장의 원인이 본업의 확장이 아니라 보유 자산의 평가이익이나 일회성 자산 매각 같은 비경상적 요인에 있다면, 이는 내년에도 반복될 것이라 기대하기 어렵다.

결론적으로 당기순이익의 수치만으로 기업의 가치를 평가하는 것은 오류를 범할 가능성이 크다. 영업이익을 중심으로 이익의 질을 검증하는 습관을 들여야 기업의 실질 가치를 제대로 파악할 수 있다.

 # 자금 조달: 더 큰 성장을 위한 실탄을 확보하다

윤 회계사　회사는 장사도 잘되고 이익도 쌓이고 있어. 그래서 새로운 공장을 짓거나 경쟁사를 인수해서 더 큰 이익을 내고 싶어. 이때 뭐가 필요할까?

회린이　엄청나게 많은 돈이 한 번에 필요하겠지?

윤 회계사　그럴 때 회사는 '자금 조달'이라는 걸 해. 외부에서 큰돈을 끌어오는 거지. 자금 조달은 두 가지 방법이 있어. 남의 돈을 빌리는 타인자본 조달과 주주에게 투자받는 자기자본 조달이 있어.

회린이　타인자본, 자기자본… 이름부터 어려운데, 그게 주주인 나랑 무슨 상관이 있는 거야?

회계 용어가 낯설어 나오는 먼 이야기처럼 들릴 수 있다. 하지만 자금 조달은 주주인 나의 계좌와 아주 밀접한 관련이 있다. 회사가 돈을 어디서 구해오느냐에 따라 내 주식의 가치가 희석될 수도 있고, 회사의 빚 부담이 늘어나 위험해질 수도 있기 때문이다.

회사가 대규모 자금을 조달하는 방법은 크게 두 가지로 나뉜다. '남의 돈'을 빌리는 타인자본 조달과 '주주의 돈'을 더 투자받는 자기자본 조달이다. 각 방법에 따라 회사의 재무 건전성과 주주 가치에 미치는 영향은 완전히 달라진다.

외부에서 돈을 빌리는 타인자본 조달

타인자본 조달은 말 그대로 남의 돈을 빌려오는 것이다. 그래서 재무상태표의 부채와 현금을 동시에 증가시킨다. 이는 크게 두 가지 방식으로 이뤄진다.

- **차입**: 가장 전통적인 방식으로 은행 등 금융기관으로부터 직접 돈을 빌리는 것을 말한다.
- **회사채 발행**: 은행 한 곳이 아닌, 다수의 투자자에게 차용증서를 발행하고 돈을 빌리는 방식이다. 회사는 채권을 산 사람들에게 정해진 이자를 지급하고 만기에 원금을 갚겠다고 약속한다.

타인자본 조달의 장점은 기존 주주 입장에서 회사의 주주가 더 늘어나지 않으므로, 지분 가치가 희석되지 않는다는 것이다. 하지만 빚이 늘어난다는 단점이 있다. 빚이 늘어나면 재무상태표의 부채비율(부채÷자본)이 상승해 재무 건전성 지표가 나빠질 수 있다. 또한 빚은 회사가 이익을 내든 손해를 보든 상관없이 매년 이자비용을 발생시켜 당기순이익을 감소시키고, 만기에는 반드시 원금을 갚아야 하는 부담을 준다.

| 주주의 돈을 모으는 자기자본 조달 |

자기자본 조달은 주주의 돈을 더 투자받는 것이며, 재무상태표의 자본과 현금을 동시에 증가시킨다. 가장 대표적인 방법이 유상증자다.

- **유상증자**: 회사가 새로운 주식을 발행하고 그 주식을 새로운 투자자나 기존 주주들에게 돈을 받고 파는 방식이다.

자기자본 조달의 장점은 빚이 아니기 때문에 재무구조가 튼튼해진다는 것이다. 갚아야 할 원금이나 매달 내야 할 이자비용이 없으므로 재무적 위험도 크게 낮아진다. 하지만 기존 주주의 주식 가치를 희석시킨다는 단점이 있다. 이 희석의 개념은 투자자에게 매우 중요하기 때문에 자세히 알아보자.

주식 가치 희석

주식의 가치는 주당순이익EPS에 영향을 받는 경우가 많다. EPS는 회사의 당기순이익을 총 주식 수로 나눈 값이다. 즉, 주식 1주가 벌어들이는 당기순이익을 의미한다.

예를 들어, A사의 총 주식 수가 100만 주이고, 1년간 100억 원의 당기순이익을 냈다고 가정해보자. 이 회사의 EPS는 1만 원(100억 원÷100만 주)이 된다.

그런데 회사가 100만 주의 주식을 새로 발행하는 유상증자를 결정했다고 하자. 회사의 총 주식 수는 200만 주로 늘어난다. 유상증자로 들어온 돈이 아직 새로운 이익을 만들어내기 전이라면 회사의 당기순이익은 여전히 100억 원일 것이다. 하지만 총 주식 수는 200만 주로 2배가 됐다. 유상증자 후의 EPS는 5,000원(100억 원÷200만 주)으로 계산된다.

유상증자 전에는 1주당 1만 원의 이익을 벌어들였던 주식이 유상증자 후에는 1주당 5,000원의 이익밖에 벌지 못하게 된다. 이렇게 주식 1주당 벌어들이는 이익의 가치가 떨어지는 것을 주식 가치 희석이라고 한다. 주식의 수가 늘어난 만큼 기존 주주 1인당 가져가는 몫이 줄어드는 것이다.

부채 조달이나 유상증자 그 자체로 무조건 좋거나 나쁘다고 말할 수는 없다. 중요한 것은 '왜 돈이 필요한가?'라는 목적이다.

만약 회사가 기존에 빌린 빚을 갚기 위해 또다시 유상증자를 한다면 최악의 신호일 수 있다. 하지만 유망한 신사업을 위한 신공장 증설 등을 추진하기 위해 자금을 조달하는 것이라면 장기적으로는 주주에게 이익이 될 수 있다.

┃ 각별히 주의해야 하는
전환사채와 신주인수권부사채 ┃

투자자들이 특별히 주의해야 하는 자금 조달 방식은 따로 있다. 이탈리아어로 1층과 2층 사이의 중이층을 뜻하는 메자닌Mezzanine이라 불리는, 부채와 자본의 성격이 결합된 복합금융상품이다. 대표적인 메자닌 상품이 바로 전환사채와 신주인수권부사채다.

- **전환사채**CB, Convertible Bond: 처음에는 부채의 성격으로 돈을 빌린다. 여기에 투자자(전환사채 보유자)가 채권(회사 입장에서는 부채)을 주식으로 전환할 수 있는 권리가 붙어 있다.
- **신주인수권부사채**BW, Bond with Warrant: 전환사채와 마찬가지로 처음에는 부채의 성격으로 돈을 빌린다. 여기에 투자자(신주인수권

부사채 보유자)가 추가로 돈을 내고 정해진 가격에 새로운 주식을 살 수 있는 권리가 붙어 있다. 전환사채는 채권이 주식으로 전환되는 반면, 신주인수권부사채는 채권은 그대로 둔 채 투자자가 추가금을 내고 주식을 인수한다.

전환사채 보유자 입장에서는 주가가 오르지 않으면 권리를 행사하지 않더라도 이자를 받고, 주가가 오르면 주식으로 바꿔 큰 차익을 얻을 수 있으니 어느 쪽이든 매력적이다. 하지만 기존 주식 투자자는 메자닌 발행을 매우 유의해서 봐야 한다.

부실기업은 신용도가 낮아 은행이 돈을 빌려주지 않고 주식 투자자들이 유상증자에 참여하지 않는 경우가 많다. 그래서 이런 기업들은 전환이라는 옵션을 제시해서 자금을 조달하는 경우가 적지 않다.

실제로 이익을 내지 못하는 기업이 전환사채를 계속 발행해 돌려막기식으로 연명하다가 상장폐지 되는 사례가 적지 않다. 따라서 어떤 기업이 메자닌을 자주 발행한다면 그 기업에 대한 투자는 매우 신중해야 한다. 메자닌은 중요하기 때문에 7장의 '전환사채와 오버행 리스크'에서 더 깊이 있게 알아볼 예정이다.

영업권: 경쟁사를 인수해 단숨에 성장하다

윤 회계사   공장을 짓고 기술을 개발해서 경쟁사를 따라잡으려면 시간이 너무 오래 걸릴 것 같아. 더 빨리 성장할 방법은 없을까?

회린이   아예 경쟁사를 사버리면 되잖아!

윤 회계사   맞아. 회사를 통째로 사버리면 그 회사가 가진 기술, 공장, 고객을 한 번에 다 가져올 수 있으니까 단숨에 성장할 수 있지. 이걸 인수합병 M&A, Mergers & Acquisitions 이라고 하는데 이때 '영업권'이라는 자산이 생겨.

회린이   영업권? 이름은 많이 들어봤어. 권리금 같은 거야?

회린이의 비유가 적절하다. 영업권의 원리는 장사가 잘되는 가게를 인수할 때 웃돈, 즉 권리금을 얹어주는 것과 같기 때문이다.

∣ 성장을 가속하는 M&A의 힘 ∣

본격적으로 영업권을 알아보기 전에 먼저 인수합병의 개념부터 알아보자. 인수합병은 크게 인수와 합병으로 나뉜다. 인수는 한 기업이 다른 기업의 주식이나 사업을 사들여 경영권을 확보하는 것이고, 합병은 두 개 이상의 회사가 합쳐져 법률적으로 하나의 회사가 되는 것을 말한다. 보통 이 두 행위를 통칭해 M&A라고 부른다.

기업이 막대한 자본을 들여 인수합병을 진행하는 가장 큰 이유는 시간에 있다. 수년에 걸쳐 공장을 짓고 기술을 개발하는 대신, 이미 모든 기반을 갖춘 기존 회사를 사들임으로써 성장에 필요한 시간을 단축하는 것이다. 즉, 인수합병은 기업이 성장의 속도를 높이기 위해 시간을 돈으로 사는 전략이다.

이 과정에서 얻는 이점은 명확하다. 경쟁사를 인수하면 그 회사가 점유하던 시장과 충성도 높은 고객을 즉시 흡수할 수 있다. 또한 핵심 기술이나 특허, 우수한 인재를 단번에 확보해 연구개발에 드는 막대한 비용과 실패의 불확실성을 줄일 수 있다.

대표적인 성공 사례가 SK하이닉스의 인텔 낸드 사업부 인수 건이다. SK하이닉스는 D램 분야에서는 세계 최상위권 경쟁력을 자랑했지만, 낸드플래시(SSD 등) 시장에서는 상대적으로 약세였다. 반면 인텔은 기업용 SSD(eSSD) 시장에서 높은 기술력과 안정적인 고객 기반을 보유하고 있었다. SK하이닉스는 이 사업부를 인수함으로써 수년간의 연구개발로도 따라잡기 어려운 기술력과 시장점유율을 확보하며 낸드 시장의 글로벌 상위권으로 도약할 수 있었다. 이것이 인수합병의 힘이다.

| 무형의 가치에 붙는 웃돈 |

인수합병 과정에서 인수 기업은 대부분 대상 회사의 가치보다 더 많은 돈을 지불한다. 이때 얹어주는 프리미엄이 바로 무형자산인 '영업권'이다.

이해를 돕기 위해 A사가 B사를 인수하는 상황을 가정해보자. B사의 재무상태표를 보니 자산은 100억 원, 부채는 40억 원이다. 자산에서 부채를 뺀 B사의 실제 가치, 즉 순자산은 60억 원이 된다.

그렇다면 A사는 B사를 딱 60억 원만 주고 살 수 있을까? 현실에서는 그렇지 않다. B사의 장부에는 숫자로 적혀 있지 않지만, 오랜 시간 쌓아온 브랜드 가치나 충성도 높은 고객층, 독보적인 기술력 같은 무형의 강점들이 있기 때문이다. A사는 이런 가치들을 높게 평가해

60억 원짜리 회사를 100억 원에 사기로 결정했다.

여기서 A사가 B사의 순자산가치보다 더 많이 지급한 40억 원이 바로 프리미엄이다. 회계에서는 이 40억 원을 영업권이라는 이름의 무형자산으로 분류해 A사의 재무상태표에 기록한다. 쉽게 말해 영업권은 인수 대상 회사가 가진 '눈에 보이지 않는 경쟁력'을 돈으로 환산한 값이다.

❘ 영업권의 양면성 ❘

여기까지 들으면 영업권은 기업의 성장 가능성을 담고 있는 좋은 자산처럼 보인다. 하지만 영업권은 이익의 변동성을 키우는 잠재적 위험 요인이기도 하다. 그 이유는 영업권이 가진 회계적 특성에 있다.

영업권은 다른 무형자산과 달리 정기적인 상각 과정을 거치지 않는다. 일반적인 무형자산은 내용연수, 즉 사용 가능 기간을 정해 그 기간 동안 비용을 나눠 인식한다. 반면 영업권은 매년 일정 금액을 비용으로 처리하지 않는다. 대신 그 가치가 여전히 유지되고 있는지를 확인하는 손상 검사만을 수행한다.

이 같은 특성 때문에 영업권은 평소에는 비용을 발생시키지 않다가 특정 시점에 갑작스럽게 큰 비용을 만들어낼 수 있다. 이 비용이 바로 영업권 손상차손이다. 인수한 기업의 실적이 악화돼 당초 기대했던 수익 창출이 어렵다고 판단되면, 회사는 영업권의 가치가 하락했음을 인정하고 그 감소분을 한 번에 비용으로 반영해야 한다.

예를 들어 40억 원으로 인식돼 있던 영업권의 회수가능액이 10억 원으로 낮아졌다면, 그 차액인 30억 원을 영업권 손상차손으로 처리하게 된다. 이 비용은 여러 해에 나눠 인식되는 것이 아니라, 해당 시점에 즉시 손익계산서에 반영된다.

그 결과, 기업이 본업에서는 안정적인 영업이익을 내고 있더라도 과거 인수합병 과정에서 발생한 영업권에서 대규모 손상이 인식되면, 당기순이익은 한순간에 적자로 전환될 수 있다.

영업권 손상차손이 실제 기업의 재무제표에 어떤 결과를 초래하는지 N사의 사례를 통해 확인해보자.

⇨ **N사 무형자산 및 영업권 손상차손**

(단위: 1,000원)

무형자산 및 영업권	영업권 외 무형자산	소프트웨어	—
		회원권	—
		가상자산	(218,668)
		기타 무형자산	(493,512)
	영업권		(38,430,057)
무형자산 및 영업권 합계			(39,142,237)

출처: N사 2024년 재무제표 주석 '무형자산 및 영업권 변동 내역에 대한 공시' 중 '당기손익으로 인식된 손상차손, 무형자산 및 영업권' 항목 발췌

N사의 2024년 재무제표 주석을 보면, 무형자산과 관련해 총 391억 원의 손상차손이 인식됐다. 이 가운데 대부분이 영업권 손상차손으로 그 규모만 384억 원에 달한다.

이로 인해 당시 N사는 329억 원의 영업이익을 기록했음에도 불구하고, 대규모 영업권 손상차손이 반영되면서 69억 원의 당기순손실을 기록했다.

환율효과: 세계로 뻗어가는 회사, 외화를 벌다

회린이 지난번에 영업외손익 배울 때 외화환산손실 이야기를 잠깐 했었잖아. 환율이 변하면 이익이 달라진다고.

윤 회계사 기억하고 있네. 맞아, 그때는 개념만 간단히 짚고 넘어갔었지.

회린이 그런데 이번에 항공사 실적을 보니까 그게 진짜 크게 작용하더라고. 비행기 표가 없어서 못 팔 정도로 장사가 잘돼서 영업이익은 사상 최대라는데 당기순이익은 적자야. 이게 말이 돼?

윤 회계사 충분히 가능한 일이야. 특히 항공사처럼 외화 부채가 많은 기업은 환율 변동에 따라 당기순이익이 널뛰기하거든. 오늘은 그 메커니즘을 좀 더 자세히 알아보자.

| 환율의 나비효과 |

항공사의 사례처럼 영업이익은 멀쩡한데 당기순이익이 적자로 곤두박질치는 요인 중 하나가 환율이다. 기업이 성장해 글로벌 시장으로 진출하면 필연적으로 환율이라는 거시경제 변수의 영향을 받게 된다. 수출 기업은 제품을 팔아서 달러를 받고 수입 기업은 원자재를 사기 위해 달러를 지불해야 하기 때문이다.

이 과정에서 환율 변동은 기업의 손익계산서에 두 가지 형태로 반영된다. 바로 '외환차손익'과 '외화환산손익'이다.

1. 외환차손익

외환차손익은 실제 거래 과정에서 발생하는 실현 손익이다. 예를 들어 A기업이 수출로 1달러를 벌었는데, 그때 환율이 1,000원이었다. 그런데 나중에 이 1달러를 원화로 바꾸려고 은행에 갔더니 환율이 1,300원으로 올랐다. 은행은 A기업에 1,300원을 내어준다. 기업 입장에서는 가만히 앉아서 300원을 더 번 셈이다. 이렇게 실제로 환전하면서 확정된 이익을 '외환차익'이라고 하며, 이는 회사의 현금흐름에 플러스 효과를 준다.

2. 외화환산손익

투자자가 더욱 주의 깊게 분석해야 할 항목은 외화환산손익이다.

이는 실제 환전이나 결제가 일어나지 않았음에도, 기말 환율 변동에 따라 장부상으로만 인식되는 평가 손익이다. 회계기준은 결산일의 환율을 기준으로 기업이 보유한 외화 자산과 부채의 가치를 평가하도록 규정하고 있다.

예를 들어 A기업이 미국 은행에서 1달러를 빌렸다고 하자. 돈을 빌린 날 환율은 1,000원이었다. A기업 장부에는 '갚아야 할 빚 1,000원'이라고 적힌다. 그런데 12월 31일 결산일에 환율이 1,300원으로 올랐다. A기업은 아직 돈을 갚지 않았지만, 회계 장부에는 12월 31일 환율인 1,300원을 기준으로 빚을 다시 적어야 한다.

결과적으로 A기업은 아무것도 하지 않고 가만히 있었는데, 장부상 빚이 1,000원에서 1,300원으로 300원이나 늘어났다. 회계에서는 이렇게 늘어난 빚 300원을 '외화환산손실'이라는 비용으로 처리한다. 실제로 현금이 나간 건 아니지만, 회계적으로는 손해를 본 것으로 기록하는 것이다.

| 환율 변동에 민감한 항공주 |

외화 거래가 많은 기업은 환율 변동의 영향을 많이 받는다. 환율 변동이 기업의 당기순이익을 어떻게 뒤흔드는지 보여주는 가장 대표적인 사례가 아시아나항공의 2024년 재무제표다.

⇨ 아시아나항공 연결 포괄손익계산서

(단위: 원)

	2024년	2023년	2022년
매출	8,318,567,228,711	7,623,348,347,364	6,206,669,334,674
매출원가	(7,349,547,997,670)	(6,401,772,339,009)	(5,197,774,778,636)
매출총이익	969,019,231,041	1,221,576,008,355	1,008,894,556,038
판매비와 관리비	(693,328,839,048)	(601,647,335,026)	(410,130,781,142)
영업이익	275,690,391,993	619,928,673,329	598,763,774,896
기타수익	273,395,850,267	254,901,991,265	447,603,347,058
기타비용	(817,187,520,301)	(376,224,628,848)	(673,856,145,517)
금융수익	102,042,923,029	52,351,991,281	28,588,036,420
금융원가	(415,879,803,517)	(426,646,581,735)	(406,492,256,421)
관계기업 등 관련 손익	20,404,812,256	17,985,431,425	(2,306,741,071)
세전손익	(561,533,346,273)	142,296,876,717	(7,699,984,635)
법인세수익(비용)	148,517,836,191	38,234,930,552	34,225,696,238
당기순손익	(413,015,510,082)	180,531,807,269	26,525,711,603

먼저 손익계산서의 맨 윗단부터 살펴보자. 아시아나항공은 2024년에 8조 3,185억 원의 매출을 올렸다. 이는 전년 대비 7,000억 원이나 증가한 수치다. 본업인 항공 운송 사업에서 장사를 꽤 잘했다는 뜻이다. 그 결과, 비행기를 띄우는 데 들어간 기름값과 인건비를 다 빼고도 2,756억 원의 영업이익을 기록했다.

여기까지만 보면 훌륭한 실적이다. 하지만 시선을 맨 아래로 내리면 충격적인 숫자가 기다리고 있다. 최종 성적표인 당기순이익은 무려 4,130억 원 적자다. 그 많은 영업이익은 어디로 사라진 것일까? 원인은 영업이익 아래에 있는 기타비용이다. 기타비용이 8,171억 원으로 전년 대비 2배 이상 폭증했다. 이 비용의 내역을 주석에서 확인해보자.

⇨ **아시아나항공 주석: 기타비용**

(단위: 1,000원)

		공시금액
	기타손실	817,187,520
기타손실	순외환차손	167,276,250
	외화환산손실	616,073,302
	당기손익인식금융자산처분손실	—
	당기손익인식금융자산평가손실	3,845,651
	유무형자산처분손실	8,116,267
	기부금	85,804
	잡손실	21,790,246

가장 눈에 띄는 항목은 단연 외화환산손실이다. 그 금액만 무려 6,160억 원에 달한다. 여기에 실제로 돈을 환전하면서 손해를 본 순외환차손 1,672억 원까지 합치면, 오직 환율 때문에 발생한 손실만 7,800억 원이 넘는다. 열심히 비행기를 띄워 번 영업이익 2,756억 원의 3배에 가까운 돈이 환율 탓에 장부상에서 증발해버린 것이다.

그렇다면 왜 아시아나항공은 환율이 오르면 이렇게 맥을 못 추는 것일까? 이는 항공업의 구조적인 특성 때문이다. 사업보고서의 위험 관리 및 파생거래 항목을 보면 그 이유가 명확히 드러난다.

아시아나항공이 보유한 화폐성 외화자산은 4,197억 원인 반면 화폐성 외화부채는 4조 7,009억 원이다. 외화로 갚아야 할 빚이 자산보다 10배 넘게 많다. 항공사의 특성상 비행기를 구매하거나 리스할 때 막대한 달러 부채가 발생하기 때문이다.

이 상태에서 환율이 오르면 갚아야 할 빚 4조 7,009억 원의 원화

⇨ **아시아나항공 사업보고서: 환위험**

화폐성 자산 및 부채

(단위: 1,000원)

	당기 말		전기 말	
	화폐성 외화자산	화폐성 외화부채	화폐성 외화자산	화폐성 외화부채
USD	419,712,902	4,700,978,119	488,086,251	4,321,588,421
JPY	52,611,666	509,260,902	32,867,862	290,672,687
EUR	28,324,211	559,111,636	34,354,668	631,636,824
기타	132,403,681	56,097,880	131,357,454	46,422,678
합계	633,052,460	5,825,448,537	686,666,235	5,290,320,610

환율 민감도 분석

(단위: 1,000원)

	당기 말		전기 말	
	10% 상승 시	10% 하락 시	10% 상승 시	10% 하락 시
세전순이익 증감	(519,239,608)	519,239,608	(460,365,437)	460,365,437

가치가 눈덩이처럼 불어난다. 민감도 분석에 따르면, 환율이 10%만 올라도 아시아나항공은 가만히 앉아서 5,192억 원의 손실을 입게 된다. 2024년의 강달러 기조는 외화 빚이 많은 아시아나항공에 치명타를 입혔고, 영업이익 흑자 기업을 단숨에 당기순손실 기업으로 뒤바꿔놓았다.

하지만 외화환산손실의 개념을 다시 생각해보자. 아시아나항공의 외화환산손실 6,160억 원은 기말 환율로 부채를 다시 평가해보니 늘어난 장부상의 숫자(평가손실)일 뿐, 회사 통장에서 실제로 돈이 빠져나간 것은 아니다.

만약 다음 해에 환율이 하락 안정화된다면 어떻게 될까? 이 6,160억 원의 손실은 반대로 외화환산이익이라는 이름으로 되돌아와서 영업이익보다 훨씬 큰 당기순이익을 만들어낼 것이다. 따라서 수출입 기업이나 외화 부채가 많은 기업을 분석할 때는 당기순이익의 적자 여부만 보고 놀라지 말고 반드시 사업보고서와 주석을 통해 그 원인이 환율 변동에 의한 일시적인 평가손실인지 확인해야 한다.

| 공시 전 환율 손익을 예측하는 법 |

외화환산손익은 기업이 공시하기 전이라도 어느 정도 예측이 가능하다. 방법은 두 가지다.

1. 기말 환율의 흐름 확인

외화환산손익은 결산일 환율을 기준으로 계산된다. 외화 부채가 많은•기업이라면 환율 상승 시 대규모 환산손실이, 환율 하락 시에는 반대의 효과가 나타난다. 연말 환율의 추세만 알아도 손익의 큰 흐름은 예측할 수 있다.

2. 외환 위험 민감도 분석 활용

기업은 환율이 일정 비율 변동할 경우 당기순이익이 얼마나 영향을 받는지를 미리 공시한다. 이 수치를 알고 있다면, 실제 환율 움직임에 따른 손익의 변동 폭을 비교적 정확하게 예상할 수 있다.

## 4장

재무제표에 드러나는 회사의 운명 ③

: 위기와 몰락

재고자산 평가손실: 팔리지 않는 재고가 쌓이다

윤 회계사　지금까지 회사가 만든 족족 제품이 잘 팔리고, M&A까지 하면서 승승장구했어. 그런데… 만약 회사가 야심 차게 내놓은 신제품이 시장에서 외면받는다면 어떻게 될까?

회린이　으… 생각만 해도 끔찍하네. 창고에 그대로 쌓여 있겠지.

윤 회계사　맞아. 그럼 창고에 쌓인 그 재고는 우리가 만들 때 쓴 돈(원가)만큼의 가치를 여전히 가지고 있을까?

회린이　원가보다 더 떨어졌겠지. 그럼 어쩔 수 없이 원가보다 싸게 팔아야 할 것 같아.

윤 회계사　하지만 회계에서는 제품을 팔 때까지 기다려주지 않아. 제품의 가치가 떨어졌다는 것을 알게 되면 즉시 그 손실을 재무제표에 반영하라고 강제하거든. 이걸 '재고자산 평가손실'이라고 불러.

도대체 회계는 왜 물건을 실제로 팔지도 않았는데 손실부터 확정 짓는 걸까? 이는 회계가 미래를 바라보는 기본 태도인 '보수주의' 때 문이다.

| 재고자산의 가치평가는 저가법으로 |

회계의 관행 중 하나는 보수주의다. 이는 미래에 발생할 이익은 확 실해질 때까지 인정하지 않지만, 미래에 발생할 손실은 예상되는 즉 시 비용으로 반영하는 것이다. 재고자산 평가손실은 보수주의 관행이 적용되는 대표적인 사례다.

회계기준은 재고자산에 '저가법'이라는 엄격한 규칙을 강제한다. 저가법이란 재무제표에 재고자산을 기록할 때 그 재고의 취득원가와 순실현가능가치(팔아서 받을 수 있는 돈) 둘 중 더 낮은 금액으로 평가 하는 것이다.

예를 들어 회사가 제품을 만드는 데 10만 원의 원가가 들었다. 하 지만 유행이 지나 이 제품을 3만 원에 팔 수 있을 것 같다면 회사는 두 금액 중 더 낮은 3만 원으로 재고의 가치를 낮춰야 한다. 이때 장부에 10만 원으로 기록된 재고자산을 3만 원으로 낮추는 과정에서 발생하는 차액 7만 원을 재고자산 평가손실이라고 한다.

재고자산 평가손실은 손익계산서와 재무상태표에 동시에 부정적인 영향을 미친다. 손익계산서에서는 7만 원의 평가손실이 매출원가에 더해진다. 이는 아직 물건을 팔지도 않았는데 비용이 발생했다는 뜻이다. 그 결과 영업이익과 당기순이익이 그만큼 감소하여 회사의 수익성이 악화된다.

재무상태표에서는 재고자산의 장부가치가 10만 원에서 3만 원으로 줄어들기 때문에 회사의 자산총계가 7만 원만큼 감소한다. 자산이 줄어드는 만큼 회사의 재무 건전성도 나빠진다.

▌ 재고자산 평가손실의 징후들 ▌

투자자 입장에서 손익계산서에 재고자산 평가손실이 반영됐다는 것은 이미 늦었다는 신호다. 현명한 투자자는 이 손실이 공식화되기 전에 그 전조 증상을 파악해야 한다. 이런 징후는 시장 상황과 재무제표의 숫자에서 나타난다.

1. 경쟁 심화 및 대체 신제품 출시

예를 들어, 아이폰 15가 출시되면 재고로 쌓여 있는 아이폰 14의

가치는 하락한다. 또 경쟁사가 훨씬 더 좋거나 저렴한 제품을 출시하면 기존 재고는 제값을 받기 어렵다.

2. 판매 가격의 급격한 하락

시장에서 해당 제품이 더 이상 비싸게 팔리지 않는다는 명백한 증거다. 회사가 가격을 내리기 시작했다면 다음 결산 시 평가손실이 발생할 확률이 높다.

3. 판매 부진 및 수요 감소

특정 제품이 창고에서 나가지 않고 쌓이기 시작한다(뒤에서 배울 재고자산회전율이 급격히 낮아지는 것으로 확인 가능하다). 수요가 꺾였다는 것은 결국 할인 판매 외에는 재고를 소진할 방법이 없다는 의미다.

4. 유행의 변화

패션, IT 기기 등 트렌드에 민감한 산업에서 치명적이다. 유행이 지난 재고는 아무리 원가가 비쌌더라도 사실상 0에 가까운 가치로 떨어질 수 있다.

| 재고자산회전율 감소는 확실한 위험 신호 |

시장의 징후와 더불어 재무제표의 추세를 분석하면 위험을 숫자로 확인할 수 있다. 가장 대표적인 재무적 위험 신호는 재고자산회전율의 감소다.

재고자산회전율은 회사의 재고가 1년 동안 몇 번이나 팔려나갔는지를 보여주는 지표다. 즉 이 숫자가 높을수록 재고가 창고에 오랫동안 쌓여 있지 않고 빨리 팔려나간다는 뜻이다.

이 비율은 손익계산서의 매출원가를 재무상태표의 평균 재고자산으로 나누어 계산한다. 이때 매출액이 아닌 매출원가를 사용하는 이유는 비교 대상인 재고자산이 판매 가격이 아닌 원가로 기록돼 있기 때문에 기준을 동일하게 맞추기 위해서다.

> 재고자산회전율 = 매출원가 ÷ 평균 재고자산

건강한 기업은 이 회전율이 꾸준히 유지되거나 상승한다. 이는 물건이 잘 팔리고 있으며 재고 관리가 효율적으로 이뤄지고 있음을 의미한다.

반면 위험한 기업은 회전율이 지속적으로 하락한다. 예를 들어 작년에는 1년에 10번 회전하던 재고가 올해는 5번밖에 회전하지 못했다면 이는 재고가 팔리는 속도가 절반으로 느려졌다는 것을 의미한다. 즉 물건은 안 팔리는데 창고에 재고만 계속 쌓이고 있다는 신호다. 이렇게 쌓인 재고는 결국 유행이 지나거나 진부화돼 가까운 미래에 대규모 재고자산 평가손실로 돌아올 가능성이 매우 높다.

실제 기업의 사례를 보자. 다음은 이차전지 양극활물질 제조업체인 L사의 최근 재고자산회전율이다.

⇨ L사 재고자산회전율 추이

(단위: 억 원, 회)

	2024년	2023년	2022년	2021년	2020년
매출원가	23,710	47,837	35,359	8,926	3,328
재고자산	5,746	11,634	12,277	2,615	1,053
평균재고자산	8,690	11,955	7,446	1,834	526
재고자산회전율	2.73	4.00	4.75	4.87	—

2021년 4.87회였던 회전율은 2022년 4.75회, 2023년 4회를 거쳐 2024년에는 2.73회까지 급격하게 하락한 것을 볼 수 있다. 전기차 시장의 수요가 둔화되면서 이차전지 소재인 양극재가 팔리는 속도가 급격히 느려진 것이다.

그리고 L사의 2024년 재무제표 주석 중 재고자산 관련 내용을 보면 재고자산 평가손실로 반영한 금액은 2024년 1,174억 원, 2023년 2,382억 원이다.

⇨ L사 재고자산 평가손실

당기 (단위: 1,000원)

	매출원가	기타비용
매출원가	2,370,953,706	—
재고자산 평가손실	117,390,646	—
재고자산 폐기손실	—	—

전기 (단위: 1,000원)

	매출원가	기타비용
매출원가	4,783,725,936	—
재고자산 평가손실	238,225,325	—
재고자산 폐기손실	—	447,959

　문제는 거액의 재고자산 평가손실을 이미 반영했음에도 불구하고 재고자산회전율이 이전의 수준을 회복하지 못하고 오히려 낮아지고 있다는 점이다. 이것으로 전기차 시장의 수요 둔화가 지속되면 추가적인 재고자산 평가손실이 발생할 수 있다는 점을 합리적으로 추론할 수 있다.

┃ 재고자산 가치가 회복되면? ┃

그렇다면 가치가 하락해 평가손실을 인식한 재고는 그걸로 끝일까? 만약 시장 상황이 다시 좋아져서 재고의 가치가 회복되면 어떻게 될까?

예를 들어 올해 원가 10만 원짜리 재고가 3만 원으로 떨어져 7만 원의 손실을 인식했다. 그런데 다음 해에 갑자기 유행이 다시 돌아와 그 재고의 시장 가격이 12만 원으로 올랐다고 가정해보자.

이때 회사는 재고의 가치가 회복됐음을 장부에 반영할 수 있다. 이것을 '재고자산 평가손실 환입'이라고 부른다. 하지만 회계는 보수적이어서 이익을 함부로 인정하지 않는다. 이 경우 회사는 재고의 가치를 12만 원이 아닌 손실을 인식하기 전의 최초 원가인 10만 원까지만 다시 올릴 수 있다.

이 과정에서 3만 원이 됐던 재고의 장부가치를 10만 원으로 다시 올리면서 그 차액 7만 원을 재고자산 평가손실 환입이라는 이름으로 기록한다. 이 '환입액'은 손익계산서의 매출원가에서 차감한다. 즉 비용을 줄여주는 역할을 하기 때문에 회사의 영업이익과 당기순이익을 그만큼 높이는 긍정적인 효과를 가져온다.

다음은 2024년 SK하이닉스 재무제표 주석 중 재고자산과 관련된 내용이다. 2024년 결산에서 무려 1조 2,670억 원의 재고자산 평가손실 환입액을 인식했다. 반도체 시장이 회복되면서 과거 인식했던 재

⇨ SK하이닉스 재고자산 평가손실 환입

비용으로 인식한 재고자산의 금액

당기 (단위: 100만 원)

	공시금액
매출원가로 인식된 재고자산	35,634,490
재고자산 평가손실	—
재고자산 평가손실 환입	(1,269,964)

전기 (단위: 100만 원)

	공시금액
매출원가로 인식된 재고자산	32,206,255
재고자산 평가손실	1,091,254
재고자산 평가손실 환입	—

고자산 평가손실을 환입한 것이다.

SK하이닉스의 주석을 읽다 보면 한 가지 의문이 생길 수 있다. 당기에 재고자산 평가손실 환입이 발생했는데, 금액이 마이너스로 표시돼 있기 때문이다. 환입은 이익을 늘려주는 항목인데 왜 음수로 표시된 것일까?

그 이유는 상단의 제목에 있다. 이 주석은 '비용으로 인식한 재고자산의 금액'을 보여주는 표다. 다시 말해, 손익계산서에서 매출원가로 반영된 재고자산 관련 비용을 정리한 것이다. 재고자산 평가손실 환입은 과거에 비용으로 인식했던 금액의 일부를 되돌리는 항목이다. 따라서 손익에는 긍정적으로 작용하지만, 비용 관점에서는 매출원가를 줄여주는 효과를 낸다. 이 때문에 해당 금액이 마이너스로 표시된 것이다.

유형자산 손상차손: 공장의 가치가 하락하다

윤 회계사 재고보다 훨씬 더 큰 문제가 터졌어. 6,000만 원 주고 지은 신

제품 공장 말이야.

회린이 공장? 그건 왜?

윤 회계사 경기 침체 때문에 신제품 사업이 완전히 망해버렸어. 공장을 더

이상 돌릴 필요가 없어진 거야.

회린이 그럼 6,000만 원이나 주고 산 공장이 쓸모없는 고철 덩어리가

된 거야? 재무상태표에는 6,000만 원이라고 쓰여 있을 텐데 어

떡해?

윤 회계사 공장이나 기계 같은 유형자산도 그 가치가 갑자기 뚝 떨어질 수

있어. 이렇게 자산의 가치가 장부금액보다 현저하게 떨어졌을 때 그 손실을 손상차손이라고 불러.

회린이   잠깐, 공장이나 기계는 어차피 매년 감가상각으로 비용 처리한 다고 하지 않았어? 그거랑 뭐가 다른 거야?

▎ 계획된 비용은 감가상각, 갑작스러운 비용은 손상차손 ▎

회계를 처음 배울 때 헷갈리기 쉬운 지점이다. 어차피 가치가 줄어 드는 건 매한가지인데, 굳이 어려운 용어를 써가며 구분할 필요가 있을까? 결론부터 말하면 둘은 본질이 완전히 다르다. 감가상각이 '예정된 노화'라면, 손상차손은 '예상치 못한 사고'에 가깝다.

감가상각은 회사가 6,000만 원짜리 공장을 10년 동안 사용하기로 계획했을 때 매년 600만 원씩 나눠 비용으로 처리하는 과정이다. 이는 자산이 닳아 없어지는 것을 정상적으로 반영하는 절차다.

반면 손상차손은 어떤 사건으로 인해 자산의 가치가 회복 불가능할 정도로 크게 하락할 때 발생하는 예상치 못한 손실이다. 예를 들어 야심 차게 내놓은 신제품이 망해서 그 제품 전용 공장이 쓸모없어지 거나, 경쟁사의 압도적인 신기술 등장으로 회사의 핵심 기계가 경쟁 력을 상실하는 경우가 그렇다.

▌ 유형자산의 손상 징후가 발생하면? ▌

회계기준은 기업이 매년 말 자산에 손상 징후가 있는지를 반드시 검토하도록 요구한다. 여기서 손상 징후란 앞서 말한 공장 가동 중단, 제품의 시장가치 급락, 기술의 급격한 진부화 등을 의미한다.

만약 이런 징후가 발견되면 회사는 즉시 손상 검사에 착수해야 한다. 자산이 미래에 벌어다 줄 돈을 추정해보는 것이다.

예를 들어 6,000만 원에 샀던 공장이 몇 년간 감가상각을 거쳐 현재 재무상태표에는 4,000만 원으로 남아 있다고 하자. 그런데 신제품이 망하는 손상 징후가 발생했다. 회사는 이제 이 공장의 회수가능액을 계산해봐야 한다.

회수가능액은 지금 당장 팔 때 받을 수 있는 돈(순공정가치)과 앞으로 계속 사용할 때 벌어들일 돈(사용가치) 중 더 높은 금액으로 결정된다.

순공정가치: 지금 당장 팔면?

→ 공장을 매각하면 2,500만 원을 받을 수 있을 것 같다.

사용가치: 계속 쓰면?

→ 다른 제품이라도 만들어서 미래에 벌어들일 총 현금을 계산해보니 2,000만 원으로 추정된다.

회사는 이 둘 중 더 높은 금액 즉 2,500만 원을 이 공장의 회수가 능액으로 본다. 이제 비교가 시작된다. 장부에 적힌 4,000만 원짜리 공장이 실제로는 2,500만 원의 가치밖에 못 한다는 계산이 나왔다. 장부금액이 회수가능액보다 1,500만 원 더 높으므로 회사는 차액 1,500만 원을 유형자산 손상차손으로 손익계산서에 반영해야 한다.

유형자산 손상차손도 재고자산 평가손실처럼 두 재무제표에 동시에 영향을 준다. 1,500만 원의 손상차손이 손익계산서에 비용으로 반영된다. 또한 손상차손이 발생한 금액만큼 재무상태표의 유형자산 가치가 4,000만 원에서 2,500만 원으로 줄어든다. 회사의 자산총계가 그만큼 증발한다는 의미이며 재무 건전성이 악화된다.

따라서 투자자는 재무제표 주석을 통해 유형자산 손상차손이 발생했는지 그 규모는 얼마인지 그리고 어떤 자산(공장, 기계 등)에서 발생했는지 확인해야 한다. 소액의 손상차손은 회사를 운영하는 과정에서 흔하게 발생한다. 하지만 거액의 손상차손은 단순히 숫자가 줄어드는 것이 아니라 회사의 미래 영업이익이 감소할 수 있다는 강력한 신호가 될 수 있다.

│ 유형자산 가치 하락의 징후들 │

재무제표와 관련 공시를 면밀히 분석하면 회사가 손상차손을 인식하기 전에 그 징후를 미리 파악할 수 있다. 핵심은 '이 자산이 미래에 장부금액만큼의 현금을 벌어오지 못할 것'이라는 신호를 찾는 것이다.

1. 생산설비 가동률의 하락

이는 사업보고서의 '원재료 및 생산설비' 항목에서 확인할 수 있다 (일부 회사는 보안 등의 사유로 가동률 정보를 제공하지 않기도 한다). 유형자산의 가치는 미래 현금 창출 능력에서 나오는데 장기간 공장 가동률이 떨어졌다는 것은 그 공장이 벌어들이는 현금이 줄어든다는 의미다. 경쟁 기업이 유형자산 손상차손을 인식했다는 것 또한 위험 징후 중 하나다.

다음의 표는 이차전지 양극활물질을 생산하는 K사의 2024년 사업보고서 중 생산설비와 관련된 내용이다. 2024년 이차전지 양극활물질 생산량은 12,436톤으로 과거 2년 대비 감소했고 가동률이 33.3%에 불과하다. K사는 최근 생산라인을 증설해서 생산능력이 대폭 증가했다. 하지만 이를 고려하더라도 33%의 가동률은 낮아 보인다.

또한 다른 이차전지 경쟁 기업은 이미 대규모 유형자산 손상차손을 재무제표에 반영했다. 그러나 K사의 최근 재무제표에서는 유형자산 손상차손 내역이 확인되지 않는다. 손상차손을 인식하지 않은 자세한 내막까지는 확인할 수 없다. 하지만 투자자는 이 상황이 장기간 지속되면 위험할 수 있다고 판단해야 한다.

3년간 생산실적

품목	2024년	2023년	2022년
기능성필름(100만 ㎡)	427	375	374
토너(톤)	650	1,009	1,100
이차전지 양극활물질(톤)	12,436	17,922	14,654

2024년 가동률

품목	생산능력	생산실적	평균가동률(%)
기능성필름(100만 ㎡)	660	427	64.7
토너(톤)	1,200	650	54.2
이차전지 양극활물질(톤)	37,320	12,436	33.3

2. 재고자산 평가손실의 선행 발생

이는 '탄광 속 카나리아'와 같다. 공장에서 생산하는 제품의 시장 가치가 하락했다면, 장기적으로 그 제품을 생산하는 설비의 수익 창출 능력 또한 재검토될 가능성이 높기 때문이다. 즉, 제품의 가치 하락이 지속될 경우 이는 설비 가치의 하락으로 이어질 수 있다.

이런 흐름을 이차전지 소재 기업 P사의 사례를 통해 살펴보자. 업황 변동 등으로 인해 자산의 가치가 하락하면서, 재무제표에 순차적으로 손실이 인식되는 과정을 확인할 수 있다.

먼저 2023년 재무제표 주석을 보자.

⇨ P사 2023년 재고자산 평가손실

(단위: 1,000원)

	평가전금액	평가충당금	장부금액 합계
제품	467,910,499	(49,639,347)	418,271,152
상품	23,696,065	(172,055)	23,524,010
반제품	3,026,777	(55,167)	2,971,610
재공품	242,554,865	(34,845,120)	207,709,745
원재료	179,776,479	(6,695,289)	173,081,190
원료 및 재료	37,323,559	—	37,323,559
미착품	53,793,204	—	53,793,204
합계	1,008,081,448	(91,406,978)	916,674,470

※ 재고자산을 순실현가치로 평가해 인식한 평가손실 76,661,354,000원은 매출원가에 가산됐습니다.

주석 하단의 설명을 보면 P사는 2023년 결산에서 767억 원의 재고자산 평가손실을 매출원가에 가산했다. 보유하고 있는 제품 등의 순실현가능가치가 장부가액보다 낮아져 그 차액만큼을 비용으로 처리한 것이다.

이후 다음 해인 2024년에는 유형자산에 대해서도 대규모 손실이 인식됐다. 다음은 2024년 유형자산 손상차손 내역이다.

⇨ P사 2024년 유형자산 손상차손

(단위: 1,000원)

	토지와 건물	기계장치	건설중인 자산	기타자산	합계
유형자산 손상차손	(24,581,611)	(188,537,382)	(104,901,339)	(2,963,598)	(320,983,930)

출처: P사 연결 재무제표 주석 유형자산 변동 내역 중 손상차손 항목을 주요 자산별로 재분류

총 3,209억 원이 손실로 처리된 것을 확인할 수 있다. 2023년에 재고자산 평가손실이 발생한 데 이어, 2024년에는 기계장치와 건설 중인 자산 등을 포함한 유형자산에서도 큰 규모의 손상차손이 발생한 것이다.

이처럼 회사에 거액의 재고자산 평가손실이 발생했을 때, 이것이 일시적인 현상인지 아니면 향후 유형자산의 가치평가에도 영향을 미칠 수 있는 신호인지 유의해서 살펴볼 필요가 있다. 두 계정과목은 서로 연결돼 있기 때문이다.

긴급 자금 조달: 살아남기 위해 비싼 이자를 감수하다

윤 회계사 제품은 안 팔려서 창고에 쌓여 있고, 공장 가동률은 낮아지고 있어.

회린이 손익계산서는 적자고, 재무상태표의 자산은 줄어들었겠구나.

윤 회계사 이 상황에서 회사에 가장 급한 게 뭘까?

회린이 돈 아닐까? 직원들 월급은 줘야 하고, 이자도 내야 하잖아. 당장 살아남을 현금이 필요하겠지.

윤 회계사 재고가 쌓이고 공장이 멈춘 회사가 은행에 "돈 좀 빌려주세요" 하면 빌려줄까?

회린이 절대 안 빌려주지. 돈 떼일 게 뻔하잖아.

윤 회계사　　그럼 주주들에게 "회사가 어려우니 돈 좀 더 투자해주세요"라고 유상증자를 제안하면?

회린이　　다 도망가겠지…

❘ 시중은행에서 돈을 빌릴 수 없을 때 ❘

비가 오면 우산을 뺏는다는 말처럼, 회사가 어려워지면 가장 먼저 등을 돌리는 곳이 바로 은행과 시장이다. 회사가 위기에 빠지면 재무제표는 처참한 모습을 보인다. 매출은 줄어들고 비용 부담은 커지면서 손익계산서는 빠르게 적자로 돌아서고, 자산과 자본의 규모 역시 눈에 띄게 위축된다.

이런 기업은 신용등급이 추락해 신한은행, 국민은행 같은 제1금융권에서는 추가 대출을 받을 수 없게 된다. 오히려 기존에 빌려줬던 돈도 만기가 되면 '당장 갚으라'는 압박을 받는다.

하지만 회사는 당장 다음 달 직원 월급과 거래처 대금을 지급해야 한다. 결국 회사는 제1금융권보다 이자가 비싼 제2금융권의 문을 두드린다. 우리가 흔히 아는 시중은행을 제1금융권이라고 한다면, 저축은행, 캐피털사 등을 제2금융권이라고 부른다. 이때부터 회사가 부담해야 하는 이자는 커지기 시작한다.

┃ 차입금의 출처를 확인하자 ┃

투자자는 회사가 비싼 이자를 쓰고 있다는 사실을 어떻게 알아낼 수 있을까? 재무제표에 대한 주석 중 차입금 항목을 확인하면 된다. 회사가 어디서 돈을 빌렸는지, 연 이자율은 얼마인지가 자세하게 나와 있다.

만약 차입처에 시중은행이나 산업은행이 적혀 있고 이자율이 낮은 수준이라면 안심해도 좋다. 하지만 ○○저축은행, ○○캐피털, 심지어 ○○대부 같은 이름이 등장하거나, 이자율 칸에 높은 숫자가 적혀 있다면 이는 위험 신호로 볼 수 있다.

여기서 멈추지 말고 우발부채 및 약정사항이나 담보제공자산 항목까지 꼼꼼히 확인해야 한다. 회사가 이 돈을 빌리기 위해 무엇을 맡겼는지 나와 있는데, 만약 최대 주주의 주식이 담보로 잡혀 있다면 더욱 경계해야 한다. 이는 주가가 하락할 경우 담보로 맡긴 주식이 강제로 팔리는 '반대매매'가 일어나 주가가 폭락할 수 있는 상태임을 의미하기 때문이다.

만약 고금리 대출조차 어렵거나, 높은 이자비용이 부담되면 회사는 3장에서 배운 '메자닌 금융', 전환사채와 신주인수권부사채에 손을 댄다.

이런 메자닌 금융의 진짜 비용은 표면적인 이자가 아니다. 전환사채는 오히려 표면 이자가 1%로 매우 낮은 경우도 있다. 진짜 비용은 주주들의 가치를 파괴하는 미래의 '잠재적 매물 폭탄'이다.

영업활동이 개선되지 않는 부실기업은 이런 식으로 전환사채를 발행해 연명한다. 그 돈이 떨어지면 또다시 전환사채를 발행해 이전 사채를 막는 돌려막기(차환)를 시도한다.

이 과정에서 시장에 쏟아질 주식 수는 늘어난다. 왜 그럴까? 회사가 어려워질수록 주가는 계속 하락하기 때문이다. 예를 들어, 과거 주가가 1만 원일 때는 100억 원을 갚기 위해 주식 100만 주만 발행하면 됐다. 하지만 주가가 5,000원으로 폭락한 지금은 똑같은 100억 원을 빌리기 위해 200만 주의 신주를 인수할 수 있는 권리를 줘야 한다.

결국 빚을 돌려막을 때마다 주식으로 전환될 잠재 물량은 눈덩이처럼 불어난다. 만약 회사가 망하지 않고 호재가 터져 주가가 조금이라도 오르면 어떻게 될까? 이 물량들은 즉시 주식으로 전환돼 시장에 쏟아져 나오면서 주가를 다시 폭락시킨다.

따라서 투자자는 지속적인 영업 적자, 자본 잠식 등 재무제표가 망가진 회사가 다음과 같은 신호를 보일 때 위험을 인지해야 한다.

│ 긴급 자금 조달의 신호들 │

1. 잦은 '전환사채 돌려막기'

DART 공시에서 타법인 증권 취득자금이나 운영자금 명목으로 전환사채를 발행한 뒤, '만기 전 사채 취득' 공시가 뜨는 경우다. 이는 새로 발행한 전환사채로 기존에 발행했던 전환사채를 갚는, 전형적인 빚으로 빚 막기 신호일 수 있다. 아래는 만기 전 사채 취득을 공시한 사례다.

⇨ **J사 만기 전 사채 취득 공시**

자기 전환사채 만기전 취득 결정

1. 사채의 종류			회차	6	종류	무기명식 무보증 사모 전환사채
2. 사채발행일자			2025년 10월 29일			
3. 사채발행방법			사모			
4. 사채만기일			2028년 11월 04일			
5. 사채의 권면(전자등록) 총액(원)			5,000,000,000			
6. 취득 대상 사채의 권면(전자등록) 금액(원)			2,000,000,000			
7. 취득 결정일			2025년 12월 05일			
8. 취득금액	금액(원)		2,000,000,000			
	산정근거		원금			
	지급(예정)일		2025년 12월 05일			
	취득자금의 원천		자기 자금			
9. 취득 방법			장외 매수			
10. 만기전 취득사유			사채권자와의 별도 협의			
11. 향후 처리계획			재매각 예정(운영자금)			
12. 전환에 관한 사항	전환에 따라 발행할 주식	전환비율(%)				100
		보고일 현재 전환가액(원/주)				2,192
		종류	○○○○ 기명식 보통주			
		주식수				912,408
		주식총수 대비 비율(%)				1.07
	전환청구기간	시작일	2026년 11월 04일			
		종료일	2028년 10월 04일			
13. 취득후 사채의 권면(전자등록) 잔액(원)			3,000,000,000			
14. 공정거래위원회 신고대상 여부			미해당			

2. 잦은 전환가액 하향 조정(리픽싱)

전환사채 발행 후 주가가 계속 하락해 전환가액을 공시된 하한선(보통 70%)까지 계속 낮추는 경우다. 이는 기존 주주들의 지분 가치를 심각하게 희석시키며 그만큼 회사 사정이 좋지 않음을 의미한다. 아래는 전환사채의 전환가액 조정 공시 사례다.

⇨ A사 전환가액 조정 공시

전 환 가 액 의 조 정

1. 조정에 관한 사항	회차	상장여부	조정전 전환가액 (원)	조정후 전환가액 (원)	
	5	비상장	1,208	1,006	
2. 전환가능주식수 변동	회차	미전환사채의 권면(전자등록)총액 (통화단위)		조정전 전환가능 주식수 (주)	조정후 전환가능 주식수 (주)
	5	9,200,000,000	KRW : South-Korean Won	7,615,893	9,145,128
3. 조정사유	시가하락에 따른 전환가액 조정				
	가 . 조정근거				

3. 메자닌 발행이 수상한 투자조합이나 잦은 M&A와 맞물려 있는 경우

DART 공시에서 돈을 빌려준 출처를 확인해보자. ○○증권, ○○캐피털 같은 금융회사가 아니라 ○○투자조합, ○○홀딩스처럼 정체를 알기 힘든 곳이라면 경계해야 한다. 이들은 회사를 경영해서 돈을 벌려는 게 아니라, 회사를 이용해서 돈을 벌려는 세력일 가능성이 높다. 이를 흔히 '무자본 M&A' 혹은 '기업사냥'이라고 부른다.

작동 원리는 이렇다. 투기 세력이 회사 명의로 전환사채를 발행해 수백억 원을 끌어모은 뒤, 그 돈을 공장을 돌리는 데 쓰는 게 아니라 뜬금없이 타법인을 인수하거나 주가를 띄우기 위한 테마 사업에 써버리는 것이다. 결국 세력은 주가를 띄워 차익을 챙겨 떠나버리고, 회사에는 막대한 빚과 껍데기뿐인 사업만 남게 된다.

그렇다면 투자자는 어떻게 해야 할까? 우량기업도 종종 메자닌 금융을 활용한다. 하지만 한계기업처럼 몇 년 동안 수차례 발행하지는 않는다. 따라서 DART 공시에서 전환사채나 신주인수권부사채 발행 내역을 검색했을 때 그 수가 많다면 투자에 유의해야 한다.

# 자산 매각: 알짜 자산을 팔아 현금을 구하다

회린이   지난번에 회사가 돈이 급하면 고금리 대출을 받거나 전환사채를 발행한다고 했잖아. 그런데 빚이 늘어나는 건데 회사 입장에서 너무 부담스럽지 않아? 이자도 계속 나가고 말이야.

윤 회계사   그래서 경영진은 빚을 내는 것 말고 다른 카드를 고려하기도 해. 굳이 은행에 아쉬운 소리 안 하고, 이자도 안 내면서 목돈을 마련하는 방법이 있거든.

회린이   오, 그런 좋은 방법이 있어? 그게 뭔데?

윤 회계사   네가 급전이 필요한데 대출받기는 싫어. 그럼 어떻게 할래?

회린이   음… 주식을 팔거나 그것도 여의찮으면 노트북을 당근마켓에 팔아야지.

윤 회계사	기업도 똑같아. 빚을 더 늘리기 부담스럽거나 재무구조를 개선
	하고 싶을 때, 가지고 있는 공장과 본사 건물을 팔아. 심지어는
	알짜 자회사까지 팔기도 하지.
회린이	그럼 빚도 안 생기고 재무구조도 개선되니까 무조건 호재인 거
	아니야?

| 자산 매각의 유형 |

빚을 내지 않고 현금을 마련한다는 점만 보면 긍정적으로 보일 수 있다. 하지만 기업 입장에서 자산을 파는 행위는 살을 깎아내는 고통스러운 자구책인 경우가 많다. 주식 시장에서는 이를 '자산 매각'이라 부른다.

기업이 자산을 파는 이유는 크게 두 가지다. 하나는 새로운 사업에 투자하기 위한 자금을 마련하는 전략적 매각이고, 다른 하나는 당장 빚을 갚기 위한 생계형 매각이다.

사례 1 이마트의 전략적 자산 매각

먼저 전략적 매각의 대표적인 사례로 2021년 이마트의 성수동 본사 매각을 들 수 있다. 당시 이마트는 이커머스 시장의 패권을 잡기 위해 이베이코리아(현 지마켓글로벌)를 인수하기로 결정했다. 문제는

172

인수 대금만 3조 원이 넘게 필요했다는 점이다.

보유한 현금만으로는 부족했던 이마트는 결단을 내렸다. 자신들의 상징과도 같았던 서울 성수동 본사 건물을 미래에셋 컨소시엄에 팔아 1조 2,200억 원을 마련했다. 이때 이마트는 건물을 팔고 나서 다시 그 건물의 세입자로 들어가는 계약(세일 앤 리스백)을 맺었다.

이 거래는 이마트의 재무구조를 어떻게 바꿀까?

긍정적 효과

1조 원이 넘는 현금이 유입돼 유동성 위기를 해결하고 신사업에 투자할 수 있다.

부정적 효과

과거에는 내 건물이라 나가지 않던 월세(리스 관련 비용)가 매년 발생한다.

투자자는 여기서 자산 매각으로 인한 손익을 계산해봐야 해야 한다. '자산을 팔아 확보한 자금으로 시작한 신사업(이커머스)의 이익이 매년 빠져나갈 월세보다 큰가?' 만약 그렇지 않다면, 목돈을 쥐었지만 매년 영업이익이 깎여나가는 구조로 바뀐 것이다.

사례 2 T홀딩스의 생계형 자산 매각

생계형 자산 매각은 기업이 궁지에 몰렸을 때 나타나는 훨씬 더 심각한 신호다. 2024년 워크아웃(기업구조개선작업)에 돌입한 T건설과 그 최대 주주 T홀딩스의 사례가 이를 잘 보여준다.

부동산 PF(프로젝트 파이낸싱) 시장 침체로 자금 사정이 급격히 악화된 T건설은 채권단으로부터 강도 높은 자구안을 요구받았다. 핵심은 단순했다. 돈이 되는 자산은 모두 매각해 유동성을 확보하라는 것이었다.

문제는 T건설 자체만으로는 당장 큰 현금을 만들 수 있는 자산이 많지 않았다는 점이다. 결국 그룹 차원의 결단이 필요했고, 그 부담은 최대 주주인 T홀딩스로 넘어갔다. T홀딩스는 그룹의 핵심 수익원 중 하나였던 E사를 매각 대상으로 내놓았다.

E사는 폐기물 처리 및 하수 처리 사업을 영위하는 환경 기업으로, 경기 변동과 무관하게 안정적인 현금흐름을 창출해온 전형적인 캐시카우였다. T홀딩스 입장에서는 장기적으로 그룹의 수익 기반을 떠받쳐줄 황금알을 낳는 거위와도 같은 존재였다. 그러나 T건설이 당장 유동성 위기에 몰린 상황에서 선택지는 많지 않았다.

결국 2024년 8월, T홀딩스는 E사를 2조 700억 원에 매각했다. 이와 함께 사옥, 골프장 등 그룹이 보유하고 있던 주요 자산들도 연이어 매각 대상에 올랐다. 사실상 살아남기 위해 팔 수 있는 것은 모두 판 셈이다.

T홀딩스 사례에서 투자자가 읽어야 할 행간은 무엇일까? E사 매각 대금으로 T건설은 당장의 부도 위기는 넘겼다. 하지만 그 대가로 그

룹의 핵심 수익원을 잃었다. 빚을 갚아 생존에는 성공했을지 모르지만, 앞으로 지속적으로 현금을 벌어다 줄 체력은 크게 약해진 것이다.

| 자산 매각 호재의 함정을 피하는 법 |

자산 매각 뉴스가 뜨면 주가가 일시적으로 급등하는 경우가 있다. 재무구조 개선 기대감 때문이다. 하지만 투자자는 다음 세 가지를 확인하고 판단해야 한다.

1. 당기순이익의 착시에 속으면 안 된다.

회사가 보유한 부동산이나 기계장치를 장부가격보다 비싸게 팔면, 손익계산서에는 '유형자산처분이익'이라는 계정으로 차익이 기록된다. 이 금액이 클 경우, 영업이익은 적자가 났더라도 당기순이익은 흑자가 될 수 있다.

실제 사례를 보자. 다음은 동물 의약품을 제조하는 K사의 2024년 재무제표 주석 중 기타수익 내역이다. 유형자산처분이익이라는 항목이 눈에 띈다. 전기에는 6,800만 원에 불과했던 금액이, 당기에는 90억 7,300만 원으로 급증했다. 이는 회사가 토지나 건물 같은 유형자산을 매각해 90억 원이 넘는 차익을 남겼다는 뜻이다. 이 90억 원은 고스란히 당기순이익에 더해진다.

(단위: 원)

	당기	전기
외환차익	927,523,462	468,805,654
외화환산이익	615,097,539	230,687,826
유형자산처분이익	9,073,213,098	68,078,366
사채조기상환이익	159,923,649	149,391,700
파생상품자산평가이익	21,135,887	—
파생상품부채평가이익	2,041,581,411	2,150,276,178
장기투자증권평가이익	—	211,866,660
잡이익	961,321,703	201,260,996
합계	13,799,796,749	3,480,367,380

만약 투자자가 이 내막을 모른 채 단순히 '당기순이익이 작년보다 90억 원이나 늘었네?'라고 생각한다면 큰 오산이다. 열심히 물건을 팔아 번 돈이 아니라, 가진 재산을 팔아서 만든 일회성 이익일 뿐이기 때문이다. 내년에는 더 이상 팔 땅이 없을 수도 있고, 있다 해도 매년 이렇게 팔 수는 없다. 따라서 자산 매각 이슈가 있는 기업을 분석할 때는 일회성 이벤트로 부풀려진 당기순이익보다는 영업이익의 추세를 확인해야 한다.

2. DART 공시의 '처분 목적'을 반드시 확인해야 한다.

기업이 일정 규모 이상의 자산을 매각하면, DART에 유형자산 양도 결정, 타법인 주식 및 출자증권 양도 결정, 영업 양도 결정과 같은 제목의 공시가 올라온다. 투자자가 이 공시에서 가장 눈여겨봐야 할 항목은 매각 금액보다도 '처분 목적' 한 줄이다.

여기에는 회사가 자산을 판 진짜 이유가 담겨 있다. 만약 신규 설비 투자, 신사업 재원 확보 등이 적혀 있다면 긍정적인 신호로 해석된다. 현재의 자산을 팔아 미래의 더 큰 성장을 위한 종잣돈으로 쓰겠다는 의지이기 때문이다.

반면, 처분 목적에 운영자금 확보, 차입금 상환, 재무구조 개선 같은 단어가 적혀 있다면 유의해야 한다. 이는 회사가 미래를 위해 투자하는 것이 아니라, 당장 급한 불(빚, 운영비)을 끄기 위해 생계형으로 자산을 팔고 있다는 신호일 가능성이 높기 때문이다.

물론 이런 해석은 기업이 공시한 목적대로 자금을 투명하게 집행한다는 것을 전제로 한다. 기업이 시장의 우려를 의식해 실제 사용 목적과는 다르게 투자 등의 명분을 내세워 포괄적으로 기재할 가능성도 배제할 수는 없기 때문이다.

실제 사례를 보자. 다음은 E사의 유형자산 처분 결정 공시다. 공시의 처분 목적 항목을 보면 '현금 유동성 확보 및 미래 신규 사업 투자 재원 활용'이라고 명시돼 있다. 이를 어떻게 해석해야 할까? 보통 이런 경우 '신규 사업 투자 재원'은 관용적인 표현일 가능성이 높다. 자산 매각이 성장 전략의 일환이라기보다는, 유동성 압박 속에서 선택한 조치로 해석하는 것이 합리적이다.

⇨ **E사 유형자산 처분 결정 공시**

유형자산 처분결정

1. 처분물건 구분		토지 및 건물
- 처분물건명		○○○○○○○
2. 처분내역	처분금액(원)	100,000,000,000
	자산총액(원)	3,888,464,488,208
	자산총액대비(%)	2.6
	대규모법인여부	해당
3. 거래상대		○○○○○○○
4. 처분목적		현금유동성 확보 및 미래 신규 사업 투자 재원 활용
5. 처분예정일자		2025-05-30
6. 이사회결의일(결정일)		2025-05-20
- 사외이사 참석여부	참석(명)	3
	불참(명)	1
- 감사(사외이사가 아닌 감사위원) 참석여부		참석
7. 기타 투자판단과 관련한 중요사항		

3. 무엇을 팔았는지 확인해야 한다.

회사가 유휴 부지, 혹은 적자가 나는 사업부를 팔았다면 이는 경영 효율화를 위한 긍정적인 신호로 볼 수 있다. 하지만 돈을 잘 버는 계열사 등 핵심 자산을 팔았다면 그 회사의 미래 성장성은 크게 낮아진다고 판단해야 한다.

자본 잠식: 누적된 적자가
회사를 갉아 먹다

회린이　내가 보유한 종목의 토론방 분위기가 심상치 않아. 회사가 자본
　　　　잠식 상태라면서 곧 상장폐지 될 수도 있다는 이야기가 돌고 있
　　　　어. 자본 잠식이란 게 정확히 어떤 상태를 말하는 거야?

윤 회계사　회계적으로 설명하자면 회사의 누적 적자가 너무 커져서 주주
　　　　들이 납입했던 자본금마저 갉아 먹고 있는 상태를 뜻해.

회린이　자본금을 갉아 먹는다? 그게 왜 위험한 거야?

윤 회계사　기업의 생존 기반이 무너졌다는 뜻이거든. 이 상태가 지속되면
　　　　주식 시장에서 퇴출당할 수 있어.

| 자산총계가 자본금보다 더 적을 때 |

기업이 적자를 내면 그 손실만큼 이익잉여금이 줄어든다. 그런데 적자가 계속 누적돼 쌓아둔 이익잉여금이 바닥나고, 급기야 주주들이 회사 설립 때 냈던 자본금까지 사용하기 시작하면 어떻게 될까? 회계에서는 이를 '자본 잠식'이라고 부른다.

이는 기업이 재무적으로 한계 상황에 도달했음을 의미한다. 자본 잠식의 구조와 위험성을 정확히 이해하기 위해 먼저 재무상태표의 자본 항목을 구성하는 두 가지 핵심 개념을 다시 한번 떠올려보자.

- **자본금**

주식의 액면가에 발행 주식 총수를 곱한 금액이다. 예를 들어 액면가 6,000원짜리 주식을 1만 원에 10주 발행했다면, 자본금은 6만 원이 기록되고 나머지 4만 원은 주식발행초과금으로 기록된다.

- **자본총계(순자산)**

회사가 가진 모든 자산에서 부채를 뺀 나머지, 즉 현재 시점에서 주주에게 귀속되는 몫이다. 여기에는 자본금, 주식발행초과금, 기타포괄손익 누계액, 이익잉여금(또는 결손금) 등이 모두 포함된다.

정상적인 기업이라면 사업을 통해 이익을 내서 이익잉여금을 쌓아가므로 자본총계가 자본금보다 훨씬 크다. 하지만 적자가 지속되면 이익잉여금이 마이너스(결손금)로 돌아서면서 자본총계를 갉아 먹기 시작한다. 결국 자본총계가 자본금보다 작아지는 역전 현상이 발생하는데, 이것이 바로 자본 잠식이다.

자본 잠식은 진행 단계에 따라 부분 자본 잠식과 완전 자본 잠식으로 나뉜다.

1. 부분 자본 잠식

누적된 적자로 인해 자본총계가 자본금보다 작아진 상태를 말한다. 예를 들어보자. A기업의 자본금은 100억 원이다. 그런데 사업 부진으로 적자가 누적돼, 이익잉여금이 –30억 원이 돼 자본총계가 70억 원으로 줄어들었다. 이때 자본 잠식률은 30%가 된다. 자본 잠식률이 50%를 초과하는 상장사는 관리종목으로 지정된다.

⇨ 부분 자본 잠식

자본금	100억 원
이익잉여금(결손금)	(30억 원)
자본총계	70억 원

2. 완전 자본 잠식

적자 규모가 너무 커져서 자본금을 전액 잠식하고, 자본총계 자체가 마이너스가 된 상태다. A기업의 손실이 계속돼 자본총계가 −10억 원이 됐다고 가정해보자. 자산보다 부채가 더 많은 깡통 기업 상태다. 상장사가 완전 자본 잠식 상태가 되면 상장폐지 사유에 해당해 시장에서 퇴출당할 수 있다.

⇨ **완전 자본 잠식**

자본금	100억 원
이익잉여금(결손금)	(110억 원)
자본총계	(10억 원)

그렇다면 자본 잠식 위기에 처한 기업은 어떻게 재무구조를 개선하려 할까? 이때 경영진의 선택지 중 하나가 무상감자다.

| 보상 없이 주식 수를 줄이는 무상감자 |

무상감자란 주주들에게 아무런 보상을 하지 않고 주식 수를 줄여서 자본금을 깎아내리는 회계적 조치다. 자본금을 줄여서 발생한 차익으로 누적된 적자(결손금)를 상쇄해 자본 잠식 상태에서 벗어나려는 것이 주된 목적이다.

예를 들어 자본금 100억 원, 자본총계 70억 원인 부분 자본 잠식 기업이 있다고 하자. 회사는 재무구조 개선을 위해 10대 1 무상감자를 결정한다. 주주가 보유한 주식 10주를 1주로 병합하는 것이다.

이 과정에서 자본금은 100억 원에서 10억 원으로 줄어든다. 그렇다면 감소한 자본금 90억 원은 어떻게 처리될까? 이 차액은 '감자차익'이라는 자본잉여금 항목으로 분류된다. 그리고 이 감자차익을 그동안 누적된 적자인 결손금을 상계 처리하는 재원으로 활용한다. 즉, 자본금 계정의 금액을 줄여서 결손금을 지우는 회계적 조정이 이루어지는 것이다.

⇨ **무상감자**

	감자 전	감자 후	결손금 상계
자본금	100억 원	10억 원	10억 원
자본잉여금		90억 원	60억 원
이익잉여금 (결손금)	(30억 원)	(30억 원)	
자본총계	70억 원	70억 원	70억 원

결과적으로 자본금은 10억 원으로 축소되지만, 자본총계는 70억 원으로 변동 없이 유지된다. 이 과정에서 외부로 유출되거나 내부로 유입된 자산은 없다. 단지 자본 항목 내에서 계정 재분류만 일어났을 뿐이다.

핵심은 재무구조의 변화다. 감자 전에는 자본금이 자본총계보다 커서 자본 잠식 상태였다. 반면 감자 후에는 자본금이 줄어들면서, 자본총계가 자본금을 크게 상회하게 된다. 이를 통해 회사는 회계상 자본 잠식 상태를 완전히 해소하고, 재무 건전성을 확보한 것처럼 보이는 효과를 얻게 된다. 회사는 자본 잠식에서 벗어났지만, 통상적으로 무상감자 공시가 발표되면 주가는 급락하는 경향을 보인다.

│ 무상감자 후 주가가 급락하는 이유 │

여기서 한 가지 의문이 제기될 수 있다. '회계적으로 숫자만 바꾼 것이고 회사에서 돈이 나간 것도 아닌데, 왜 주가가 폭락할까? 주식 수가 줄어든 만큼 주가를 올려서 거래를 시작하니(기준가 조정), 내 자산가치는 그대로여야 하는 것 아닌가?'

이론적으로는 맞는 말이다. 기업의 본질 가치는 변하지 않았다. 하지만 현실 주식 시장에서 무상감자는 기업이 보내는 최악의 신호 중 하나로 해석된다. 주가가 급락하는 데는 몇 가지 이유가 있다.

1. 경영 실패에 대한 공식적인 자백이기 때문이다.

무상감자를 한다는 것은 '우리 회사는 그동안 주주들의 돈을 다 까먹었고, 이제 회계 장부를 뜯어고치지 않으면 상장폐지 될 위기에 처했습니다'라고 만천하에 공표하는 것과 같다. 투자자들의 불안감이 반영되면서 주가가 크게 하락하는 것이다.

2. 대규모 유상증자의 예고편이기 때문이다.

자본 잠식 기업이 무상감자를 하는 목적은 단순히 장부를 예쁘게 만들기 위함만이 아니다. 감자로 장부를 깨끗하게 만들고 유상증자를 공시하는 사례가 많다. '감자 후 증자'는 부실기업이 재무구조를 개선하는 전형적인 프로세스다. 또는 무상증자 공시와 유상증자 공시를 동시에 하기도 한다.

'자본 잠식 → 무상감자 → 유상증자'의 공식이 실제 시장에서 어떻게 나타나는지 사례를 통해 확인해보자.

| 부실기업의 전형적인 공시 패턴 |

다음은 코스닥 상장 기업 K사의 최근 3년 자본금과 자본총계의 변화다. 2024년 말 재무상태표를 보면 자본금은 153억 원인 반면, 자본총계는 123억 원에 불과하다. 누적된 결손금 357억 원이 자본금을 갉아 먹어 자본총계가 자본금보다 작아진 부분 자본 잠식 상태였다.

이를 해소하기 위해 K사는 2025년 9월에 무상감자와 유상증자를 같은 날 동시에 공시했다.

⇨ K사 연결 재무상태표: 자본

(단위: 원)

	2024년	2023년	2022년
자본			
지배기업의 소유주에게 귀속되는 자본	12,277,500,475	14,993,787,311	19,151,870,983
자본금	15,307,087,500	15,307,087,500	15,307,087,500
자본잉여금	33,225,166,228	33,225,166,228	33,225,166,228
기타자본구성요소	(1,004,744,015)	(1,004,744,015)	(1,004,744,015)
기타포괄손익누계액	494,640,302	415,087,519	4,169,445
이익잉여금(결손금)	(35,744,649,540)	(32,948,809,921)	(28,379,808,175)
자본총계	12,277,500,475	14,993,787,311	19,151,870,983

⇨ K사 무상감자 공시

감자 결정

1. 감자주식의 종류와 수	보통주식 (주)		27,552,753
	기타주식 (주)		–
2. 1주당 액면가액 (원)			500
3. 감자전후 자본금		감자전 (원)	감자후 (원)
		15,307,085,000	1,530,708,500
4. 감자전후 발행주식수	구 분	감자전 (주)	감자후 (주)
	보통주식(주)	30,614,170	3,061,417
	기타주식(주)	–	–
5. 감자비율	보통주식 (%)		90
	기타주식 (%)		–
6. 감자기준일		2025년 11월 18일	
7. 감자방법		1주당 액면금액 500원의 보통주 10주를 동일 액면금액 보통주 1주로 무상병합	

K사가 밝힌 감자 사유는 결손금 보전을 통한 재무구조 개선이었다. 10대 1 무상감자로 자본금을 153억 원에서 15억 원으로 줄이겠다는 계획이었다.

⇨ **K사 유상증자 공시**

유상증자 결정

1. 신주의 종류와 수	보통주식 (주)	3,000,000
	기타주식 (주)	–
2. 1주당 액면가액 (원)		500
3. 증자전 발행주식 총수 (주)	보통주식 (주)	3,061,417
	기타주식 (주)	–
4. 자금조달의 목적	시설자금 (원)	–
	영업양수자금 (원)	–
	운영자금 (원)	15,240,000,000
	채무상환자금 (원)	–
	타법인 증권 취득자금 (원)	–
	기타자금 (원)	–
5. 증자방식		주주배정증자

주)　3. 증자전 발행주식총수의 경우, 2025년 11월 18일을 신주배정기준일로 진행되는 무상감자(1주당 액면금액 500원의 보통주 10주를 동일 액면금액 보통주 1주로 무상병합) 후의 발행주식 총수이며, 감자 전 발행주식총수는 30,614,170주입니다.

감자 결정과 동시에 152억 원 규모의 주주배정 유상증자 공시가 이어졌다. 자금 조달의 목적은 '운영자금'이었다.

K사의 사례는 자본 잠식 해소를 위한 '감자'와 부족한 운영비를 마

련하기 위한 '증자'가 하나의 세트처럼 움직일 수 있다는 것을 보여준다. 기존 주주 입장에서는 10대 1 감자로 보유 주식 수가 10분의 1로 줄어드는 동시에, 회사를 살리기 위해 추가로 돈을 넣어야 하는 이중고를 겪게 된다.

따라서 투자자는 재무상태표를 분석할 때 자본총계와 자본금의 비율을 면밀히 모니터링해야 한다. 자본총계가 자본금 수준으로 감소하거나 이를 하회하는 자본 잠식 징후가 포착된다면, 이는 향후 무상감자나 유상증자가 임박했음을 알리는 신호로 해석해야 한다.

계속기업 불확실성: 내년에도 살아남을 수 있을까?

회린이   나 진짜 억울해서 잠이 안 와.

윤 회계사   왜? 지난번에 말한 거래 정지된 종목 때문에 그래?

회린이   응. 내가 그냥 산 게 아니거든. 사기 전에 DART에 들어가서 감
사보고서를 분명히 확인했어. 맨 위에 '적정의견'이라고 떡하
니 찍혀 있었다고! 회계사가 문제없다고 보증한 건데 회사가
망하는 게 말이 돼? 이거 직무 유기 아니야?

윤 회계사   아이고… 투자자들이 가장 많이 오해하는 지점이 바로 그거야.
적정의견이라는 단어가 주는 안도감 때문에 뒤에 숨겨진 진짜
경고를 놓친 거지.

회린이   진짜 경고? 적정이면 적정이지, 뒤에 뭐가 더 있어?

윤 회계사   회계사는 거짓말을 하지 않았어. 단지 네가 '계속기업 관련 중요한 불확실성'이라는 별도의 단락에 적힌 회계사의 경고를 놓친 거야.

▌ 적정의견은 투자에 적정하다는 뜻이 아니다 ▌

적정의견을 받았는데 회사가 망한다니, 언뜻 보면 회계사의 직무유기처럼 보일 수 있다. 하지만 이는 투자자들이 감사보고서의 적정의견의 의미를 실제보다 확대 해석하는 데서 비롯된 오해다.

감사보고서에서 말하는 '적정'이란 회사가 튼튼하다는 보증이 아니다. 단지 회사가 작성한 재무제표가 회계기준에 맞게, 중요한 왜곡 없이 작성됐다는 의미일 뿐이다. 따라서 회사가 재무적으로 위기에 처해 있다는 사실이 재무제표에 그대로 반영돼 있다면 회계사는 그 재무제표에 대해 적정의견을 줄 수 있다.

그렇다면 투자자는 재무적 위험 신호를 어디서 찾아야 할까? 바로 감사보고서 본문에 포함돼 있는 '계속기업 관련 중요한 불확실성' 단락이다.

| 계속기업 여부를 판단하는 과정 |

회계에는 '계속기업의 가정Going Concern'이라는 대전제가 있다. 기업이 곧바로 문을 닫을 존재가 아니라, 당분간은 정상적으로 영업을 계속할 것이라고 가정하고 재무제표를 만든다는 뜻이다.

하지만 회사가 지속적으로 적자를 내거나, 당장 갚아야 할 빚(유동부채)이 가진 돈(유동자산)보다 많아지면 이 대전제는 흔들린다. 이때부터 회계사와 경영진 사이의 치열한 논리 싸움이 시작된다. 회계 감사 현장의 판단 과정을 함께 따라가보자.

1단계 징후 포착

회계사는 감사를 진행하며 회사의 생존을 위협하는 치명적인 지표들을 발견한다. 예를 들어 1년 내 만기가 도래하는 차입금을 갚을 현금이 턱없이 부족하거나, 주요 거래처가 끊기는 경우다. 또는 핵심 제품의 판매가 중단돼 영업활동 현금흐름이 만성적인 마이너스 상태에 놓여 있을 수도 있다.

2단계 경영진의 방어

회계사가 '이대로 가면 1년 안에 부도날 수 있다'고 지적하면, 경영진은 '다음 달에 유상증자해서 자금을 수혈받기로 했습니다' 혹은 '강남에 있는 사옥을 팔아서 빚을 갚겠습니다' 아니면 '채권단과 만기 연장 협상을 진행 중입니다'라고 회사를 살리기 위한 자구책을 가져와 회계사를 설득한다.

3단계 회계사의 검증

여기서 회계사의 가장 중요한 판단이 개입된다. 감사 기준은 '경영진의 자구책(희망)이 회사의 위험(현실)을 덮어버리게 하지 말라'고 요구한다. 말이 조금 어렵지만 경영진의 계획이 실현 가능성이 높더라도 확실하지 않으면 위험을 알리라는 의미다. 그래서 회계사는 적정의견을 주더라도, '회사가 망할 수도 있다'는 사실은 따로 떼어내 경고하는 것이다. 이 경고는 감사보고서에 '계속기업 관련 중요한 불확실성'이라는 별도의 단락으로 표기된다.

계속기업 관련 중요한 불확실성

회사는 당기에 XXX억 원의 순손실이 발생했으며, 유동부채가 유동자산을 XXX억 원 초과하고 있습니다. 이런 상황은 회사의 계속기업으로서의 존속 능력에 대해 유의적인 의문을 제기할 만한 중요한 불확실성이 존재함을 나타냅니다.

이 문구의 속뜻을 번역하면 다음과 같다.

"투자자 여러분, 이 회사의 재무제표는 사실대로 적혀 있습니다(적정의견). 하지만 빚이 너무 많고 돈을 못 벌어서 사업을 계속할 수 있을지 불확실합니다(불확실성). 회사가 살길을 찾겠다고 주장하지만, 제가 보기엔 그 계획만으로는 안심할 수 없습니다. 그러니 이 경고문을 따로 떼어 보여드립니다. 각별히 주의하십시오."

실제로 상장폐지나 법정관리에 들어간 기업의 상당수가 직전 연도까지는 적정의견을 받았다. 하지만 그들의 감사보고서에는 대부분 '계속기업 관련 중요한 불확실성'이라는 별도의 꼬리표가 달려 있었다.

│ '계속기업 불확실성' 단락은 회계사의 경고등 │

2장에서 봤던 매출액은 증가하고 감사의견은 적정이었다가 갑자기 관리종목으로 지정된 H사의 사례를 연도별로 따라가보자.

2023년 3월 공시된 2022년 감사보고서 의견은 적정이었다. 하지만 스크롤을 내리면 다음 단락이 별도로 존재했다.

계속기업 관련 중요한 불확실성

연결 재무제표에 대한 주석 36에 기술되어 있는 바와 같이, 회사는 2022년 12월 31일로 종료되는 보고 기간에 당기순손실 1,871백만 원이 발생했으며, 당기 말 현재 유동부채가 유동자산을 4,658백

> 만 원 초과하고 있습니다. 이러한 사건이나 상황은 주석 36에서 설명하고 있는 다른 사항과 더불어 회사의 계속기업으로서의 존속 능력에 유의적 의문을 제기할 만한 중요한 불확실성이 존재함을 나타냅니다.
>
> H사 2022년 감사보고서

1차 경고를 무시하고 1년이 지났다. 2024년 3월, 또 다른 신호를 보냈다. 감사보고서를 제때 제출하지 못한 것이다.

⇨ **H사 사업보고서 제출 기한 연장 신고**

사업보고서 제출 기한 연장 신고

1. 제출 기한 연장 대상 보고서	제58기 사업보고서		
2. 제출 연장 기한	자본시장법상 제출기한	변경된 제출기한	연장일수 (영업일 기준)
	2024년 04월 01일	2024년 04월 08일	5
3. 제출 기한 연장 사유	감사보고서 제출 지연		
4. 회계감사인의 명칭	○○○○		
5. 회계감사인의 제출기한 연장 사유	당 회계법인은 2023년 회계연도의 회계감사와 관련하여, 감사의견 형성을 위한 충분한 감사증거가 확보되지 않았다고 판단이 되어 감사인의 감사절차가 종료되지 않은 상황으로 인하여 주식회사 등의 외부감사에 관한 법률 시행령 제27조(감사보고서의 제출 등)에 의한 감사보고서 전달 기한 내 업무 종결이 어려운 상황입니다.		
6. 직전 제출 기한 연장 신고 제출일자			
7. 기타 투자판단에 참고할 사항	당사는 감사보고서를 제출받는 즉시 사업보고서를 공시할 예정입니다.		

194

감사보고서 제출 지연은 회계사와 회사 간 재무제표 적정성에 대한 이견이 있다는 것으로 해석한다. 결국 며칠 뒤, 우려는 현실이 됐다. 회계사는 의견거절을 표명했고 주식은 거래가 정지됐다.

의견거절

해당 재무제표는 2023년 12월 31일 현재의 연결 재무상태표, 동일로 종료되는 보고 기간의 연결 포괄손익계산서, 연결 자본변동표, 연결 현금흐름표 그리고 중요한 회계정책 정보를 포함한 연결 재무제표의 주석으로 구성되어 있습니다.
<u>우리는 별첨된 연결 실체의 연결 재무제표에 대하여 의견을 표명하지 않습니다.</u> 우리는 이 감사보고서의 의견거절 단락에서 기술된 사항의 유의성 때문에 연결 재무제표에 대한 감사의견의 근거를 제공하는 충분하고 적합한 감사증거를 입수할 수 없었습니다.

H사 2023년 감사보고서

따라서 DART에서 감사보고서를 열었을 때, 맨 앞장의 '적정'이라는 두 글자만 보고 안심해서는 안 된다. 반드시 스크롤을 내려 '계속기업 관련 중요한 불확실성'라는 제목의 단락이 있는지 확인해야 한다. 만약 이 단락이 존재한다면, 그 회사가 아무리 화려한 호재성 뉴스를 내놓더라도 투자에 매우 신중해야 한다.

감사의견: 회계사가 회사의
운명에 마침표를 찍다

회린이	'계속기업 관련 중요한 불확실성' 단락을 꼭 봐야 하는 건 알겠 어. 그런데 만약 내가 산 주식이 의견거절을 받았다는 뉴스가 뜨면 어떻게 해야 해? 바로 시장가로 던지고 도망쳐야 하나?
윤 회계사	던진다고? 그 뉴스가 뜨는 순간 주식을 팔고 싶어도 팔 수 없어.
회린이	응? 그게 무슨 소리야? 내 주식인데 왜 못 팔아?
윤 회계사	감사의견이 '부적정'이나 '의견거절'이 나오면 그 즉시 거래 정 지 사유거든. 네가 뉴스를 봤을 때는 이미 탈출 불가능한 상태야.
회린이	와, 소름 돋는다. 그럼 감사의견이 나온 뒤에는 이미 늦은 거네?

안타깝지만 사실이다. 감사의견 '거절'이나 '부적정'이 공시되는 순간 주식 거래는 즉시 정지된다. 투자자에게는 탈출할 기회조차 주어지지 않는다. 이런 조치의 근거가 되는 것이 바로 외부감사 제도다. 주식회사는 정기적으로 회계사(감사인)에게 재무제표에 대한 외부감사를 받는다. 이 외부감사의 의견 종류에 따라 회사가 시장에서 퇴출당할 수도 살아남을 수도 있다.

| 감사의견의 종류 |

1. 적정의견

이는 '회사가 작성한 재무제표가 회계기준에 맞춰 중요한 왜곡 표시 없이 작성됐습니다'라는 뜻이다. 이 의견을 받아야만 주식 시장에서 정상적인 거래가 유지된다.

여기서 다시 한번 상기할 내용이 있다. 많은 투자자가 적정의견을 받은 회사를 우량한 회사로 오해한다는 것이다. 하지만 감사의견은 우량과 불량을 가리는 게 아니라, 재무제표의 신뢰성을 가리는 것이다. 따라서 적정의견을 받은 회사가 많은 이익을 내고 있다는 것을 의미하지 않는다. 회사가 1,000억 원의 적자를 냈더라도 그 적자 사실을 재무제표에 솔직하게 적었다면 회계사는 적정의견을 준다.

아래는 Y사의 2024년 재무제표에 대한 감사의견이다.

독립된 감사인의 감사보고서

주식회사 ○○
주주 및 이사회 귀중

감사의견

우리는 주식회사 ○○과 그 종속기업(이하 "연결회사")의 연결재무제표를 감사하였습니다. 해당 연결재무제표는 2024년 12월 31일과 2023년 12월 31일 현재의 연결재무상태표, 동일로 종료되는 양 보고기간의 연결포괄손익계산서, 연결자본변동표 및 연결현금흐름표 그리고 중요한 회계정책 정보를 포함한 연결재무제표의 주석으로 구성되어 있습니다.

우리의 의견으로는 별첨된 연결회사의 연결재무제표는 연결회사의 2024년 12월 31일과 2023년 12월 31일 현재의 연결재무상태와 동일로 종료되는 양 보고기간의 연결재무성과 및 연결현금흐름을 한국채택국제회계기준에 따라 중요성의 관점에서 공정하게 표시하고 있습니다.

우리는 또한 대한민국의 회계감사기준에 따라, 「내부회계관리제도 설계 및 운영개념체계」에 근거한 연결회사의 2024년 12월 31일 현재의 연결내부회계관리제도를 감사하였으며, 2025년 3월 19일자 감사보고서에서 적정의견을 표명하였습니다.

감사의견근거

우리는 대한민국의 회계감사기준에 따라 감사를 수행하였습니다. 이 기준에 따른 우리의 책임은 이 감사보고서의 연결재무제표감사에 대한 감사인의 책임단락에 기술되어 있습니다. 우리는 연결재무제표감사와 관련된 대한민국의 윤리적 요구사항에 따라 회사로부터 독립적이며, 그러한 요구사항에 따른 기타의 윤리적 책임들을 이행하였습니다. 우리가 입수한 감사증거가 감사의견을 위한 근거로서 충분하고 적합하다고 우리는 믿습니다.

Y사의 재무제표를 찾아보면 2년 연속 영업이익과 당기순이익이 모두 적자다. 하지만 감사의견은 적정의견이다. 적정의견이라고 해서

이익이 많이 난다는 의미가 아니라는 것을 확인할 수 있다.

회계사는 감사보고서에 적정의견을 표기할 때 '적정의견입니다'라는 표현을 사용하지 않고 '한국채택국제회계기준에 따라 중요성의 관점에서 공정하게 표시하고 있습니다'라고 표현한다.

2. 한정의견

'재무제표가 대체로 맞긴 한데, 특정 부분은 자료가 부족해서 확인을 못 했거나, 회계기준을 위반했습니다'라는 뜻이다. 즉 회계사가 재무제표 감사를 했는데 재무제표의 일부를 신뢰할 수 없을 때 한정의견이 나온다.

한정의견을 받으면 코스피 상장사의 경우 즉시 관리종목으로 지정되며, 2년 연속 한정의견을 받으면 상장폐지 된다. 코스닥 상장사는 더 엄격하다. 한정의견의 사유에 따라 즉시 거래가 정지되고 상장폐지 심사 대상에 오를 수 있다.

다음은 D사의 2024년 재무제표에 대한 감사의견이다. 한정의견이라는 단어가 명확하게 보인다. 한정의견은 보통 '~을 제외하고는 (…) 한국채택국제회계기준에 따라 중요성의 관점에서 공정하게 표시하고 있습니다'라고 표현한다. 그 아래 한정의견 근거를 보면 말은 어렵게 쓰여 있지만 요약하면, '특정 계정과목에 대해 적절한 감사증거를 입수할 수 없었고, 그 계정과목의 정확한 금액을 알 수 없습니다'라는 의미다.

독립된 감사인의 감사보고서

주식회사 ○○○○
주주 및 이사회 귀중

한정의견

우리는 주식회사 ○○○○○○과 그 종속기업들(이하 "연결회사")의 연결재무제표를 감사하였습니다. 해당 연결재무제표는 2024년 12월 31일과 2023년 12월 31일 현재의 연결재무상태표, 동일로 종료되는 양 보고기간의 연결포괄손익계산서, 연결자본변동표 및 연결현금흐름표 그리고 중요한 회계정책 정보를 포함한 연결재무제표의주석으로 구성되어 있습니다.

우리의 의견으로는 별첨된 연결회사의 연결재무제표는 이 감사보고서의 한정의견근거 단락에 기술된 사항이 미칠 수 있는 영향을 제외하고는, 연결회사의 2024년 12월 31일 현재의 연결재무상태와 동일로 종료되는 보고기간의 연결재무성과 및 연결현금흐름을 한국채택국제회계기준에 따라, 중요성의 관점에서 공정하게 표시하고 있습니다.

한정의견근거

연결회사는 2023년 중 니켈 광물 유통 사업 확대 및 수익창출을 위해 ○○○○○○ ○○○○○○○○○○○○ 주식을 취득하여 당기손익-공정가치측정금융자산으로 계상하고 있습니다. 그러나 우리는 ○○○ 의 주요한 자산인 광업권의 실재성 여부에 대하여 충분하고 적절한 감사증거를 입수할 수 없었습니다. 따라서 우리는연결회사가 계상한 당기손익-공정가치측정금융자산 금액에 대하여 수정이 필요한지 여부를 결정할 수 없었습니다.

우리는 대한민국의 회계감사기준에 따라 감사를 수행하였습니다. 이 기준에 따른 우리의 책임은 이 감사보고서의 연결재무제표감사에 대한 감사인의 책임 단락에 기술되어 있습니다. 우리는 연결재무제표감사와 관련된 대한민국의 윤리적 요구사항에 따라 회사로부터 독립적이며, 그러한 요구사항에 따른 기타의 윤리적 책임을 이행하였습니다. 우리가 입수한 감사증거가 감사의견을 위한 근거로서 충분하고 적합하다고 우리는 믿습니다.

3. 부적정의견

회계사가 '이 재무제표는 엉터리입니다. 숫자가 심각하게 왜곡돼 있으니 투자자들은 절대 믿지 마세요'라고 선언하는 것이다. 이는 회계기준을 중대하게 위반한 경우에 나온다. 이 의견이 공시되는 즉시 주식 거래는 정지되고 상장폐지 절차가 진행된다.

다만 현실에서는 보기 드문 의견이다. 보통 회계사가 '재무제표가 틀렸으니 고치세요'라고 요구하면 회사가 수정하기 때문이다. 만약 회사가 끝까지 고치지 않고 버티거나 자료를 숨긴다면, 회계사는 굳이 틀린 부분을 지적하는 대신 의견거절을 내는 경우가 많다.

4. 의견거절

이는 회계사가 '이 회사의 재무제표에 대해 판단하는 것 자체를 포기하겠습니다'라고 선언하는 것이다. 해당 주식은 즉시 '매매 거래 정지'가 된다. 의견거절은 상장폐지 사유에 해당하며 이의신청 및 개선 기간을 거쳐 최종 상장폐지 여부가 결정된다.

의견거절이 나오는 이유는 크게 두 가지다. 먼저 '감사 범위 제한'이다. 회사가 고의로 자료 제출을 거부하는 등 재무제표의 숫자에 대한 근거를 찾을 수 없는 경우다.

다음은 '계속기업 존속 불확실성'이다. 여기서 의문을 가질 수 있다. '앞에서는 불확실성이 있어도 별도 단락으로 경고만 하고 적정의견을 준다면서요?' 맞다. 하지만 여기서 말하는 불확실성은 그 심각성이 다르다. 앞서 본 경우가 위독하지만 치료 계획이 있어 지켜볼 만한 환자라면, 의견거절은 사실상 사망 선고를 앞둔 단계를 의미한다. 재무제표 작성의 기본 대전제는 '이 회사는 망하지 않고 계속 영업을 한다(계속기업의 가정)'는 것이다. 그런데 적자가 너무 심각하거나 자본이 완전히 잠식돼 내일 당장 문을 닫아도 이상하지 않다면, 이 대전제 자체가 성립하지 않는다. 전제가 무너진 상태에서 작성된 재무제표의 숫자는 의미가 없기에 회계사는 감사의견 표명 자체를 포기하는 것이다.

⇨ **C사 연결감사보고서**

독립된 감사인의 감사보고서

주식회사 ○○○○
주주 및 이사회 귀중

의견거절

우리는 주식회사 ○○○○ 및 종속기업(이하 "연결회사")의 연결재무제표에 대한 감사계약을 체결하였습니다. 동 연결재무제표는 2023년 12월 31일 현재의 연결재무상태표, 동일로 종료되는 보고기간의 연결포괄손익계산서, 연결자본변동표 및 연결현금흐름표 그리고 중요한 회계정책 정보를 포함한 연결재무제표의 주석으로 구성되어 있습니다.

우리는 별첨된 연결회사의 연결재무제표에 대하여 의견을 표명하지 않습니다. 우리는 이 감사보고서의 의견거절근거 단락에서 기술된 사항의 유의성 때문에 연결재무제표에 대한 감사의견의 근거를 제공하는 충분하고 적합한 감사증거를 입수할 수 없었습니다.

2024년 3월 공시된 C사의 2023년 재무제표에 대한 의견거절 감사보고서를 보자. 한때 코스닥 바이오 유망주로 10만 원을 넘나들던 C사의 주가는 거래 정지 직전 6,000원대까지 추락했다.

의견거절은 '~에 대하여 의견을 표명하지 않습니다' '감사의견의 근거를 제공하는 충분하고 적합한 감사 증거를 입수할 수 없었습니다'라고 표현한다.

상폐 시즌을 무사히 넘기는 법

앞서 말했듯, 의견거절이나 한정의견 공시가 뜨면 투자자가 사후적으로 대응할 여지는 거의 없다. 그렇다면 우리는 어떻게 폭탄이 터지기 전에 피할 수 있을까?

매년 3월은 재무제표에 대한 감사의견이 나오는 시기다. 그래서 이 기간을 통상적으로 '상폐 시즌'이라 부른다. 이 시기에 다음 세 가지를 반드시 실천해야 한다.

1. 위험 종목은 미리 매도한다.

2월 말부터는 관리종목과 투자주의 환기종목은 미리 정리해야 한다. 이 종목들은 이미 재무 상태나 회계 투명성에 문제가 있어 한국거래소가 공식적으로 경고한 기업들이다. 의견거절을 받을 확률이 일반 기업보다 압도적으로 높다.

2. 감사보고서 제출 지연 공시를 주의한다.

회사는 법적으로 주주총회 1주일 전까지 감사보고서를 제출해야한다. 그런데 '감사보고서 제출이 지연되고 있습니다'라는 공시가 뜬다면? 이는 감사 과정에서 회계사와 회사 간에 중대한 회계 판단이나 계속기업 가정 등을 둘러싼 이견이 발생했을 가능성이 높다는 신호다. 이런 상황에서는 대부분 적정의견이 나오기 힘들다. 결과가 나오기를 기다리지 말고, 지연 공시가 뜨는 즉시 비중을 줄이는 것이 안전하다.

3. 적정의견이라도 DART 원문을 확인한다.

사업보고서가 나오면 DART를 열고 감사보고서에 '존속' 또는 '불확실성'이라는 단어가 있는지 확인해야 한다. 이런 단어들이 포함돼있다면 가까운 미래에 의견거절이나 한정의견으로 이어질 위험성이크다.

5장

현금흐름
완전 정복

이익은 의견,
현금은 팩트다

회린이   '이익은 의견Opinion이고, 현금은 사실Fact이다'라는 말을 들었
어. 유명한 투자 격언 같은데 이게 무슨 뜻이야? 회계사들이 재
무제표 숫자가 정확한지 보고 적정의견을 주는 거 아니야?

윤 회계사   회계사들이 감사를 하지만, 그건 경영진이 만든 숫자가 회계기
준이라는 룰을 지켰는지 보는 거야.

회린이   회계기준만 지키면 숫자가 달라도 괜찮다는 거야?

이익에는 경영진의 추정이 개입된다

이익이 왜 의견인지 이해하려면, 먼저 재무제표가 만들어지는 규칙을 알아야 한다. 한국의 상장 기업들이 따르는 한국채택국제회계기준^{K-IFRS}은 원칙 중심^{Principle-based} 회계다.

K-IFRS에서 '기계는 무조건 5년 동안 감가상각하라'고 딱 정해주지 않는다. 다만 경영진에게 '기계를 얼마나 오래 쓸지는 회사가 합리적으로 추정해서 정해라'고 원칙만 제시한다.

여기서 추정의 영역이 생긴다. 어떤 회사는 '우리는 기계를 10년 동안 쓸 수 있다'고 주장하고, 어떤 회사는 '5년밖에 못 쓴다'고 주장할 수 있다. 두 회사가 똑같은 기계를 샀더라도, 경영진이 어떻게 추정하느냐에 따라 매년 비용으로 처리되는 금액이 달라진다. 그러면 당연히 이익의 수치도 달라진다.

회계사의 역할은 이 추정이 회계기준을 벗어나지 않았는지 감사하는 것이다. 회사가 '우리는 기술력이 좋아서 10년 쓸 수 있습니다'라고 논리적인 근거를 대면, 회계사는 설령 그게 조금 낙관적으로 보이더라도 회계기준이 허용하는 범위 안에 있다면 적정의견을 줄 수 있다. 즉, 적정의견은 이 이익이 절대적인 진실이라는 뜻이 아니다. 경영진의 추정이 회계기준에 벗어나지 않는다는 것을 의미한다. 이것이 이익이 의견일 수밖에 없는 근본적인 이유다.

이렇듯 회계기준은 경영진에게 많은 재량권을 준다. 경영진의 추정에 따라 이익이 어떻게 달라지는지 조금 더 구체적인 사례와 함께 살펴보자.

사례 1 연구개발비는 비용일까, 자산일까?

신약을 개발하는 바이오 기업이 올해 연구개발비로 100억 원을 지출했다고 가정하자. 현금 100억 원이 유출된 것은 변함없는 사실이다. 하지만 손익계산서는 경영진의 판단에 따라 달라질 수 있다.

> 보수적인 판단: 신약 개발 성공 여부가 불투명하다.
>
> → 지출한 100억 원을 모두 당해 연도 비용으로 처리한다.
>
> → 이익이 100억 원 감소한다.
>
> 낙관적인 판단: 이 프로젝트는 성공 가능성이 매우 높다.
>
> → 지출한 100억 원을 비용이 아닌 무형자산(개발비)으로 재무상태표에 올린다.
>
> → 비용으로 처리되지 않으므로 이익은 감소하지 않는다.

사례 2 재고의 가치를 얼마로 볼까?

의류 기업의 창고에 유행이 지난 겨울철 재고가 50억 원어치 쌓여 있다고 해보자.

보수적인 판단: 이 제품의 시장가치가 감소했다.

→ 50억 원 중 30억 원을 재고자산 평가손실이라는 비용으로 처리한다.

→ 이익이 30억 원 감소한다.

낙관적인 판단: 내년에 다시 유행이 돌아올 것이다. 제값을 받을 수 있다.

→ 손실 처리를 하지 않고 장부가액으로 유지한다.

→ 이익이 감소하지 않는다.

물론 회계사가 단순히 '성공할 것 같다' 또는 '제값을 받을 수 있다'는 경영진 주장이나 형식적인 자료만으로 이를 인정하지 않는다. 회계기준이 요구하는 요건을 충족하고, 업계 관행과 과거 이력 등을 종합해 그 낙관적 판단이 허용 가능한 범위 안에 있는지를 판단한다.

이런 추정의 개입과 더불어, 이익을 더욱 모호하게 만드는 것이 발생주의다. 가령 A기업이 거래처에 제품 10억 원어치를 납품했다고 가정해보자. 거래처는 대금을 3개월 뒤에 결제하기로 했다. 이 경우 A기업은 돈을 한 푼도 받지 못했지만, 재무제표에는 매출채권 10억 원과 매출 10억 원이 기록된다. 물건을 인도하여 대금을 받을 권리가 발생했기 때문이다.

이때 기록된 이익은 거래처가 3개월 뒤에 틀림없이 돈을 줄 것이라는 전제에 기반한다. 만약 거래처가 부도가 나서 돈을 떼인다면 어떻게 될까? 재무제표에 적힌 이익은 사라진다. 즉, 제품을 납품할 때 인식했던 이익은 미래에 돈이 들어올 것이라는 약속이자 추정에 불과할 수 있다.

반면, 현금은 다르다. 거래처가 실제로 입금해야만 찍히는 숫자다. 경영진의 의지나 추정이 개입할 여지가 없는 명확한 '팩트'다.

│ 현금흐름은 거짓말하지 않는다 │

이익은 회계기준의 테두리 안에서 조정이 가능하지만, 현금흐름은 조정이 불가능하다. 이를 간과했다가 금융권과 채권자들이 막대한 손실을 본 사건이 2014년 M사 분식회계 사태다.

당시 가전 업체 M사는 손익계산서상 매출 1조 2,000억 원, 영업이익 1,100억 원을 기록하는 초우량기업으로 평가받았다. 하지만 그것은 허위 수출 채권으로 만들어낸 가짜 이익이었다. 당시 M사의 재무제표는 아래와 같은 기이한 형태를 보였다.

> 손익계산서: 영업이익 + 1,100억 원
>
> 현금흐름표: 영업활동 현금흐름 − 15억 원

만약 금융기관이나 채권자가 '영업이익은 준수한데 현금흐름은 왜 마이너스일까?'라는 의문을 가지고 재무제표를 분석했다면 위험을 피했을지도 모른다.

결국 손익계산서가 기업의 성과를 보여준다면 현금흐름표는 그 성과의 진실성과 질을 검증하는 도구다. 투자자라면 현금흐름표를 읽을 줄 알아야 하는 이유가 바로 여기에 있다.

 # 한 번에 손실을 털어내는 '빅 배스'

회린이 　이번에 내가 산 회사에 유능한 CEO가 새로 왔다고 해서 기대했 거든? 그런데 오자마자 무려 1조 원 적자를 발표했어. 회사를 살리겠다더니 오히려 망하게 하려는 거야?

윤 회계사 　망하게 하려는 게 아니라, 영웅이 되고 싶은 거지.

회린이 　일부러 1조 원 적자를 냈는데 영웅이 된다고? 그게 말이 돼?

윤 회계사 　생각해봐. '이 1조 원 적자는 내가 낸 게 아니라 전임자의 잘못 입니다'라고 선언하면서 한 번에 털어버리는 거야. 그래야 내 년부터 조금만 이익을 내도 실적이 엄청나게 좋아 보일 테니까.

| 신임 CEO의 재무제표 대청소 |

멀쩡하던 회사가 갑자기 CEO 교체기에 조 단위의 적자를 낸다? 얼핏 보면 악재 같지만, 이는 경영진의 계산이 깔린 전략일 가능성이 높다. 회계 용어로는 이를 '빅 배스Big Bath'라고 부른다.

빅 배스란 '목욕을 해서 묵은 때를 한 번에 씻어낸다'라는 뜻이다. 회계에서는 그동안 누적된 손실이나 잠재적인 부실 요소를 재무제표에서 한꺼번에 털어버리는 것을 의미한다.

빅 배스는 주로 CEO가 교체되거나 실적이 악화된 시기에 발생한다. 새로 부임한 CEO는 전임자가 남긴 부실 자산들이 부담스럽다. 만약 이것들을 안고 가다가 나중에 문제가 터지면 자신의 책임이 되기 때문이다. 그래서 취임 첫해에 과감한 결단을 내린다.

"이 자산들은 가치가 없습니다. 전부 손실 처리하겠습니다."

경영진이 이 판단(의견)을 내리는 순간, 재무상태표상 수천억 원의 자산은 순식간에 비용(손상차손)으로 처리된다. 회사의 본질적인 경쟁력이나 공장의 가동 상태는 어제와 똑같은데, 경영진의 의지 하나로 당기순이익이 적자로 바뀌는 것이다.

실제로 기업들이 어떻게 빅 배스를 단행했는지, 그리고 언론은 이를 어떻게 보도했는지 살펴보자.

사례 1 해외 사업 부실 정리를 위한 빅 배스

현대건설, 23년 만에 첫 적자… 해외 사업 부실 반영 '빅 배스'

현대건설이 창사 이래 처음으로 지난해 1조 원대 영업손실을 기록했다. 고환율과 원자잿값 상승 기조가 이어지고 있는 가운데 현대건설과 자회사 현대엔지니어링 모두 해외 사업에서 대규모 손실을 내 최악의 어닝 쇼크를 기록하며 23년 만에 적자 전환했다. 지난해 말 이한우 대표이사가 취임한 이후 처음 발표한 실적에서 대규모 손실을 반영한 것으로, 일각에서는 전임 최고경영자에게 누적 손실을 넘기는 '빅 배스'를 한 것이라는 분석도 나온다.

현대건설은 지난해 연결 기준 영업손실이 1조 2,209억 원으로 전년(7,854억 원 흑자)과 비교해 적자 전환한 것으로 잠정 집계됐다고 22일 공시했다. 2001년 워크아웃 신청 당시 3,826억 원의 영업손실을 낸 후 연간 기준으로 23년 만의 적자 전환이다. 지난해 당기순이익도 7,364억 원 적자로 돌아섰다.

〈서울경제〉 2025. 1. 22

현대건설은 2024년 연간 실적 발표에서 1조 2,209억 원에 달하는 대규모 영업손실을 기록하며 빅 배스를 단행했다. 새로 취임한 경영진이 인도네시아와 사우디아라비아 등 대형 해외 프로젝트에서 누적돼온 잠재적 부실 요인을 한꺼번에 털어버리는 선택을 한 것이다. 이는 23년 만의 첫 연간 적자라는 최악의 수치를 자초한 것이지만, 과거의 불확실성을 선제적으로 제거해 재무 건전성을 확보하겠다는 경영진의 의지가 반영된 결과로 뉴스는 해석했다.

사례 2 매출 관행 쇄신을 위한 빅 배스

디오, 700억 '빅 배스' 털고 실적 정상화할까?

"수금 없는 매출은 허상이다."

디지털 임플란트 기업 디오 관계자가 내놓은 이 한마디는 회사의 체질 개선 방향성을 가장 명확하게 설명한다. 과거 밀어넣기식 영업을 끊기 위해 매출채권 구조를 근본적으로 뒤집었고 그 결과 올해 3분기 흑자 전환과 동시에 현금흐름이 플러스로 전환됐다.

작년 4월 에이치프라이빗에쿼티(에이치PE)가 최대 주주로 올라선 이후 디오는 조직과 프로세스를 '올 뉴^All New^ 디오'로 전면 개편했다. 수금 기반 실매출 원칙을 정착시키기 위해 회수 불확실 매출채권 700억 원을 한 번에 정리한 '빅 배스'도 단행했다. 빅 배스는 한 회계 기간에 대규모 손실을 한꺼번에 털어내 재무 건전성을 회복하고, 이후 실적 개선을 더 뚜렷하게 만드는 회계적 정리 방식을 말한다.

〈뉴스톱〉 2025. 12. 8

임플란트 전문 기업 디오도 700억 원에 달하는 잠재적 부실 요인을 손실로 처리하는 빅 배스를 단행했다. 새로 부임한 전문경영인 체제가 출범하면서, 과거의 고질적인 관행이었던 밀어내기식 매출로 쌓인 부실 채권을 한꺼번에 털어버린 것이다.

여기서 한 가지 본질적인 의구심을 가질 수 있다. 과거의 부실을 한꺼번에 털어내는 행위가 결국 과거의 분식회계를 스스로 자인하는 꼴이 아니냐는 점이다. 하지만 회계의 메커니즘을 들여다보면 이는 범죄의 영역보다는 추정의 영역으로 해석하는 것이 타당하다.

회계는 단순히 과거의 사건을 기록하는 작업에 그치지 않는다. 자산의 가치를 평가하거나 채권의 회수 가능성을 판단할 때 경영진의 주관적인 가정이 개입될 수밖에 없다. 과거의 경영진이 사업의 회복 가능성을 낙관적으로 전망해 자산가치를 유지했다면, 새로운 경영진은 이를 엄격하고 보수적인 관점에서 재평가해 장부상의 거품을 걷어낼 뿐이다.

다만 이러한 해석은 과거의 회계 추정이 당시의 정보와 환경하에서 합리적이었음을 전제로 한다. 이는 명백한 허위 사실을 기재하는 분식회계와는 결이 다르다. 사실의 왜곡이 아닌 추정의 변경이라는 회계적 문법을 통해 이루어지기에, 빅 배스는 회계기준의 테두리 안에서 정당성을 확보한다.

중요한 질문은 이것이다.

"현대건설이 1조 원대 손실을 기록했을 때, 실제로 그만큼의 현금이 빠져나갔을까?"

"디오가 700억 원의 매출채권을 손실로 처리했을 때, 회사 통장의 현금이 줄어들었을까?"

이 물음이 이익과 현금의 결정적인 차이를 설명해준다. 경영진은 전략적인 이유로 이익을 최악으로 조정할 수 있지만, 은행 계좌에 들어 있는 현금은 그 어떤 회계적 기법으로도 조정할 수 없다.

이 사례들이 우리에게 주는 교훈은 명확하다. 단순히 '이익은 믿을 게 못 된다'라고 무시하라는 뜻이 아니다. 손익계산서의 영업이익과 당기순이익이 기업의 수익성을 보여주는 가장 기본적이고 중요한 지표임은 틀림없다.

하지만 우리는 빅 배스 사례를 통해, 손익계산서의 숫자들이 경영진의 판단에 따라 일시적으로 조정될 수 있음을 알았다. 따라서 현명한 투자자가 되기 위해서는 손익계산서의 이익만 확인하는 것에 그치지 않고, 반드시 현금흐름표를 함께 분석할 수 있는 능력을 갖춰야 한다.

현금흐름표:
돈이 흐르는 세 가지 길

회린이 이익은 의견이고 현금은 사실이라는 말 덕분에 현금흐름표가
중요하다는 건 알겠어. 그래서 호기롭게 현금흐름표를 열어봤
는데…

윤 회계사 표정이 왜 그래? 너무 복잡해?

회린이 무슨 숫자가 이렇게 많아? 플러스도 있고 마이너스도 있고, 영
업이니 투자니 용어도 어렵고. 뭐부터 봐야 할지 모르겠어.

윤 회계사 처음 보면 당연히 그럴 수 있어. 하지만 겁먹을 필요 없어. 현금
흐름표는 사실 우리가 쓰는 가계부랑 원리가 똑같거든.

회린이 가계부? 기업 회계가 가계부랑 같다고?

윤 회계사 기업이 돈을 다루는 방식도 결국 크게 보면 세 가지 활동으로 요약되거든. 돈을 벌고(영업), 자산을 사고팔고(투자), 돈을 빌리고 갚는(재무) 활동 말이야.

현금흐름표를 이해하기 전에, 먼저 짚고 넘어가야 할 것이 하나 있다. 우리가 일상에서 생각하는 현금과 회계에서 말하는 현금의 개념은 조금 다르다는 점이다.

예를 들어 개인이 1년 만기 정기예금에 가입했다면 대부분은 '현금을 통장에 갖고 있다'고 생각한다. 하지만 회계에서는 '단기금융상품을 갖고 있다'고 표시한다. 회계에서 현금이란 언제든지 바로 사용할 수 있는 돈을 의미하기 때문이다. 그래서 일정 기간 묶여 있는 정기예금은 현금이 아니라 별도의 금융자산으로 분류된다.

| 기업의 3대 현금흐름 |

현금흐름표는 아주 복잡해 보이지만, 의외로 단순하다. 기업의 모든 활동을 영업, 투자, 재무라는 세 가지 카테고리로 분류해서 기록해놓은 것이기 때문이다. 이 세 가지 활동을 우리의 일상생활 속 가계부에 비유하면 조금 더 쉽게 이해할 수 있다.

1. 영업활동 현금흐름

직장인이 회사에 가서 일을 하고 월급을 받거나, 치킨집 사장님이 치킨을 팔아서 돈을 버는 경우를 떠올리면 된다. 이렇게 본업을 통해 벌어들인 돈을 기록한 것이다. 가계부로 치면 월급이나 사업소득에 해당한다. 기업에게 가장 중요하고 기본적인 현금흐름이다.

2. 투자활동 현금흐름

월급을 받아서 생활비로 쓰고 남은 돈으로 무엇을 할까? 노트북이나 자동차를 살 수도 있고, 혹은 돈을 불리기 위해 주식이나 부동산에 투자할 수도 있다. 기업도 마찬가지다. 더 많은 제품을 만들기 위해 공장을 짓거나 기계를 사고, 남는 돈으로 다른 회사 주식이나 땅을 산다. 이렇게 미래의 수익 창출을 위해 돈을 지출하거나, 반대로 가지고 있던 자산을 팔아서 돈을 마련하는 활동의 현금흐름을 기록한 것이다.

3. 재무활동 현금흐름

집을 사야 하는데 가진 돈이 부족하면 대부분 은행에서 대출을 받는다. 그리고 나중에 돈을 벌어서 대출금을 갚는다. 기업도 사업을 하다가 자금이 부족하면 은행에서 돈을 빌리거나 주주들에게 투자를 받는다. 반대로 돈을 많이 벌면 빚을 갚거나 주주들에게 배당금을 나눠준다. 이렇게 자금을 조달하고 상환하는 활동의 현금흐름을 기록한 것이다.

| 1년 동안의 현금흐름을 보여주는 표 |

현금흐름표는 연초에 있던 돈이 1년 동안 세 가지 활동을 거쳐서 연말에 얼마가 됐는지를 보여준다. 현금흐름표의 구조는 다음과 같은 공식으로 완성된다.

기초의 현금 (1월 1일에 통장에 있던 돈)

\+ 영업활동으로 인한 현금흐름

\+ 투자활동으로 인한 현금흐름

\+ 재무활동으로 인한 현금흐름

\= **기말의 현금** (12월 31일에 통장에 남은 돈)

즉, 재무상태표에 적힌 현금 및 현금성자산이 1년 동안 왜 늘어났고 왜 줄어들었는지를 상세하게 설명해주는 보고서인 셈이다.

현금흐름표를 볼 때는 괄호에 주의해야 한다. 괄호가 없는 숫자는 현금 유입, 숫자 양옆에 괄호가 쳐져 있으면 현금 유출을 의미한다. 즉, 100으로 표기되어 있으면 현금이 100만큼 들어왔다는 뜻이고, (100)은 현금이 100만큼 나갔다는 뜻이다.

실제 삼성전자의 현금흐름표를 보며 확인해보자.

⇨ 삼성전자 현금흐름표 요약

(단위: 100만 원)

	2024년	2023년	2022년
영업활동 현금흐름	72,982,621	44,137,427	62,181,346
투자활동 현금흐름	(85,381,702)	(16,922,817)	(31,602,804)
재무활동 현금흐름	(7,797,243)	(8,593,059)	(19,390,049)
외화환산으로 인한 현금의 변동 등	4,821,010	778,632	(539,198)
현금 및 현금성자산의 증가(감소)	(15,375,314)	19,400,183	10,649,295
기초현금 및 현금성자산	69,080,893	49,680,710	39,031,415
기말현금 및 현금성자산	53,705,579	69,080,893	49,680,710

표를 보면 2024년 투자활동 현금흐름에 (85,381,702)라고 적혀 있다. 단위가 100만 원이니 약 85조 원이다. 성장을 위한 설비투자와 자산운용 등에 85조 원이라는 현금을 지출했다는 뜻이다. 다음으로 재무활동 현금흐름을 보자. 여기에도 (7,797,243), 즉 7조 7,797억 원의 마이너스가 찍혀 있다. 이는 빚을 갚거나 주주들에게 배당금을 지급해서 회사 밖으로 돈이 나갔다는 뜻이다.

이제 현금흐름표를 읽을 기초적인 준비가 끝났다. 다음 절부터는 세 가지 활동을 하나씩 알아보며 각 현금흐름이 어떤 의미를 지니는지 자세히 알아보자.

영업활동 현금흐름: 본업으로 현금을 버는 능력

회린이 영업활동, 투자활동, 재무활동 중에서 투자자가 가장 먼저 봐야 할 현금흐름은 뭐야?

윤 회계사 영업활동 현금흐름이지. 이게 현금흐름표의 핵심이거든.

회린이 영업활동? 물건 팔아서 번 돈이라는 뜻인가?

윤 회계사 정확히 말하면 회사의 주된 사업, 즉 본업을 통해 벌어들인 현금이야.

'본업으로 번 현금'이라는 정의는 명쾌하지만, 이를 재무제표에서 도출하는 과정은 조금 복잡해 보일 수 있다. 하지만 왜 당기순이익과 실제 현금 사이에 차이가 발생하는지 원리를 알면 영업활동 현금흐름을 이해할 수 있다.

| 영업활동 현금흐름을 계산하는 과정 |

영업활동 현금흐름표는 주로 간접법으로 작성된다. 직접법이라는 방식도 있지만 거의 사용되지 않는다. 간접법이란 발생주의에 따라 계산된 당기순이익에서 출발해, 현금의 실제 유입·유출이 없는 항목들을 조정함으로써 실제 현금흐름을 도출하는 방식이다.

이 조정 과정은 크게 두 단계로 나뉜다.

1단계 비현금 거래의 조정

장부상 수익이나 비용으로 처리됐지만, 실제 현금은 오가지 않은 비현금 항목의 제거다. 대표적인 예가 감가상각비다. 감가상각비는 손익계산서상 이익을 줄이는 비용이지만, 회사 통장에서 현금이 빠져나가는 것은 아니다.

외화환산손익 역시 환율 변동에 따른 장부상 평가 손익일 뿐, 실제 현금의 이동과는 무관하다. 따라서 이러한 항목들은 당기순이익에서 제거해줘야 한다.

2단계 영업용 자산 및 부채의 증감 반영

영업활동과 관련된 자산과 부채의 증감을 반영하는 것이다. 매출채권이 늘어났다는 것은 매출은 발생했지만 현금이 아직 들어오지 않았다는 의미다. 반대로 매입채무가 증가했다면, 지출해야 할 현금이 뒤로 미뤄지면서 단기적으로 현금이 보존되는 효과가 발생한다. 즉, 영업용 자산과 부채의 증감을 반영해야 비로소 실제 현금흐름에 가까워진다.

이해를 돕기 위해 간단한 예시를 들어보자. 회사가 올해 당기순이익 100억 원을 기록했다. 하지만 100억 원이 모두 현금으로 회사 통장에 들어온 것은 아니다. 여기서부터 실제 현금흐름을 도출하기 위한 조정 작업이 시작된다.

비현금 거래의 조정

올해 감가상각비가 20억 원 발생했다. 감가상각비는 비용으로 처리됐지만 현금 유출은 없으므로 당기순이익에 더해준다.

→ 100억 원 + 20억 원 = 120억 원

영업자산의 변동 반영

외상 매출 증가로 매출채권이 10억 원 늘어났다. 매출은 인식됐지만 현금이 아직 유입되지 않았다는 의미이므로 차감한다.

→ 120억 원 − 10억 원 = 110억 원

영업부채의 변동 반영

원재료를 외상으로 매입해 매입채무가 10억 원 증가했다. 그리고 원재료는 올해 모두 매출원가로 비용 처리됐다고 하자. 비용은 인식됐지만 아직 현금을 지급하지 않았으므로 더해준다.

→ 110억 원 + 10억 원 = 120억 원

결과: 영업활동 현금흐름 120억 원

이 과정을 거치면 손익계산서상 당기순이익은 100억 원이지만, 실제로 영업활동을 통해 들어온 현금은 120억 원이라는 결론이 나온다. 참고로 이러한 세부적인 조정 내역은 항목이 워낙 많고 복잡하기 때문에 대부분의 기업이 현금흐름표 본문에는 요약된 수치 위주로 기재한다. 만약 어떤 항목에서 차이가 발생했는지 구체적으로 알고 싶다면 주석을 확인해야 한다.

영업활동 현금흐름 > 당기순이익

간접법의 계산 구조를 이해했다면, 투자자가 눈여겨봐야 할 한 가지 중요한 결론에 도달하게 된다. 영업활동 현금흐름이 당기순이익보다 커야 한다는 점이다.

> **영업활동 현금흐름 > 당기순이익**

특히 제조업이라면 이 공식이 성립하는 것이 일반적이다. 제조업은 공장이나 설비 같은 대규모 유형자산을 보유하고 있어 매년 거액의 감가상각비가 발생한다. 앞서 살펴보았듯이 감가상각비는 실제 현금이 나가지 않는 비용이므로 현금흐름을 구할 때 당기순이익에 더해준다. 따라서 별다른 문제가 없는 기업이라면 영업활동 현금흐름이 당기순이익보다 커질 수밖에 없다.

이 공식이 실제로 적용되는지 삼성전자의 최근 3년 영업활동 현금흐름을 통해 확인해보자.

⇨ **삼성전자 영업활동 현금흐름**

(단위: 100만 원)

	2024년	2023년	2022년
영업활동 현금흐름	72,982,621	44,137,427	62,181,346
영업에서 창출된 현금흐름	75,830,873	46,547,889	71,728,568
당기순이익	34,451,351	15,487,100	55,654,077
조정	42,947,079	36,519,534	33,073,439
영업활동으로 인한 자산부채의 변동	(1,567,557)	(5,458,745)	(16,998,948)
이자의 수취	4,008,359	4,786,010	2,136,795
이자의 지급	(675,049)	(844,691)	(714,543)
배당금 수입	268,482	269,169	529,421
법인세 납부액	(6,450,044)	(6,620,950)	(11,498,895)

삼성전자는 2022년 55조 원, 2023년 15조 원, 그리고 2024년에는 34조 원의 당기순이익을 기록했다. 같은 기간 영업활동 현금흐름은 2022년 62조 원, 2023년 44조 원, 2024년 73조 원이다. 매년 당기순이익보다 훨씬 큰 영업활동 현금흐름이 발생했다.

이런 차이가 발생하는 가장 큰 이유는 감가상각비 때문이다. 주석을 확인하면 2024년 삼성전자의 감가상각비는 40조 원으로 확인된다. 이 금액이 당기순이익에 더해지면서 거액의 영업활동 현금흐름을 만들어낸 것이다. 이렇게 삼성전자에도 '영업활동 현금흐름 〉 당기순이익'의 공식이 성립한다.

반대로 '영업활동 현금흐름 〈 당기순이익'이라면 어떻게 해석해야 할까? 예를 들어 당기순이익은 100억 원 흑자인데, 영업활동 현금흐름은 10억 원에 불과하거나 마이너스인 경우다.

이는 장부상 이익은 났지만 실제 현금의 흐름에는 문제가 있을 수 있다는 것을 의미한다. 여러 가지 가능성이 있지만 대표적인 두 가지 사례를 알아보자. 먼저 매출채권이 급증한 경우다. 물건을 팔아서 당기순이익은 늘어났지만 돈은 회수되지 않고 있는 상태다. 또 재고자산이 급증했을 수도 있다. 물건을 만들기 위해 재료비와 인건비로 현금을 썼지만 물건이 팔리지 않고 창고에 그대로 쌓여 있는 상태다.

다만 여기서 주의할 점이 있다. 당기순이익이 영업활동 현금흐름보다 많다고 무조건 부실기업으로 단정할 순 없다. 우량기업도 주문이 늘어나는 시기에는 일시적으로 현금이 묶일 수 있다. 주문이 밀려

들면 회사는 이를 맞추기 위해 원재료를 대량으로 사들이고 공장 가동률을 높인다. 이때 현금이 원재료비와 인건비로 먼저 빠져나간다. 반면 납품 대금은 보통 몇 달 뒤에 들어온다. 이렇게 되면 현금이 나가는 시점과 들어오는 시점의 차이가 발생하고, 영업활동 현금흐름이 단기적으로 나빠 보일 수 있다.

따라서 투자자는 특정 한 해의 수치만 보고 판단해서는 안 된다. 최근 3년 이상의 영업활동 현금흐름 추세를 살피거나, 3년 치 영업활동 현금흐름 합계를 당기순이익 합계와 비교해보는 것이 현명하다.

 # 투자활동 현금흐름: 미래를 위한 투자와 자산 매각

회린이 영업활동 현금흐름은 플러스가 좋다고 했잖아. 그럼 투자활동 현금흐름도 당연히 플러스가 좋은 거지? 마이너스면 회사가 투자를 못 해서 돈을 날렸다는 뜻 아니야?

윤 회계사 정반대야. 투자활동 현금흐름은 마이너스가 좋은 현금흐름이야.

회린이 돈이 나갔는데 좋다니, 그게 무슨 소리야?

윤 회계사 투자활동 현금흐름은 미래를 위해 돈을 쓰고 있는지를 보여주거든. 이 말이 무슨 뜻인지, 투자활동 현금흐름의 정의부터 차근차근 살펴보자.

투자활동 현금흐름은 기업이 장기적인 성장을 위해 공장을 짓거나 기계 장치를 사고 다른 기업의 주식을 확보하는 등 자산을 취득하고 처분하는 과정에서 발생하는 현금의 흐름을 의미한다.

영업활동 현금흐름은 당기순이익에서 출발해 조정을 거치는 간접법으로 작성되는 반면, 투자활동과 재무활동 현금흐름은 실제 현금이 들어오고 나간 내역을 항목별로 그대로 기록한다. 그래서 항목 이름을 보고 돈이 어디에 쓰였고, 어디에서 들어왔는지를 비교적 직관적으로 파악할 수 있다.

▌ 투자활동 현금흐름을 계산하는 과정 ▌

투자활동 현금흐름이 어떻게 만들어지는지 간단한 예시를 통해 알아보자. 올해 회사가 더 많은 물건을 만들기 위해 공장과 기계를 취득하고 기존 기계는 팔기로 했다.

공장 건설 및 기계 구입(현금 유출)

최신 기계를 사들이고 공장을 짓는 데 현금 100억 원을 썼다. 현금흐름표에는 유형자산의 취득이라는 항목으로 기록된다. 현금이 나갔으니 부호는 마이너스다.

→ 유형자산의 취득: -100억 원

낡은 기계 판매(현금 유입)

공장을 짓고 나니 예전에 쓰던 낡은 기계가 필요 없어져서 중고로 팔았다. 매각 대금으로 현금 10억 원을 받았다. 이는 유형자산의 처분으로 기록된다. 현금이 들어왔으니 부호는 플러스다.

→ 유형자산의 처분: +10억 원

결과: 투자활동 현금흐름 −90억 원

(−100억 원) + (+10억 원) = (−90억 원)

회사의 투자활동 현금흐름은 −90억 원이다. 그렇다면 이 숫자는 과연 나쁜 신호일까? 그렇지 않다. 현금은 90억 원 줄었지만, 그 대가로 회사에는 100억 원의 새로운 공장과 기계가 생겼다.

기업이 성장을 선택한다면 설비 투자는 피할 수 없다. 이 과정에서 현금이 나가기 때문에 투자활동 현금흐름은 자연스럽게 마이너스를 기록하게 된다.

| 투자활동 현금흐름은 마이너스일수록 좋다 |

이제 기본 원리를 알았으니 실제 투자활동 현금흐름이 어떻게 구성돼 있는지 살펴보자.

⇨ 삼성전자 투자활동 현금흐름

(단위: 100만 원)

	2024년	2023년	2022년
투자활동 현금흐름	(85,381,702)	(16,922,817)	(31,602,804)
단기금융상품의 순감소 (증가)	(32,976,756)	39,421,565	15,214,321
단기상각후원가금융자산의 순감소(증가)	620,858	(195,616)	3,050,104
단기당기손익-공정가치 금융자산의 순감소(증가)	(9,735)	2,718	11,677
장기금융상품의 처분	4,100,008	4,565,426	8,272,909
장기금융상품의 취득	(3,987,279)	(5,307,770)	(4,393,754)
기타포괄손익-공정가치 금융자산의 처분	389,680	6,521,568	496,090
기타포괄손익-공정가치 금융자산의 취득	(185,876)	(124,488)	(37,687)
당기손익-공정가치금융 자산의 처분	309,970	63,962	166,315
당기손익-공정가치금융 자산의 취득	(70,982)	(130,459)	(158,244)
관계기업 및 공동기업 투자의 처분	33,178	33,457	13,233
관계기업 및 공동기업 투자의 취득	(11,710)	(78,690)	(907,958)
유형자산의 처분	156,191	98,341	217,878
유형자산의 취득	(51,406,355)	(57,611,292)	(49,430,428)
무형자산의 처분	15,869	11,744	23,462
무형자산의 취득	(2,335,284)	(2,922,875)	(3,696,304)

사업결합으로 인한 현금 유출액	(142,156)	(356,511)	(31,383)
매각예정자산의 처분 으로 인한 현금유입액	101,563	—	—
기타투자활동으로 인한 현금유출입액	17,114	(913,897)	(413,035)

삼성전자의 투자활동 현금흐름은 2022년 −31조 원, 2023년 −17조 원, 2024년 −85조 원을 기록했다. 이러한 대규모 투자 지출 중 가장 큰 금액을 차지하는 항목은 유형자산의 취득이다. 2024년에 51조 원 이상의 현금이 공장 설비나 기계 장치 등을 취득하는 데 쓰였다. 영업활동으로 벌어들인 현금의 상당 부분을 설비에 투자하고 있는 것이다.

그렇다면 반대로 투자활동 현금흐름이 플러스인 기업은 어떤 상황일까? 새로운 자산을 취득하는 데 들어간 현금보다 기존에 보유하던 자산을 처분해서 들어온 현금이 더 많았다는 뜻이다. 즉, 미래를 위한 투자가 늘어난 것이 아니라, 당장의 현금을 확보하기 위해 공장이나 부동산, 주식과 같은 자산을 팔고 있다는 의미일 수 있다.

위험한 시나리오

영업활동 현금흐름 (−): 본업에서 현금을 벌지 못한다.

투자활동 현금흐름 (+): 자산을 팔아 현금을 마련한다.

이 조합은 기업이 어려운 국면에 접어들었을 때 자주 나타나는 모습이다. 당장은 자산을 판 대금이 들어와 현금흐름이 좋아 보일 수 있다. 하지만 이는 미래에 돈을 벌어다 줄 공장과 설비, 사업 기반을 처분해 버티고 있다는 뜻이기도 하다. 단기적인 유동성은 확보했을지 몰라도, 장기적으로 기업가치가 훼손될 가능성이 높다.

추가로 여기서 한 가지 더 생각해봐야 할 점이 있다. 기업이 중심적으로 투자하는 자산은 업종에 따라 다르다는 것이다. 투자활동 현금흐름을 해석할 때는 해당 기업의 핵심 자산이 무엇인지를 먼저 떠올려야 한다. 그리고 총액보다 세부 항목을 보는 것이 중요하다.

전통적인 제조업이라면 공장이나 기계와 같은 유형자산 투자가 핵심이다. 반면 바이오, 게임, IT 기업은 특허, 개발비, 소프트웨어 등 무형자산에 투자하는 비중이 훨씬 크다. 이런 기업을 분석할 때는 유형자산보다 '무형자산의 취득' 항목이 지속적으로 마이너스를 기록하고 있는지 확인하는 것이 중요하다.

만약 성장주로 분류되는 기업이 투자활동 현금흐름에서 눈에 띄는 지출이 없다면 한 번쯤 의심해볼 필요가 있다. 더 이상 새로운 기술이나 콘텐츠, 파이프라인에 투자하지 않고 현상 유지에 머물고 있을 가능성이 있기 때문이다. 당장의 재무구조는 안정적으로 보일 수 있지만, 그 이면에서는 미래 성장 동력이 서서히 소진되고 있을 수 있다.

재무활동 현금흐름: 주주 및 채권자와의 거래

회린이 재무활동 현금흐름? 이건 이름만 들어도 좀 딱딱하다. 뭔가 복잡한 금융 거래를 말하는 거야?

윤 회계사 그렇게 복잡하지는 않아. 회사가 외부에서 돈을 얼마나 빌렸는지, 또 빌린 돈을 얼마나 갚았는지 내역이 기재돼 있어. 그리고 주주에게 배당을 얼마나 했는지도 나와 있고.

회린이 돈을 조달해 오면 통장에 돈이 찍히니까 좋은 거 아니야?

윤 회계사 그렇게 느낄 수도 있지. 하지만 재무활동 현금흐름에서 플러스는 대부분 좋은 신호라고 볼 수 없어.

재무활동 현금흐름은 기업이 사업을 하기 위해 필요한 돈을 주주와 채권자에게서 조달하고 갚아나가는 것을 보여주는 현금흐름이다. 즉, 외부에서 돈을 끌어왔는지 아니면 돌려줬는지를 보여준다. 그래서 재무활동 현금흐름이 플러스라는 것은 빚을 지거나 주식을 발행해서 현금이 들어왔다는 의미다.

| 재무활동 현금흐름을 계산하는 과정 |

재무활동 현금흐름이 어떻게 계산되는지 사례를 통해 알아보자. 회사가 올해 회사채를 발행했고, 만기가 된 차입금을 상환했으며, 주주에게 배당도 실시했다고 가정해보자.

상황 A: 공장 증설을 위해 회사채 발행(현금 유입)

신규 투자를 위해 현금이 필요하다. 그래서 채권자들에게 회사채를 발행해서 100억 원을 빌렸다. 회사 통장에 현금 100억 원이 입금된다.

→ 회사채의 증가: +100억 원

상황 B: 만기가 된 차입금 상환(현금 유출)

기존에 은행에서 빌렸던 차입금 중 30억 원의 만기가 돌아와서 갚았다. 통장에서 현금이 나갔다.

→ 차입금의 상환: − 30억 원

상황 C: 주주들에게 배당금 지급(현금 유출)

현금 배당을 실시했다. 총 10억 원을 주주들에게 입금해줬다.

→ 배당금의 지급: − 10억 원

결과: 재무활동 현금흐름 + 60억 원

(+ 100억 원) + (− 30억 원) + (− 10억 원) = (+ 60억 원)

    회사의 재무활동 현금흐름은 +60억 원이다. 그렇다면 통장에 현금이 들어왔으니 좋은 신호일까? 그렇지 않다. 현금은 60억 원 늘었지만, 그 대가로 회사에는 앞으로 이자를 더해 갚아야 할 100억 원의 새로운 빚(회사채)이 생겼기 때문이다.

    기업이 본업에서 벌어들인 현금이 부족해 외부에서 자금을 조달하면, 재무활동 현금흐름은 플러스를 기록한다. 즉 기업이 외부 자금에 의존해 현금을 보충하고 있는 것이다.

    반대로 본업에서 창출한 현금으로 차입금을 갚거나 주주에게 배당을 실시하는 기업은 재무활동 현금흐름이 마이너스를 보인다. 이는 현금 창출력이 안정돼 외부 자금에 크게 의존하지 않아도 되는 우량 기업에서 주로 나타난다.

    이제 실제 사례를 보면서 더 자세하게 이해해보자. 다음은 삼성전자의 최근 3년 재무활동 현금흐름이다.

⇨ **삼성전자 재무활동 현금흐름**

(단위: 100만 원)

	2024년	2023년	2022년
재무활동 현금흐름	(7,797,243)	(8,593,059)	(19,390,049)
단기차입금의 순증가(감소)	5,871,346	2,145,400	(8,339,149)
장기차입금의 차입	404,954	354,712	271,997
사채 및 장기차입금의 상환	(1,364,508)	(1,219,579)	(1,508,465)
배당금의 지급	(10,888,749)	(9,864,474)	(9,814,426)
자기주식의 취득	(1,811,775)	—	—
비지배지분의 증감	(8,511)	(9,118)	(6)

삼성전자의 재무활동 현금흐름은 2022년 -19조 원, 2023년 -9조 원, 2024년 -8조 원을 기록했다. 3년 연속 마이너스를 유지하고 있다. 이는 삼성전자가 외부에서 돈을 끌어오기보다는 이미 확보한 현금을 활용해 부채를 관리하고 주주에게 돌려주고 있음을 의미한다.

가장 큰 비중을 차지하는 항목은 배당금 지급이다. 2024년 한 해에만 10조 원이 넘는 현금을 주주들에게 배당으로 지급했다. 영업활동 현금흐름에서 확보한 현금을 바탕으로 차입금을 안정적으로 관리하고, 동시에 적극적인 주주 환원 정책을 실행하고 있는 것이다.

│ 재무활동 현금흐름도 마이너스일수록 좋다 │

삼성전자의 사례와 같이 우량기업의 현금흐름은 아래와 같은 조합으로 나타난다.

> **우량기업 현금흐름 패턴**
>
> 영업활동 현금흐름 (+): 본업에서 현금을 안정적으로 창출한다.
>
> 투자활동 현금흐름 (−): 벌어들인 현금으로 공장을 짓고 새로운 기계에 투자하며 미래 성장을 준비한다.
>
> 재무활동 현금흐름 (−): 그럼에도 현금이 남아 차입금을 상환하거나 주주에게 배당을 지급한다.

여기서 주의할 점이 하나 있다. 우량기업도 일시적으로 재무활동 현금흐름이 플러스로 나타나는 경우가 있다는 것이다. 이때 재무제표를 보면, 대부분 차입금이 늘어나 있다.

이런 현상은 반도체나 디스플레이와 같은 대규모 장치 산업에서 특히 자주 나타난다. 원인은 이렇다. 이들 산업은 업황의 변동성이 크다. 불황기로 접어들면 영업활동 현금흐름이 일시적으로 감소한다. 하지만 차세대 기술 확보를 위한 대규모 투자는 중단할 수 없다. 이 경우 기업은 일시적으로 외부 차입을 선택하게 되고, 그 결과 재무활동 현금흐름이 플러스로 전환되는 것이다.

따라서 재무활동 현금흐름도 영업활동 현금흐름과 마찬가지로 특정 한 해의 수치만으로 판단해서는 안 된다. 최근 3년 이상 재무활동 현금흐름과 누적 합계를 함께 확인해야 한다.

정말 위험한 상황은 재무활동 현금흐름이 여러 해에 걸쳐 큰 폭의 플러스를 기록하는 경우다. 이는 앞서 살펴본 우량기업의 전략적 차입과는 성격이 다르다. 본업에서 현금을 창출하고 이를 다시 투자하는 선순환 구조가 무너졌다는 의미이기 때문이다. 이런 기업은 어쩔 수 없이 부족한 운영 자금을 외부에서 조달하게 된다. 그 결과 매년 재무활동 현금흐름이 플러스로 나오게 된다.

이러한 부실기업에서는 아래와 같은 조합의 현금흐름 패턴이 나타난다.

> **부실기업 현금흐름 패턴**
>
> 영업활동 현금흐름 (−): 본업에서 현금을 벌지 못하고 있다.
>
> 투자활동 현금흐름 (+): 신규 투자는 거의 없고, 보유하던 금융자산이나 토지·건물 등 자산을 처분해 현금을 마련한다.
>
> 재무활동 현금흐름 (+): 영업과 투자에서 발생한 현금 부족분을 메우기 위해 외부 차입이나 증자에 의존한다.

지금까지 살펴본 것처럼 현금흐름표는 영업활동·투자활동·재무활동이라는 세 가지 흐름으로 구성돼 있다. 각 항목의 숫자 하나하나도 중요하지만, 더 중요한 것은 이 세 가지 현금의 흐름이 어떤 구조로 연결되어 있는지를 읽어내는 것이다.

현금흐름표를 읽을 때 투자자가 던져야 할 핵심 질문은 결국 한 문장으로 정리된다.

"이 기업은 본업에서 벌어들인 현금으로 미래를 위한 투자와 빚 상환을 감당하고 있는가?"

영업활동에서 창출한 현금이 투자와 재무 지출을 장기적으로 감당하고 있다면 현금흐름 구조는 안정적이라고 볼 수 있다.

3. 현금흐름표 한눈에 보기

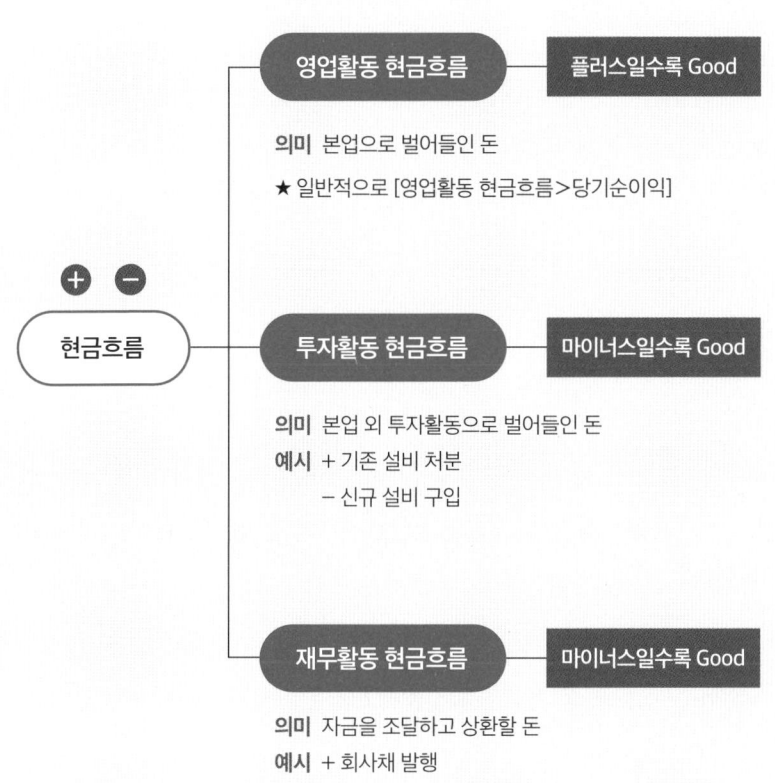

영업활동 현금흐름 플러스일수록 Good

의미 본업으로 벌어들인 돈

★ 일반적으로 [영업활동 현금흐름>당기순이익]

현금흐름

투자활동 현금흐름 마이너스일수록 Good

의미 본업 외 투자활동으로 벌어들인 돈
예시 + 기존 설비 처분
　　　 – 신규 설비 구입

재무활동 현금흐름 마이너스일수록 Good

의미 자금을 조달하고 상환할 돈
예시 + 회사채 발행
　　　 – 은행 대출 상환, 주주 배당

243

 # 잉여현금흐름:
배당금은 여기서 나온다

회린이 이제 세 가지 현금흐름표는 다 알겠어. 그런데 잉여현금흐름
FCF이라는 것도 있던데 이건 표에 없던데?

윤 회계사 그건 표에 적혀 있는 숫자가 아니라 네가 직접 계산해야 하는
숫자야. 하지만 걱정하지 마. 뺄셈 하나만 할 줄 알면 돼.

회린이 영업활동 현금흐름이 플러스면 돈을 많이 번 거잖아. FCF까지
알아야 해?

윤 회계사 조금 과장해서 말하면 주주 입장에서 가장 중요한 건 앞의 세
가지가 아니라 FCF야. 회사가 배당을 줄 수 있는지, 자사주를
살 수 있는지는 결국 FCF에 달렸거든.

| 주주 이익을 좌우하는 FCF |

회사가 이익을 내면 그 이익이 모두 주주의 몫이라고 생각하기 쉽다. 하지만 현실은 그렇지 않다. 기업이 사업을 지속하기 위해서는 낡은 설비를 교체하고, 공장을 보수하고, 필요한 자산에 꾸준히 자금을 투입해야 한다. 이러한 지출을 자본적 지출, 즉 CAPEX Capital Expenditures라고 한다.

워런 버핏은 이 점을 매우 중요하게 봤다. 그는 "이익이 아무리 많이 나더라도, 그 돈을 모두 설비 유지와 확장에 재투자해야만 현상 유지를 할 수 있는 기업은 좋은 기업이 아니다"라고 말했다.

이러한 버핏의 관점을 가장 잘 설명해주는 지표가 바로 FCF Free Cash Flow다. 버핏은 이를 '주주 이익 Owner Earnings'이라고 부르며, 당기 순이익보다 더 중요한 지표로 여겼다. FCF는 기업이 사업을 유지하고 필요한 투자를 모두 마친 뒤에도 실제로 남는 현금을 의미한다.

공식은 아주 간단하다.

> FCF = 영업활동 현금흐름 − CAPEX (유형자산 취득)

이해를 돕기 위해 앞서 살펴본 삼성전자의 2024년 현금흐름표 숫자를 다시 보자. 영업활동 현금흐름은 73조 원, 투자활동 현금흐름 중 유형자산 취득은 51조 원이다. 이를 FCF 공식에 대입하면 아래와 같다.

> 73조 원 − 51조 원 = 22조 원

즉 삼성전자는 본업으로 벌어들인 현금으로 공장과 기계에 필요한 투자를 하고도 22조 원의 현금을 남겼다. 이 금액이 바로 삼성전자의 FCF다. 이 22조 원이 중요한 이유는 이 돈이 배당금의 원천이기 때문이다. 실제로 삼성전자는 이 기간에 10조 원의 배당금을 지급했다.

FCF가 플러스여야 배당이 가능하다

현금흐름표만 배운 투자자는 영업활동 현금흐름이 플러스면 "본업에서 돈을 잘 벌고 있으니 배당도 주고 주가도 오르겠지?"라고 기대하기 쉽다. 하지만 영업활동 현금흐름이 좋아 보여도 실제로 주주에게 나눠줄 돈이 없는 기업도 적지 않다. 그 이유는 FCF에 있다.

예를 들어 영업활동 현금흐름이 100억 원인 기업이라도 공장과 기계를 유지하는 데 150억 원이 필요하다면 FCF는 마이너스 50억 원이 된다. 본업으로 100억을 벌었지만 설비를 유지하는 데 그보다 더 많은 돈을 썼다는 의미다.

이런 상황에서 주주에게 배당을 줄 수 있을까? 어렵다. 오히려 부족한 50억 원을 빚으로 메우거나, 주주에게 손을 벌려 유상증자를 해야 할 가능성이 높다.

반면 어떤 기업들은 상대적으로 적은 투자만으로도 성장을 이어갈 수 있다. 코카콜라나 애플처럼 강력한 브랜드를 보유한 기업, 또는 소프트웨어 기업들이 대표적이다. 이들 기업은 공장과 설비를 매년 대규모로 확장하지 않아도 브랜드 가치나 지적재산권을 기반으로 매출을 늘릴 수 있다. 즉 영업활동 현금흐름에서 필수적인 투자 지출을 제외하고도 상당한 현금을 남기는 것이다. 그리고 이 남은 현금, 즉 FCF가 배당금과 자사주 매입의 재원이 된다. 이런 기업들이야말로 FCF 관점에서 최고의 회사다.

결국 배당을 안정적으로 지급할 수 있는 기업이란 이익이 많은 기업이 아니라 투자를 감당하고도 현금이 남는 기업이다. 기업의 배당 능력을 판단할 때 FCF가 가장 중요하다고 하는 이유가 여기에 있다.

| 성장기업은 마이너스 FCF가 나올 수 있다 |

다만 FCF로 기업을 평가할 때는 기업의 성장 단계도 함께 고려해야 한다. 성장 과정에 있는 기업은 공장 증설이나 설비 투자 등으로 CAPEX 지출이 커지면서 FCF가 일시적으로 마이너스를 기록할 수 있다. 이 경우 FCF 수치만으로 기업의 상태를 단정하기는 어렵다.

실제로 아마존이나 쿠팡의 초기 시절을 보면, 물류센터와 인프라 구축에 대규모 투자가 이어지면서 FCF는 지속적으로 마이너스를 기록했다. 하지만 같은 기간 매출 규모는 빠르게 확대됐다.

이처럼 투자 확대와 함께 매출이 증가하고 있다면, 마이너스 FCF는 성장 과정에서 나타나는 현상으로 해석할 수 있다.

EBITDA: 영업이익은 적자인데 '에비타'는 흑자?

회린이   증권사 리포트를 보는데 EBITDA라는 용어가 계속 나와. 회사의 영업이익은 적자인데, EBITDA는 흑자라면서 긍정적으로 평가하더라고. 두 지표가 왜 다르게 나오는 거야?

윤 회계사   관점이 달라서 그래. 영업이익이 회계적인 이익을 보여준다면, EBITDA는 현금을 창출할 수 있는 잠재력을 보여주는 지표거든.

회린이   잠재력? 그럼 좋은 거야?

윤 회계사   나는 별로 좋아하지 않아. 이 지표는 설비투자비용이나 이자비용을 고려하지 않거든. 장점과 한계가 명확한 지표니까 균형 있게 봐야 해.

| 본업의 현금 창출력을 보여주는 지표 |

주식 투자를 하다 보면 자주 접하게 되는 용어가 바로 EBITDA, 상각전영업이익이다. '에비타'라고 읽는 이 지표는 특히 M&A 관련 뉴스나 대규모 장치 산업을 분석하는 리포트에서 자주 등장한다.

EBITDA는 'Earnings Before Interest, Taxes, Depreciation and Amortization'의 약자로, 해석하면 이자, 세금, 감가상각비를 빼기 전의 이익이라는 뜻이다. 계산식은 아주 간단하다.

> **EBITDA = 영업이익 + 감가상각비 + 무형자산상각비**

왜 영업이익에 비용으로 처리된 감가상각비를 다시 더해줄까? 기업의 현금 창출 능력을 확인하기 위해서다. 감가상각비는 비용으로 처리되지만, 실제로 현금이 회사 밖으로 나가는 것은 아니다. 따라서 이를 다시 이익에 더해주면 기업이 영업활동을 통해 벌어들인 실질적인 현금 규모를 파악할 수 있다는 논리다.

세금 체계와 감가상각 방식이 서로 다른 글로벌 기업들을 동일 선상에서 비교할 때 EBITDA는 훌륭한 기준이 된다. 하지만 투자자라면 이 지표가 가진 구조적인 한계도 주의해야 한다.

| EBITDA의 한계 |

1. 감가상각비를 더하면 수익성이 과대평가될 수 있다.

EBITDA는 영업이익에 감가상각비를 더해 계산한다. 하지만 제조업체가 공장 설비를 가동하는 이상, 기계와 설비는 시간이 지나며 닳을 수밖에 없다. 결국 일정 주기가 지나면 교체나 보강을 위해 실제 현금 지출이 발생한다.

이해를 돕기 위해 감가상각비를 미래에 발생할 설비 투자 비용을 여러 해에 걸쳐 나눠 미리 반영한 항목이라고 생각해보자. 이 금액을 다시 이익에 더해준다는 것은 설비 교체에 필요한 현금 지출을 제외하고 수익성을 계산하는 것과 같다.

따라서 주기적인 대규모 설비 투자가 필수적인 산업에서 EBITDA는 기업의 실제 수익력을 다소 높게 보여주는 지표가 될 수 있다.

2. 이자비용을 고려하지 않는다.

EBITDA의 I는 Interest, 즉 이자다. 다시 말해 EBITDA는 채권자에게 지급해야 할 이자비용을 차감하기 전의 이익이다.

예를 들어 기업이 과도한 부채를 안고 있어 매년 수십억 원의 이자를 부담하고 있다고 가정해보자. 이 경우 이자비용으로 인해 당기순이익은 적자가 될 수 있어도 EBITDA는 이자를 차감하기 전의 숫자이기 때문에 흑자가 될 수 있다.

물론 EBITDA는 기업마다 다른 자본 구조의 영향을 배제하고 순수한 영업 성과를 비교하기 위해 만들어진 지표다. 하지만 투자자 관점에서 이자비용은 선택 사항이 아니다. 이자는 기업이 사업을 지속하기 위해 반드시 지급해야 하는 비용이며 현금 유출을 동반한다.

EBITDA는 애초에 M&A 과정에서 활용되기 시작한 지표다. 그래서 EBITDA는 정상적으로 영업활동이 이뤄지는 기업을 대상으로 할 때 의미를 가진다.

이런 배경을 고려하지 않은 채, EBITDA를 부실기업에 그대로 적용하면 해석이 왜곡되기 쉽다. 실제로 뉴스나 기업 발표를 보면 '당기순손실이지만 EBITDA는 흑자'라는 표현이 종종 등장한다. 그러나 이 문장은 기업의 수익성이 좋다는 뜻이 아니다. 이자비용이나 설비투자와 같은 필수적인 현금 지출을 제외하고 계산한 숫자가 흑자라는 의미일 뿐이다.

따라서 적자 기업이 EBITDA 흑자를 내세운다고 해서 재무 상태가 개선되고 있다고 판단해서는 안 된다. 투자자는 실제 기업의 현금흐름을 보여주는 현금흐름표와 FCF를 함께 확인해야 한다.

6장

재무비율
완전 정복

비율 분석:
숫자는 혼자 말하지 않는다

회린이　나 대박 종목을 찾은 것 같아. A기업 실적 공시가 떴는데 영업
　　　　　이익이 무려 100억 원이나 났대! 100억이면 엄청난 거 아니
　　　　　야? 당장 사야겠어.

윤 회계사　잠깐, 진정해. 100억 원이라는 숫자만 보고 흥분하면 안 돼. 만
　　　　　약 그 회사가 100억 원을 벌기 위해 1조 원을 투자했다면 어
　　　　　떨까?

회린이　어? 그러네. 투자금이 얼마인지에 따라 100억 원이 큰돈일 수
　　　　　도 있고 푼돈일 수도 있구나.

윤 회계사　재무제표에 적힌 절대적인 숫자는 그 자체로는 아무런 의미가

없어. 중요한 건 투자한 돈 대비 얼마나 벌었냐, 작년보다 얼마나 늘었냐 하는 관계를 따지는 거야.

절대 수치보다 상대 수치가 유용할 때

왜 절대적인 숫자만으로는 부족할까? 주식 시장에는 시가총액이 수백조 원인 삼성전자 같은 기업도 있고, 시가총액이 천억 원대인 기업도 있다. 투자자가 이 두 기업을 비교할 때 단순히 이익의 절대 금액만 놓고 본다면 당연히 삼성전자가 이길 수밖에 없다.

하지만 투자자에게 중요한 긴 '누가 덩치가 더 큰가'보다 '누가 더 효율적으로 돈을 벌고 있냐'다. 이때 필요한 도구가 비율 분석Ratio Analysis 이다. 숫자를 비율로 바꾸면 시가총액이 천차만별이더라도 모두 동일한 선상에 놓고 비교할 수 있게 된다.

예를 들어보자.

> A기업: 자본 100억 원을 투입해서 이익 10억 원을 냈다.
> B기업: 자본 1억 원을 투입해서 이익 5,000만 원을 냈다.

절대 금액으로 보면 A기업의 이익이 B기업보다 20배나 많다. 하지만 자본 대비 이익의 비율로 환산해보면 이야기가 달라진다.

> A기업 이익률: 10% (10억 ÷ 100억)
>
> B기업 이익률: 50% (0.5억 ÷ 1억)

투자자 입장에서 자본을 50%나 늘린 B기업이 더 매력적인 회사다. 비율 분석을 하지 않고 겉으로 드러난 숫자만 봤다면 A기업을 선택하는 실수를 범했을 것이다.

┃ 재무비율 분석의 두 방향 ┃

재무비율은 단순히 계산기를 두드려 숫자를 얻는 것이 목적이 아니다. 이 숫자를 통해 기업의 위치를 파악하는 것이 핵심이다. 투자자는 재무비율을 통해 두 가지 방향으로 기업을 입체적으로 분석할 수 있어야 한다.

1. 과거의 나와 비교하기(추세 분석)

올해 영업이익률이 10%라고 하자. 이게 좋은 걸까, 나쁜 걸까? 작년 영업이익률이 5%였다면 회사가 성장하고 있다고 판단할 수 있다. 반면 작년 영업이익률이 20%였다면 왜 영업이익률이 떨어지고 있는지 확인해야 한다. 이처럼 비율은 과거의 데이터와 연결해서 볼 때 의미를 가진다.

2. 경쟁 회사와 비교하기

올해 부채비율이 300%인 건설회사가 있다. 일반적으로 부채비율 300%는 위험하다고 본다. 하지만 경쟁사들의 평균 부채비율이 400%라면 어떨까? '이 회사는 업계 평균보다 빚이 적네. 재무구조가 탄탄하구나'라고 해석할 수 있다. 반대로 부채비율이 100%라도 경쟁사들의 평균이 50%라면, 이 회사는 상대적으로 위험한 회사가 된다. 경쟁사와 비율을 비교해야 회사의 현재 위치를 알 수 있다.

투자자는 재무제표의 숫자와 재무비율을 함께 봐야 한다. 재무제표는 기업의 현재 상태를 보여주고 재무비율은 그 숫자들이 어떤 구조를 가지고 있는지를 설명해준다.

재무비율을 계산하기 위해 복잡한 공식을 외울 필요는 없다. 대부분의 재무비율은 HTS(홈트레이딩시스템)나 네이버증권에서 이미 계산된 값이 제공된다. 투자자에게 중요한 것은 결괏값이 아니라 그 수치의 의미를 이해하는 것이다.

 # 안정성 비율:
당장 망할 일은 없을까?

회린이   재무제표 보다가 깜짝 놀랐어. 영업이익으로 이자도 못 갚는 회사가 있네? 세상에, 장사해서 번 돈보다 이자로 나가는 돈이 더 많으면 이거 진짜 심각한 거 아냐?

윤 회계사   맞아. 번 돈으로 이자조차 감당 못 하는 상태가 지속되면 결국 무너질 수밖에 없지.

회린이   생각만 해도 끔찍하다. 빚 많은 회사를 피하면 되나?

윤 회계사   빚이 많다고 무조건 나쁜 건 아니야. 부자들도 대출 끼고 집을 사잖아? 중요한 건 빚의 절대 금액이 아니라 갚을 능력이 있느냐야.

윤 회계사의 말대로 빚 자체가 문제는 아니다. 기업이 성장하려면 적절한 부채를 활용하는 것은 필수적이다. 문제는 그 부채가 감당할 수 있는 수준인지 여부다. 이를 판단하기 위해 기업의 안정성을 평가할 때 확인해야 할 지표들을 살펴보자.

| 부채비율 |

가장 기본이 되는 지표는 부채비율이다. 이는 내 돈에 비해 남의 돈을 얼마나 끌어다 썼는지를 보여주는 척도다.

> 부채비율 = 부채총계 ÷ 자본총계 × 100(%)

예를 들어, 내 돈 1억 원에 대출 2억 원을 껴서 3억 원짜리 집을 샀다고 치자. 이때 부채비율은 200%(2억÷1억)가 된다.

일반적으로 부채비율 200% 이하를 양호하다고 본다. 내 돈 100만 원당 빚이 200만 원 정도까지는 감당 가능하다는 뜻이다. 반면 400%가 넘어가면 위험 신호다. 빚이 내 돈의 4배가 넘는다는 뜻으로, 금리가 조금만 올라도 회사의 부담이 커진다.

물론 업종마다 기준은 다르다. 조선업이나 건설업, 금융업은 구조적으로 부채비율이 높을 수밖에 없다. 따라서 절대적인 수치보다 경쟁사 평균과 비교하는 것이 중요하다. 남들은 다 100%인데 혼자 400%라면? 그 회사는 문제가 있을 수 있다.

| 유동비율 |

부채비율이 전체적인 빚의 무게를 본다면, 유동비율은 기업의 단기 지급 능력을 보는 지표다. 쉽게 말해 '당장 이번 달 카드값을 막을 현금이 주머니에 있는가?'를 확인하는 것이다.

> 유동비율 = 유동자산 ÷ 유동부채 × 100(%)

1년 안에 현금으로 바꿀 수 있는 자산을 유동자산, 1년 안에 갚아야 하는 빚을 유동부채라고 배웠다. 예를 들어 1년 안에 갚아야 할 빚이 100만 원인데 1년 안에 만들 수 있는 현금이 150만 원이라면 유동비율은 150%다.

유동비율이 100% 미만이라는 건 어떤 의미일까? 1년 안에 현금으로 바꿀 수 있는 자산(정기예금, 재고 등)을 모두 팔아도 1년 안에 갚아야 할 빚을 못 갚는다는 뜻이다. 일반적으로 유동비율이 150% 이상이라면 안정적이라고 말한다.

이자보상배율

다음은 이자보상배율이다. 말이 조금 어렵지만 뜻은 간단하다. '본업으로 번 돈(영업이익)으로 이자는 낼 수 있나?'라는 의미다.

> 이자보상배율 = 영업이익 ÷ 이자비용

예를 들어 영업이익이 1억 원인데 이자비용도 1억 원이라면 이자보상배율은 1이다. 본업으로 돈을 벌어도 차입금에 대한 이자를 내면 남는 게 없다는 의미다.

상식적으로 생각해보자. 기업이 돈을 빌려서 사업을 했으면 최소한 은행 이자보다는 많이 벌어야 한다. 그런데 영업이익이 1억 원인데 이자비용이 2억 원이라면? 이자보상배율이 0.5배다. 이 회사는 일을 할수록 빚만 쌓이는 구조다. 한국거래소나 금융권에서는 이자보상배율이 3년 연속 1배 미만인 기업을 '한계기업'이라고 부른다.

수익성 비율:
장사를 얼마나 잘했나?

회린이　매출 300억 원인 회사가 100억 원인 회사보다 무조건 우량한

거 아니야?

윤 회계사　덩치 싸움이라면 그럴 수 있지. 하지만 주식 시장에서는 덩치만

큼 효율도 중요해. 예를 들어 매출이 300억 원인데 다 떼어주고

10억 원 남기는 회사랑, 매출은 100억 원인데 5억 원을 남기는

회사가 있어. 너라면 어디 주주가 되고 싶어?

회린이　5억 원을 남기는 회사가 수익성이 더 높네?

윤 회계사　맞아. 그 회사의 수익성을 보고 판단해야 해. 대표적인 수익성

비율인 영업이익률과 자기자본이익률을 알아보자.

주식 시장에서는 매출 규모의 크기만큼 투입된 자본 대비 얼마나 많은 이익을 냈는지 보여주는 효율성도 중요하다. 많이 파는 것도 중요하지만 실속 있게 남기는 것이 기업의 진짜 실력이기 때문이다.

그렇다면 이 실력을 객관적인 숫자로 확인하려면 무엇을 봐야 할까? 기업의 이익 창출 능력을 보여주는 대표적인 두 가지 지표를 살펴보자.

| OPM: 영업이익률 |

수익성을 판단하는 첫 번째 기준은 영업이익률OPM, Operating Profit Margin이다. 회사가 제품을 팔아서 마진을 몇 %나 남기는지를 보여준다.

OPM = 영업이익 ÷ 매출액 × 100(%)

가상의 스마트폰 제조사 A기업을 예로 들어보자. A기업은 스마트폰 1대를 100만 원에 팔았다. 부품비, 공장 가동비, 인건비, 마케팅비 등을 다 제하고 나니 10만 원이 남았다. 이 경우 OPM은 10%다.

이 숫자가 높다는 것은 단순히 돈을 잘 번다는 의미를 넘어, 그 회사가 강력한 경제적 해자를 구축했다는 결정적 증거가 된다. OPM이 높은 회사는 어떤 회사일까? 압도적인 브랜드 파워(가격 결정권)를 가졌거나, 남들이 따라 할 수 없는 독점적 기술을 가진 기업이다. 원가가 올라도 그 부담을 제품 가격에 전가할 수 있기에 높은 마진을 유지한다.

반면, OPM이 낮은 회사는 경쟁이 치열한 레드오션 시장에 속한 회사들이다. 경쟁사와 기술 격차가 없어 다른 회사보다 조금만 더 비싸도 고객이 떠난다. 이런 회사들은 큰 마진을 기대하기 어렵고 시장 점유율로 승부를 봐야 한다.

▎ ROE: 자기자본이익률 ▎

OPM이 제품의 경쟁력을 보여준다면, 자기자본이익률ROE, Return On Equity은 자본의 효율성을 보여준다. 주주가 맡긴 자본을 경영진이 얼마나 잘 굴려서 불려줬는지를 나타낸다.

> ROE = 당기순이익 ÷ 자본총계(자기자본) × 100(%)

비유하자면 ROE는 기업이라는 통장의 연 이자율이다. ROE가 20%라는 말은, 주주가 1억 원을 투자하면 회사가 2,000만 원을 불려서 1억 2,000만 원으로 만들어준다는 뜻이다.

워런 버핏은 ROE가 꾸준히 15% 이상인 기업에 투자하라고 강조했다. 그 이유는 복리의 마법 때문이다. 매년 20%의 이익을 내는 기업은 약 3.6년마다 기업의 자본총계가 2배로 불어난다. 반면 ROE가 5%인 기업은 자본이 2배가 되는 데 14년이 걸린다.

하지만 ROE에는 치명적인 한계가 있다. '시간이 지날수록 수치를 유지하기가 어려워진다'는 점이다. 왜 그럴까? 회사가 돈을 벌면 그 돈은 이익잉여금으로 쌓여 자본총계(분모)를 키우기 때문이다. 예를 들어보자.

1년 차

자본 100억 원으로 시작해서 20억 원을 벌었다.

➔ ROE = 20억 ÷ 100억 = 20%

2년 차

1년 차에 번 돈 20억 원이 자본에 더해져 자본이 120억 원이 됐다. 이때 2년 차에도 20억 원을 번다면?

➔ ROE = 20억 ÷ 120억 = 16.6%

같은 돈을 벌었는데도 ROE는 20%에서 16%대로 떨어진다. 2년 차에도 ROE 20%를 유지하려면, 회사는 20억 원이 아니라 24억 원을 벌어야 한다. 즉, ROE를 유지한다는 것은 회사가 매년 벌어들인 돈만큼 더 성장해야 한다는 엄청난 과제를 안고 있다는 뜻이다. 그래서 장기간 높은 ROE를 유지하는 기업이 대단한 것이다. 덩치가 커지는데도 성장 속도가 줄지 않았다는 뜻이기 때문이다.

반대로 이익은 그대로인데 자사주 매입이나 배당을 통해 분모(자본)를 줄여서 ROE를 유지할 수도 있다. 따라서 ROE의 상승이 실질적인 수익성 개선인지, 아니면 자본 구조의 변화에 따른 착시인지를 잘 구분해야 한다.

ROE에서 또 하나 주의할 점은 부채의 존재다. ROE 공식의 분모는 자기자본이다. 만약 회사가 자기자본 대신 은행 빚(부채)을 왕창 끌어와서 사업을 하면 어떻게 될까? 직접 비교해보자.

A기업(무차입)

자기자본 100억으로 10억을 벌었다.

➡ ROE = 10억 ÷ 100억 = 10%

B기업(차입)

자기자본 10억과 빚 90억으로 10억을 벌었다.

➡ ROE = 10억 ÷ 10억 = 100%

숫자만 보면 B기업의 ROE가 압도적으로 높지만 자기자본보다 부채가 9배나 많다. ROE가 높은 기업을 발견하면 반드시 부채비율도 함께 확인해야 한다.

# 성장성 비율:
멈춰 있는가, 성장하고 있는가?

회린이 나 아주 안정적인 회사를 찾았어. 지난 3년 동안 매출액이랑 이
익이 거의 변함없이 똑같아. 망할 위험이 없으니까 좋은 회사
맞지?

윤 회계사 망하지 않는다는 점에서는 좋은 회사지. 하지만 주식 투자용으
로는 글쎄다.

회린이 왜? 돈을 못 버는 것도 아닌데?

윤 회계사 주식은 성장을 먹고살거든. 현재보다 미래에 얼마나 돈을 잘
벌 것인지가 중요해. 그래서 성장성 비율을 확인하는 게 필수적
이야.

주식 투자의 핵심은 성장에 있다. 아무리 흑자를 내는 회사라도 매년 그 자리에 머물러 있다면 주가는 오르기 힘들다. 반면 지금은 이익이 적더라도 규모가 폭발적으로 늘어나는 회사의 주가는 미래 기대감을 반영해 크게 오르기도 한다.

그렇다면 회사가 멈춰 있는지 아니면 달리고 있는지를 판단하는 가장 기초적인 지표는 무엇일까? 바로 매출액증가율이다.

| 매출액증가율 |

> 매출액증가율 = (당기 매출액 − 전기 매출액) ÷ 전기 매출액 × 100(%)

기업에게 매출 성장은 사람의 키와 같다. 아이의 키가 자라듯 기업도 매출이 늘어나야 한다. 만약 매출이 몇 년째 제자리라면 그 기업은 성장이 멈춘 성숙기에 접어들었거나 시장점유율을 경쟁사에 뺏기고 있다는 신호다.

특히 주가 상승기에는 이익보다 매출 성장이 더 강력한 호재로 작용하기도 한다. 테슬라의 초기 시절을 생각해보자. 당시 테슬라는 적자 기업이었지만 매년 매출이 50%, 100%씩 폭발적으로 성장했기 때문에 주가가 천정부지로 치솟았다. 시장은 당장의 이익보다 '이 회사가 시장을 지배할 것'이라는 매출 성장에 베팅했기 때문이다.

평균 매출액증가율은 최소한 물가상승률이나 경제성장률보다는 높아야 한다. 기업이 성장하지 않더라도 물가가 오르는 만큼 제품 가격을 인상하면 매출은 자연스럽게 늘어나기 때문이다. 따라서 매출액 증가율이 물가상승률보다 낮거나 마이너스라면 주의를 기울여야 한다. 이는 제품이 안 팔려서 판매량이 줄어들고 있거나, 경쟁에서 밀려 제품 가격을 내리고 있다는 뜻이다. 해당 기업이 시장 지배력을 잃었거나, 산업 전체가 사양 산업이 됐을 확률이 높다. 다만, 반도체나 화학처럼 경기를 타는 산업의 일시적 불황은 구분해야 한다.

하지만 매출만 늘어난다고 능사는 아니다. 덩치는 커졌는데 이익의 질은 나쁠 수도 있기 때문이다. 이때 함께 봐야 할 지표가 영업이익증가율이다.

| 영업이익증가율 |

영업이익증가율
= (당기 영업이익 − 전기 영업이익) ÷ 전기 영업이익 × 100(%)

일반적으로 매출액증가율보다 영업이익증가율이 더 커야 한다. 예를 들어 매출은 10% 증가했지만 영업이익은 20% 증가하는 식이다. 단순히 생각하면 매출이 늘어난 만큼 이익도 비슷하게 늘어나야 할 것 같은데 왜 그럴까? 그 답은 고정비용에 있다. 매출이 늘든 줄든 상관없이 일정하게 발생하는 비용을 통틀어서 고정비용이라 한다. 대표적인 고정비용이 감가상각비다.

이해를 돕기 위해 한 달 고정비용(월세)이 800만 원인 카페를 운영한다고 가정해보자.

> **상황 A**
>
> 커피를 1,000만 원어치 팔았을 때
>
> 매출: 1,000만 원
>
> 비용: 900만 원(월세 800만 원 + 재료비 100만 원)
>
> 이익: 100만 원
>
> **상황 B**
>
> 커피를 1,200만 원어치 팔았을 때
>
> 매출: 1,200만 원(20% 증가)
>
> 비용: 920만 원(월세 800만 원(변동 없음) + 재료비 120만 원(20% 증가))
>
> 이익: 280만 원

매출은 고작 20% 늘었을 뿐인데, 이익은 100만 원에서 280만 원으로 3배 가까이 폭증했다. 이유는 간단하다. 매출이 늘어나는 동안 고정비용(월세)은 늘어나지 않았기 때문이다. 이를 '고정비 효과' 또는

'영업 레버리지 효과'라고 한다.

반대로 매출은 늘었는데 영업이익은 오히려 줄어드는 경우가 있다. 이는 고정비 효과를 상쇄할 만큼 제품 가격을 무리하게 깎았거나 (출혈 경쟁), 마케팅 비용을 쏟아부었다는 뜻이다. 물론 시장을 장악하기 위한 초기 투자 단계라면 용인될 수 있다. 하지만 성숙한 기업이 이런 모습을 보인다면, 이는 팔면 팔수록 손해 보는 장사를 하고 있다는 의미가 될 수 있다.

| 기저효과를 주의하자 |

성장성 비율 등을 분석할 때 주의해야 할 사항 중 하나는 기저효과다. 기준이 되는 시점(작년)의 실적이 너무 낮아서 조금만 좋아져도 증가율이 폭발적으로 늘어나 보이는 현상이다.

A기업

작년 이익 1억 원 ➜ 올해 이익 2억 원(증가율 100%)

B기업

작년 이익 1,000억 원 ➜ 올해 이익 1,100억 원(증가율 10%)

증가율만 보면 A기업이 100% 성장했으니 훨씬 대단해 보인다. 뉴스에서도 'A기업 영업이익 100% 폭증'이라고 보도할 수 있다. 하지만 실상을 보면 A기업은 작년에 너무 장사를 못해서 겨우 1억을 벌었던 것뿐이다. 규모 면에서 B기업과 비교가 되지 않는다.

따라서 성장성 지표를 볼 때는 단순히 비율만 보지 말고, 실제 늘어난 절대 금액이 얼마인지, 그리고 이 성장이 일시적인 반등인지 구조적인 성장인지를 따져봐야 한다. 1년 반짝 성장하는 회사는 많다. 하지만 3년 연속으로 매출과 영업이익이 성장하는 회사는 많지 않다. 그래서 비율 분석을 할 때는 여러 기간 동안의 추세를 보는 것이 중요하다.

# 활동성 비율:
속도가 곧 돈이다

회린이	우리 동네에 치킨집이 두 군데 있거든? A집은 한 마리에 2만 원인데 손님이 별로 없어. B집은 만 원인데 손님이 줄을 서서 먹어. 어디가 돈을 더 잘 벌까?
윤 회계사	마진율만 보면 A집이 높겠지만, 돈을 쓸어 담는 건 B집일 확률이 높아. 회전율 때문이지.
회린이	회전율? 테이블 돌아가는 거?
윤 회계사	손님이 빨리 먹고 나가야 또 다른 손님을 받아서 돈을 벌잖아. 기업도 똑같아. 창고에 있는 물건을 빨리 팔고, 외상값을 빨리 받아내야 그 돈으로 또 물건을 만들어서 팔 수 있겠지? 이 속도

를 측정하는 게 활동성 비율이야.

식당에서 테이블이 빨리 돌아야 돈을 버는 것처럼, 기업도 가지고 있는 자산(재고, 매출채권)을 얼마나 빨리 현금으로 바꾸느냐가 관건이다. 기업의 회전 속도를 측정하는 첫 번째 지표, 재고자산회전율을 알아보자.

▌ 재고자산회전율 ▌

재고자산회전율은 창고에 쌓인 물건을 1년에 몇 번이나 싹 비우고 다시 채우는지를 보여준다.

> 재고자산회전율 = 매출원가 ÷ 평균 재고자산

예를 들어, 창고에 재고가 100억 원어치 있는데, 1년에 1,000억 원어치를 팔았다면 회전율은 10회다. 즉, 창고 물갈이를 10번 했다는 뜻이다.

회전율이 높다는 것은 물건이 만들기가 무섭게 팔려나간다는 뜻이다. 재고가 창고에 머무는 시간이 짧으니 보관비도 적게 들고, 물건이 썩거나 유행이 지날 위험도 적다. 반면 회전율이 낮다는 것은 물건이 안 팔려서 창고에 먼지가 쌓여가고 있다는 뜻이다. 특히 매출은 늘었는데 회전율이 뚝 떨어졌다면? 회사가 수요 예측에 실패해서 물건을 너무 많이 만들었거나, 팔리는 제품만 팔리고 악성 재고는 급증하고 있다는 신호일 수 있다. 재고자산회전율이 떨어지면 미래에 재고자산평가손실이 발생할 가능성이 크다.

여기까지 읽고 네이버증권에서 재고자산회전율을 확인하면 당황스러울 수 있다. 앞서 살펴본 산식과 달리 네이버증권은 '매출액÷평균 재고자산'을 사용하기 때문이다. 이는 계산의 편의성과 데이터 접근성을 고려한 선택으로 보인다.

하지만 괜찮다. 비슷한 동종 업계 기업들을 빠르게 비교할 때는 매출액을 기준으로 한 재고자산회전율로 추이를 파악해도 큰 무리가 없다. 또 투자자가 모든 기업의 재고자산회전율을 원칙적인 산식으로 일일이 계산하기는 현실적으로 어렵다.

따라서 네이버증권의 수치를 통해 흐름을 먼저 파악하고 수치가 유독 튀는 기업이 있다면 재무제표와 주석을 통해 그 원인을 확인하는 방식이 가장 효율적이다.

| 매출채권회전율 |

회사가 물건을 팔았으면 돈을 받아야 한다. 매출채권회전율은 외상으로 판매한 물건의 값을 얼마나 빨리 현금으로 회수하는지를 보여준다.

> **매출채권회전율 = 매출액 ÷ 평균 매출채권**

매출채권회전율이 높다는 것은 거래처들의 대금 지급 능력이 우수하거나, 회사가 시장 내에서 강력한 교섭력을 확보하고 있다는 뜻이다. 즉, 거래처와의 관계에서 우월적 지위를 점하고 있어 현금 결제나 조기 입금 같은 유리한 결제 조건을 주도할 수 있음을 의미한다. 현금 회수 속도가 빠르면 그만큼 유동성이 풍부해진다.

반면 매출채권회전율이 낮다는 것은 판매 대금의 현금 회수가 지연되고 있다는 뜻이다. 이런 채권은 향후 부실화될 가능성이 높다. 즉 미래에 대규모 매출채권 대손상각으로 비용 처리될 수 있음을 의미한다.

가치평가 비율:
지금 주가는 싼가, 비싼가?

회린이   나 드디어 저평가된 알짜 기업을 찾은 것 같아!

윤 회계사   그래? 어떤 근거로 그렇게 판단했어?

회린이   A기업인데 지금 주가가 2,000원밖에 안 해. 삼성전자가 10만 원 정도 하잖아? 거기에 비하면 절대적으로 싼 가격이니까, 지금 사두면 무조건 이득 아닐까?

윤 회계사   주가가 2,000원이니까 싸다?

회린이   응? 주식도 가격이 낮으면 싼 거 아니야?

윤 회계사   주식 시장에서 '싸다'는 의미는 가격표에 적힌 숫자가 작다는 뜻이 아니야. 그 회사가 벌어들이는 돈이나 가지고 있는 자산에 비해 가격이 합리적인지를 따져봐야지.

회린이　아, 그러니까 1주의 가격 그 자체가 중요한 게 아니라, 그 회사의 가치 대비 가격을 봐야 한다는 거구나.

윤 회계사　정확해. 지금부터 회사의 가치를 측정하는 두 가지 핵심 도구를 알려줄게.

　　주식 투자를 할 때 가장 위험한 접근 방식은 가격^{Price}과 가치^{Value}를 혼동하는 것이다. 주가는 2,000원인데 적정가치는 500원에도 못 미칠 수 있고, 반대로 주가는 10만 원이지만 적정가치는 20만 원을 넘을 수도 있다.

　　그래서 투자자는 현재 시장에서 거래되는 주식 가격이 기업의 실적이나 자산가치에 비해 비싼지, 싼지를 계산해볼 수 있어야 한다. 이 때 사용되는 가장 대표적인 지표가 주가수익비율과 주가순자산비율이다.

| PER: 주가수익비율 |

　　주가수익비율^{PER, Price Earning Ratio}은 회사가 1년 동안 벌어들이는 당기순이익에 비해 시가총액이 몇 배나 되는지를 보여주는 지표다. 공식은 기업의 시가총액을 당기순이익으로 나누면 된다.

> **PER = 시가총액 ÷ 당기순이익**

이 개념이 어렵다면 '투자 원금을 회수하는 데 걸리는 기간'으로 이해하면 쉽다. 예를 들어, 어떤 기업을 10억 원(시가총액)을 주고 통째로 인수했다고 가정해보자. 이 기업은 매년 1억 원의 당기순이익을 낸다. 그렇다면 투자한 10억 원을 회수하는 데는 몇 년이 걸릴까? 산술적으로 10년이 걸린다. 이때 이 기업의 PER은 10배가 된다. 만약 이 기업이 1년에 2억 원을 번다면? 5년이면 원금을 회수할 수 있다. 이때 PER은 5배로 낮아진다.

주식 시장에서 PER이 낮다는 것은 회사가 버는 돈에 비해 주가가 낮게 형성돼 있다는 뜻이다. 즉, 투자자가 투자금을 회수하는 기간이 짧다는 의미이므로 저평가돼 있다고 해석할 수 있다. 반대로 PER이 높다는 것은 주가가 이익 대비 비싸게 거래되고 있다는 뜻이다.

그렇다면 PER은 몇 배가 적정할까? 코스피 평균 PER은 보통 10배 내외다. 하지만 업종마다 차이가 크다. 안정성이 높은 은행이나 철강 업종은 PER 5배도 비싸다고 할 수 있고, 매년 이익이 급증하는 성장 산업은 미래에 대한 기대감이 반영돼 PER 30배도 싸다고 평가받기도 한다. 따라서 PER을 볼 때는 절대적인 수치보다는 동종 업계 경쟁사들과 비교해보는 것이 필수적이다.

| PBR: 주가순자산비율 |

PER이 회사가 버는 돈(수익성)을 기준으로 주가를 평가한다면, 주가순자산비율 -PBR, Price Book-value Ratio 은 회사가 가진 자산을 기준으로 주가를 평가하는 지표다.

> **PBR = 시가총액 ÷ 자본총계 (순자산)**

자본총계란 회사가 가진 모든 자산에서 갚아야 할 부채를 뺀 '순수한 주주의 몫'을 의미한다고 배웠다.

예를 들어 자본총계가 1,000억 원인 기업이 있다. 이 기업의 시가총액이 현재 1,000억 원이라면 PBR은 1배다. 즉, 시장 가격과 자본총계 가치가 똑같다는 뜻이다. 그런데 주가가 하락해서 시가총액이 500억 원이 됐다면? PBR은 0.5배가 된다.

PBR이 1배 미만이라는 것은 무엇을 의미할까? 회사가 지금 당장 문을 닫으면서 가진 자산으로 빚을 갚고 남은 돈을 주주들에게 나눠준다고 가정해보자. 이때 주주가 현재 주가보다 더 많은 돈을 돌려받는다는 뜻이다.

그래서 PBR이 낮은 주식은 하락장에서 주가가 더 이상 떨어지지 않게 지지해주는 힘, 즉 하방 경직성이 강하다. 회사가 가진 자산이 든든하게 받쳐주고 있기 때문이다.

| 가치 함정을 조심하자 |

여기까지만 읽으면 저PER, 저PBR 주식이 좋아 보일 수 있다. 하지만 사고 나면 주가가 오르기는커녕 더 떨어지는 경우가 많다. 왜 그럴까? 싼 데는 다 이유가 있기 때문이다. 이를 가치 함정Value Trap이라고 부른다.

먼저 PER이 낮은 이유를 의심해봐야 한다. PER은 '시가총액÷당기순이익'이다. 분모인 당기순이익이 일시적으로 아주 높게 나왔다면 PER은 낮아 보인다. 예를 들어, 회사가 가진 땅을 팔아서 일회성 이익이 급증했거나, 반도체나 화학처럼 경기를 타는 업종이라 올해의 실적이 정점을 찍은 경우다. 시장은 내년부터 이익이 줄어들 것을 예상하고 주가를 낮췄는데, 과거의 이익만 보고 PER이 낮다고 덜컥 매수하면 낭패를 볼 수 있다.

PBR이 낮은 경우도 마찬가지다. 장부상 자본총계는 1,000억 원인데 시가총액이 300억 원이라 PBR이 0.3배라고 하자. 그런데 그 자산의 내용을 뜯어보니 아무도 사 가지 않을 낡은 기계장치거나 유행이 지나 팔리지 않는 악성 재고가 대부분이라면? 장부상 가치는 1,000억 원일지 몰라도 실제 청산가치는 300억 원도 안 될 수 있다. 시장은 이를 알고 주가를 낮게 평가한 것이다.

이처럼 PER이나 PBR이 낮다는 사실만으로는 주가가 싸다고 결론내릴 수 없다. 중요한 것은 이 비율을 어떻게 활용하느냐다. 가치평가

비율을 활용하는 올바른 순서는 다음과 같다.

1. 비교하기

PER과 PBR을 과거 몇 년간의 흐름과 비교하고 경쟁사들과 함께 봐야 한다. 이때 봐야 할 것은 숫자의 높고 낮음이 아니라 변화의 방향이다. 이익은 늘고 있는데 주가만 빠져서 비율이 낮아졌다면 기회일 수 있다. 반대로 올해 이익이 정점이라 비율이 낮아진 것이라면 경계해야 한다.

2. 해석하기

비율이 낮아진 이유를 따져봐야 한다. 가장 먼저 확인할 것은 이익의 지속성이다. 일회성 이익으로 PER이 낮아졌거나 본업의 수익력이 훼손되어 시장이 선제적으로 주가를 낮춘 것일 수 있다. PBR 역시 자산의 규모뿐 아니라 자산이 실제로 현금을 만들어낼 수 있는 구조인지를 함께 봐야 한다.

3. 현금흐름으로 검증하기

PER과 PBR이 아무리 낮아도 영업활동 현금흐름이 약해지고 FCF가 지속적으로 줄고 있다면 주가가 낮은 데는 이유가 있다. 가치평가 비율은 저평가된 이유를 알려줄 뿐이고 그 판단이 맞는지는 결국 현금흐름이 증명한다.

EV/EBITDA: 회사를
통째로 산다면 얼마일까?

회린이   증권사 리포트를 보다 보면 PER 말고 EV/EBITDA라는 용어가
자주 나와. 이름도 엄청 길고 어려워 보이는데 그냥 PER만 보면
안 되는 거야? 게다가 지난번에 EBITDA는 이자비용을 무시해
서 별로라고 했잖아. 그런데 EV/EBITDA는 왜 쓰는 거야?

윤 회계사   EBITDA만 보면 이자가 나가는 걸 알 수 없으니 위험할 수 있
지. 하지만 EV/EBITDA는 달라. 이 지표는 부채를 분자에 반영
해서 보여주거든.

회린이   분자에 반영한다고? 그게 무슨 소리야?

윤 회계사   가게를 인수할 때 권리금만 보는 게 아니라 가게에 남아 있는

빚까지 함께 떠안는 것과 비슷해. EV/EBITDA는 그런 관점에서 기업을 평가하는 지표야.

주식 시장에서 기업의 가치를 평가할 때 사용하는 가장 대중적인 지표는 PER이다. 하지만 전문가들, 특히 M&A 업계나 외국계 증권사에서는 PER만큼이나 EV/EBITDA를 중요하게 여긴다. 앞서 우리가 배운 대로 EBITDA 자체는 이자비용을 고려하지 않는다는 치명적인 단점이 있지만, 이를 EV와 결합하면 이야기가 달라지기 때문이다.

▌ EV/EBITDA가 널리 쓰이는 이유 ▌

이 지표가 EBITDA와 다르게 유용할 수 있는 이유는 부채를 반영하는 방식 때문이다.

용어부터 풀어보자. 분자인 EV^Enterprise Value는 기업가치를 뜻한다. 시가총액이 주식 시장에서 거래되는 주주의 몫이라면, EV는 채권자의 몫인 부채까지 포함해 기업을 통째로 인수할 때 치러야 하는 실질적인 가격이다.

EV = 시가총액 + 이자발생부채 − 현금성자산

쉽게 말해 회사의 주식을 다 사들이는 값(시가총액)에, 회사가 갚아야 할 빚(이자발생부채)을 더하고, 회사의 통장에 있는 현금은 뺀다. 빚은 내가 갚아야 하니 인수 비용에 더해지고, 현금은 인수하자마자 내 돈이 되니 비용에서 빼주는 것이다.

예를 들어 EBITDA가 100억 원인 기업이 있다고 해보자. 겉으로 보면 현금 창출력이 상당히 좋아 보인다. 하지만 이 기업이 1,000억 원의 빚을 안고 있다면 이야기는 달라진다.

EV는 시가총액에 부채를 더해 계산되기 때문에 빚이 많을수록 EV는 크게 불어난다. 그 결과 EV를 EBITDA로 나눈 수치도 함께 높아진다. 이 지표는 수치가 높을수록 고평가된 기업으로, 낮을수록 저평가된 기업으로 해석한다. 결국 빚이 많은 기업은 EV/EBITDA에서 불리한 평가를 받게 되는 구조다. EBITDA는 이자비용을 반영하지 못하지만, EV/EBITDA는 분자에 부채를 포함해 그 부담을 반영한다.

이런 관점에서 EV/EBITDA는 '이 회사를 통째로 인수했을 때, 현재의 현금 창출력으로 투자금을 회수하는 데 얼마나 걸리는가'를 가늠하는 지표다. 예를 들어 EV/EBITDA가 5배라면, 이론적으로 5년 정도면 투자 원금을 회수할 수 있다는 의미로 해석한다.

EV/EBITDA가 PER보다 유용할 수 있는 경우는 크게 두 가지로 볼 수 있다.

1. 국가 간, 기업 간 비교가 용이하다.

나라마다 법인세율이 다르고, 기업마다 감가상각 방식이 다를 수 있다. PER은 당기순이익을 기준으로 하기에 세금과 감가상각의 영향을 받아 왜곡될 수 있다. 하지만 세금과 감가상각비의 영향을 받지 않는 EV/EBITDA를 사용하면, 한국의 삼성전자와 미국의 마이크론, 대만의 TSMC를 동일 선상에 놓고 비교할 수 있다.

2. 적자가 나는 기업도 가치를 평가할 수 있다.

당기순이익이 적자가 나면 PER은 마이너스가 되거나 N/A(해당 없음)로 표기돼 지표로서의 의미를 상실한다. 돈을 못 버는 회사에 투자금을 몇 년 만에 회수할 수 있느냐를 묻는 것 자체가 불가능하기 때문이다. 그래서 투자 가치를 판단할 기준이 사라지게 된다.

하지만 EV/EBITDA를 사용하면 이야기가 달라진다. 당기순이익은 적자라도 영업이익에 감가상각비를 더해주는 EBITDA는 흑자가 나올 수 있다. 그래서 PER이 계산되지 않는 기업도 EV/EBITDA를 통해 경쟁사와 가치를 비교할 수 있게 된다.

물론 이 지표 역시 만능은 아니다. 앞서 EBITDA의 한계에서 다뤘듯이, 이 지표도 감가상각비를 반영하지 않는다. 즉, 기계 교체 비용이 주기적으로 발생하는 기업은 EV/EBITDA 수치만 보면 저평가로 보일 수 있다.

4. 재무비율 한눈에 보기

안정성 비율

부채비율　　$\dfrac{\text{부채총계}}{\text{자본총계}} \times 100(\%)$　　빚의 무게

→ 내가 가진 돈(자본)에 비해 빚(부채)이 얼마나 있는가?

유동비율　　$\dfrac{\text{유동자산}}{\text{유동부채}} \times 100(\%)$　　단기 지급 능력

→ 1년 안에 자산을 매각해서 당장 갚아야 할 빚을 얼마나 상환할 수 있는가?

이자보상배율　　$\dfrac{\text{영업이익}}{\text{이자비용}}$　　이자 감당 능력

→ 본업으로 번 돈으로 이자를 얼마나 감당할 수 있는가?

수익성 비율

영업이익률(OPM)　　$\dfrac{\text{영업이익}}{\text{매출액}} \times 100(\%)$　　마진율

→ 제품을 팔아서 마진을 얼마나 남길 수 있는가?

자기자본이익률(ROE)　　$\dfrac{\text{당기순이익}}{\text{자본총계}} \times 100(\%)$　　자본을 효율적으로 굴리는 능력

→ 자본으로 돈을 얼마나 잘 벌었는가?

성장성 비율

매출액증가율 $\dfrac{\text{당기 매출액} - \text{전기 매출액}}{\text{전기 매출액}} \times 100(\%)$ 매출 성장성

→ 매출액이 전기에 비해 얼마나 늘었는가?

영업이익증가율 $\dfrac{\text{당기 영업이익} - \text{전기 영업이익}}{\text{전기 영업이익}} \times 100(\%)$ 이익 성장성

→ 영업이익이 전기에 비해 얼마나 늘었는가?

활동성 비율

재고자산회전율 $\dfrac{\text{매출원가}}{\text{평균재고자산}}$ 재고 처리 능력

→ 재고를 얼마나 빨리 처리하는가?

매출채권회전율 $\dfrac{\text{매출액}}{\text{평균매출채권}}$ 외상값 회수 능력

→ 외상으로 판 물건값을 얼마나 빨리 회수하는가?

가치평가 비율

주가수익비율(PER) $\dfrac{\text{시가총액}}{\text{당기순이익}}$ 투자 원금 회수 기간

→ 시가총액만큼 벌기까지 몇 년이 걸리는가?

주가순자산비율(PBR) $\dfrac{\text{시가총액}}{\text{자본총계}}$ 청산 가치 배수

→ 자산가치의 몇 배를 지불하는가?

EV/EBITDA $\dfrac{\text{기업가치}}{\text{상각전영업이익}}$ 기업 몸값 회수 기간

→ 기업가치만큼 벌기까지 몇 년이 걸리는가?

7장

뉴스 속
회계 읽기

# 영업이익 반토막,
어닝 쇼크

회린이　　나 어제 잠을 한숨도 못 잤어. 내가 큰맘 먹고 주식을 산 회사의
　　　　실적 발표가 났는데, 영업이익이 작년보다 50%나 줄었대. 뉴
　　　　스에서는 '어닝 쇼크'라면서 난리가 났어.

윤 회계사　잠깐, 진정해. 이익이 반토막 났다는 결과만 보지 말고 원인을
　　　　봐야지. 일시적으로 원자재 가격이 튀어서 그런 거라면? 그건
　　　　오히려 저가 매수의 기회일 수도 있어.

회린이　　으잉? 이익이 줄었는데 기회라고?

　실적 발표 시즌이 되면 '영업이익 전년 대비 급감' '컨센서스(시장

예상치) 하회' 같은 뉴스들이 쏟아진다. 누군가는 공포에 질려 매도 버튼을 누른다. 하지만 이때 뉴스 기사의 본문을 꼼꼼히 읽으며 오히려 매수 기회로 삼는 사람도 있다. 어닝 쇼크에는 서로 성격이 다른 두 가지 유형이 있기 때문이다.

1. 일회성 비용 이슈

특별한 사정으로 비용을 많이 쓴 경우다.

- **일회성 충당금 설정**

소송에 대비하거나 리콜 비용을 미리 반영한 경우다. 충당금이란 아직 확정되지는 않았지만 미래에 큰돈이 나갈 가능성이 매우 높을 때 미리 비용으로 처리해두는 빚을 말한다. 미래의 비용을 올해 반영했기 때문에 충당금의 성격에 따라 악재 해소로 해석되기도 한다.

- **유가나 환율의 일시적 급등**

유가나 환율이 갑자기 튀어서 원가가 높아진 경우다. 이들의 가격이 안정되면 이익이 회복될 수 있다.

이런 일회성 이슈로 이익이 줄었다면 회사의 본업 경쟁력은 훼손되지 않은 것이다. 다음 분기에 비용 이슈가 사라지면 실적은 V자 반

등을 할 수 있다.

2. 구조적 경쟁력 훼손

가장 경계해야 할 유형이다. 이는 일시적인 비용 증가가 아니라, 기업의 본원적인 이익 창출 능력이 무너지고 있음을 의미한다.

- **판매량 감소**

경기 침체나 소비 트렌드 변화로 인해 제품에 대한 시장 수요 자체가 구조적으로 줄어드는 경우다.

- **판매단가 하락**

치열한 경쟁으로 인해 시장 지배력을 잃고, 수익성을 희생하며 가격 인하 압박을 받는 상황이다.

- **시장점유율 하락**

경쟁사에게 고객 기반을 빼앗기며 산업 내 독점적 지위가 흔들리는 경우다.

이런 요인으로 인한 실적 부진은 단순한 어닝 쇼크가 아니라 기업 가치 하락 추세의 시작으로 해석된다. 펀더멘털Fundamental이 훼손됐기 때문에 비용 절감 노력만으로는 실적을 회복하기 어려우며 주가는 장기적인 우하향 곡선을 그릴 가능성이 높다.

실제 사례를 통해 이 차이를 느껴보자.

사례 1 현대차의 일회성 비용 이슈

현대차·기아 3분기 실적에 품질비용 2.9조 원··· 영업이익 축소

현대차와 기아가 조만간 발표되는 올해 3분기 실적에 세타2 GDI 엔진 교체율 증가 등에 따른 2조 9,000억 원의 품질비용을 반영한다. 애초 시장에서는 이번 3분기 사상 최대 실적을 기대했으나 품질비용 규모를 고려하면 부진한 결과가 예상된다. 현대차는 18일 품질비용 1조 3,600억 원을 올 3분기 실적에 충당금으로 반영한다고 공시했다. 기아는 1조 5,400억 원의 품질비용이 발생했다고 발표했다.

〈연합뉴스〉 2022.11.18

2022년 3분기, 현대차의 영업이익은 시장 기대치보다 1조 원 넘게 줄어들며 어닝 쇼크를 기록했다. 하지만 영업의 실상은 정반대였다. 매출액은 37조 7,000억 원으로 전년 대비 30.6%나 폭증했다.

그런데 왜 이익이 줄었을까? 과거 판매한 세타2 엔진에 대한 리콜 비용(충당금) 1조 3,000억 원을 3분기에 한꺼번에 반영했기 때문이다. 매출액이 30%나 늘었다는 건 본업 경쟁력이 최고조라는 뜻이다.

리콜 비용은 이번 한 번만 내면 끝이다. 실제로 이 악재가 해소된 이후 현대차 실적과 주가는 상승했다.

사례 2 N사의 구조적 경쟁력 훼손

작년 영업이익 75% 급감… "플랫폼·수익 모델 다각화"

지난해 매출이 재작년 대비 30% 넘게 줄고 영업이익도 75% 급감하는 등 크게 부진한 실적을 낸 N사가 "글로벌 시장에 맞게 플랫폼과 수익 모델을 다각화하겠다"고 밝혔다. (…) 특히 전체 매출의 67%를 차지하는 모바일 매출이 재작년 대비 38% 급감해 더 부진했고 비중이 21%인 PC 게임 매출은 6% 감소했다.

〈연합뉴스〉 2024.2.8

게임 대장주였던 N사는 2023년 영업이익이 전년 대비 무려 75%나 급감했다. 4분의 1로 토막이 난 것이다. 경쟁작들의 등장으로 회사를 먹여 살리던 게임 시리즈의 매출이 감소했고, 야심 차게 내놓은 신작의 성과가 부진했기 때문이다.

이는 단순한 비용 문제가 아니다. 기존 게임 방식이 유저들에게 외면받았다는, 즉 본업의 경쟁력을 상실했다는 신호로 해석될 수 있다. 일회성 악재가 아니라 구조적 위기였기에 주가는 실적 발표 이후에도 긴 하락세를 이어갔다.

| 투자자 체크 포인트 |

어닝 쇼크 뉴스가 뜨면 아래 세 가지를 확인하자.

1. 매출액은 늘었는가?

이익이 반토막 났어도 매출액이 늘고 있다면 적어도 물건은 잘 팔리고 있다는 뜻이다. 반면 매출액까지 꺾였다면 시장에서 외면받고 있다는 뜻이다.

2. 비용의 정체가 무엇인가?

재무제표 주석이나 뉴스를 찾아보자. 소송 관련 충당금, 희망퇴직금, 특별 성과급 같은 단어가 보이면 안심해도 좋다. 일회성 비용이기 때문이다. 하지만 원가율 상승 같은 단어가 보이면 수익 구조가 나빠졌다는 뜻이니 조심해야 한다. 원가는 올랐는데 제품 가격을 그만큼 올리지 못하면 회사는 팔수록 손해를 본다.

3. 경쟁사들은 어떤가?

경쟁사들의 실적을 함께 점검해야 한다. 만약 경쟁사들은 견조한 실적을 유지하는데 유독 해당 기업만 이익이 급감했다면 이는 업황의 문제가 아니다. 시장 지배력을 상실했거나 원가 경쟁력에서 밀리는 등 기업의 펀더멘털이 심각하게 훼손됐다는 증거일 수 있다.

사상 최대 적자에도 인프라 투자는 지속한다고?

회린이　이번에도 또 적자래. 벌써 2년째 적자인데… 이 회사는 도대체 언제 돈을 버는 거야? 뉴스 보니까 '사상 최대 적자에도 투자는 지속한다'라고 하던데, 이거 그냥 고집부리는 거 아니야?

윤 회계사　망해가는 회사의 변명일 수도 있고, 세상을 바꿀 회사의 큰 그림일 수도 있지. 투자자라면 그 둘을 구분할 줄 알아야 해.

회린이　적자가 큰 그림이라고? 돈을 못 버는 건 매한가지잖아.

윤 회계사　100원을 벌어서 150원을 투자해버리는 회사들이 있어. 당장은 적자지만 압도적인 인프라를 깔아서 경쟁자들이 따라오지 못하게 만든 뒤 시장을 완전히 장악하겠다는 전략이지.

| 나쁜 적자 vs 좋은 적자 |

주식 시장에서 적자는 통상적으로 악재로 인식된다. 하지만 적자가 모두 나쁜 것만은 아닐 수도 있다. 투자자는 적자의 원인이 경쟁력 상실인지 아니면 시장 장악을 위한 전략적 선택인지 구분해야 한다.

1. 경쟁력 상실 → 나쁜 적자

판매 부진으로 매출이 감소하거나 경쟁 심화로 마진율이 훼손돼 발생하는 적자다. 기업의 본원적인 이익 창출 능력이 떨어진 상태로, 생존을 위해 인력 감축이나 자산 매각 같은 구조조정이 뒤따르게 된다. 이는 기업가치의 하락을 의미한다.

2. 계획된 투자 → 좋은 적자

매출이 폭발적으로 성장하는 과정에서 물류 인프라 구축, 기술 개발, 시장점유율 확대를 위한 마케팅 등에 수익 이상의 자금을 재투자하여 발생하는 적자다. 경영진이 '단기 이익보다 장기적인 시장 지배력이 더 중요하다'고 판단한 경우다. 이는 미래의 독점적 이익을 위한 선제적 투자로 해석할 수 있다.

적자 기업에 대한 투자를 고민할 때 참고할 만한 대표적인 사례를 살펴보자.

사례 1 쿠팡의 계획된 적자와 로켓배송

쿠팡, 로켓배송 '올인'… 1조 5,000억 원 투자

전자상거래 기업 쿠팡이 오는 2017년까지 1조 5,000억 원을 투자해 자체 배송 인력인 쿠팡맨 등 4만 명을 채용하고 전국 물류센터를 현재의 14곳에서 21곳으로 늘리겠다고 밝혔다. 이는 지난 6월 손정의가 이끄는 일본의 세계적 IT 기업 소프트뱅크로부터 유치한 투자 금액, 10억 달러(약 1조 1,000억 원)를 넘어서는 규모다.

김범석 대표는 "단기적으로 생각하면 이해할 수 없는 투자지만, 장기적으로 보면 획기적인 도전"이라며 "이 투자가 고객의 경험에 혁명을 일으키고, 이것이 고객 증가로 이어지고 곧 쿠팡의 성장으로 이어지는 선순환 모델이 되리라 믿는다"고 말했다.

〈연합뉴스〉 2015.11.3

쿠팡은 상장 전까지 매년 수천억 원에서 1조 원에 육박하는 적자를 기록했다. 당시 시장 일각에서는 지속 불가능한 사업 모델이라는 비판이 제기됐다. 하지만 쿠팡은 이에 아랑곳하지 않고 1조 5,000억 원을 들여 전국적인 물류센터 건립과 로켓배송 인프라 확충에 자금을 쏟아부었다.

결론적으로 그 막대한 적자는 손실이 아니라 경쟁사들이 넘볼 수 없는 진입 장벽을 구축하는 비용이었다. 쿠팡은 압도적인 물류 경쟁력으로 한국 유통 시장을 장악했고, 2023년 사상 첫 연간 흑자를 달성하며 전략의 유효성을 증명했다.

사례 2 컬리의 멈추지 않는 인프라 투자

> **컬리, 작년 2조 매출 '적자 소폭 확대'**
>
> 컬리가 지난해 사상 처음으로 매출 2조 원을 돌파했다. 영업손실은 소폭 증가했다. 매출액 대비 손실 비중은 줄었다. 올해도 물류 인프라와 기술 인력에 지속 투자를 이어갈 계획이다.
>
> 〈바이라인네트워크〉 2023.3.31

새벽 배송 플랫폼 컬리 역시 연 매출 2조 원을 돌파했음에도 여전히 적자를 기록했다. 적자의 주된 원인은 물류 인프라와 기술 인력에 대한 지속적인 투자였다.

투자자는 여기서 냉정한 판단을 내려야 한다. 이 투자가 마무리되면 컬리는 쿠팡처럼 수익성이 개선될 것인가? 아니면 경쟁이 치열해 비용 부담을 감당하지 못할 것인가? 컬리의 경우 매출액의 지속적인 성장 여부와 함께 영업이익이 개선되고 있는지 확인해야 한다.

| 투자자 체크 포인트 |

원칙적으로 적자 기업에는 투자하지 않는 것이 좋다. 돈을 잘 버는 우량한 흑자 기업도 널렸기 때문이다. 하지만 굳이 적자 기업에 투자하고 싶다면, 즉 '하이 리스크 하이 리턴High Risk High Return'을 노린다면 다음 두 가지 조건을 반드시 확인해야 한다. 이 중 하나라도 해당하지 않는다면 그 투자는 실패할 확률이 높다.

1. 매출액증가율이 폭발적인가?

가장 중요한 전제 조건이다. 당장의 이익을 포기하고 성장을 선택했다면, 그 증거로 매출이 매년 20~30% 이상 고성장해야 한다. 적자 상태에서 매출마저 정체돼 있다면, 이는 쇠락의 징후다.

2. 적자의 원인이 미래를 위한 지출인가?

재무제표 주석의 '비용의 성격별 분류'를 확인해야 한다. 적자의 주된 원인이 감가상각비(설비투자), 연구개발비, 광고선전비(시장 확장) 등 미래 가치를 높이는 항목이라면 긍정적으로 평가할 수 있다.

핵심 자산 매각,
회생의 신호탄일까?

회린이   회사가 핵심 자산을 매각해서 현금 1조 원을 확보했대. 현금이

대규모로 유입됐으니까 재무구조가 개선되는 호재라고 봐도

될까?

윤 회계사   현금 유입 그 자체보다는 자산 매각의 배경을 먼저 살펴야 해.

미래 성장을 위한 투자 재원을 마련한 것인지, 아니면 차입금

상환 압박에 못 이겨 핵심 자산을 매각한 것인지에 따라 해석이

완전히 달라지거든.

회린이   핵심 자산을 판다는 건 안 좋은 신호야?

윤 회계사   당연하지. 당장의 부채를 갚기 위해 매년 꾸준히 이익을 내는

핵심 자산을 팔아버린다면 회사의 장기적인 현금 창출 능력은 훼손될 수밖에 없어. 반면, 성장이 정체된 사업을 매각하고 그 자금으로 신성장 동력에 투자한다면 기업가치 재평가의 기회가 될 수 있지.

뉴스에서 '○○기업, 핵심 자산 매각 결정'이라는 헤드라인을 접했을 때, 투자자는 매각의 목적을 분석해야 한다. 자산 매각은 크게 두 가지 유형으로 나뉜다.

1. 재무구조 개선을 위한 '생계형 매각'

회사의 본업 수익성이 악화되거나 과도한 부채로 인해 유동성 위기에 처했을 때 발생한다. 채권단의 압박이나 부도 가능성을 피하기 위해 시장가치가 높은 우량 자산(알짜 자회사, 핵심 부동산 등)을 매각하는 경우다. 매각 대금의 용도는 주로 차입금 상환이나 운영자금 확보다. 단기적인 유동성 리스크는 해소되지만, 그룹의 캐시카우가 사라지면서 중장기적인 펀더멘털은 약화된다.

2. 사업 포트폴리오 재편을 위한 '전략적 매각'

성장이 둔화된 성숙기 사업 자산을 정리하고, 확보된 현금을 고성장 신사업에 재투자하기 위한 결정이다. 매각 대금의 용도는 보통 신규 설비 투자, 타법인 증권 취득, R&D 투자 등이다. 기업의 체질을 고부가가치 사업으로 개선하는 과정이다. 매각으로 인한 일시적 매출 감소보다는 미래 성장성에 대한 기대감이 주가에 긍정적으로 작용한다.

이 두 가지 유형의 차이를 극명하게 보여주는 실제 기업 사례를 살펴보자.

사례 1 유동성 위기 타개를 위한 고육지책

"일단 팔아 버티자"…건설업계, 불황 장기화에 알짜 자산 '줄매각'

건설 경기 불황이 장기화하면서 건설 업계가 유동성 확보에 총력을 기울이고 있다. 부동산 프로젝트파이낸싱(PF) 부실과 공사비 급등, 고금리 등 '3중고'에 시달리는 가운데, 내년에도 침체 국면이 이어질 것이란 전망이 나오자 자산 매각을 통해 현금 실탄 마련에 나선 것이다.

16일 업계에 따르면 주요 건설사들은 최근 사옥, 자회사, 보유 부지 등 가용 자산을 잇달아 매각하고 있다.

대한건설정책연구원(건정연)이 발표한 〈2024년 건설외감기업 경영 실적 및 부실현황 분석〉에 따르면, 지난해 외부감사 대상 건설사 중 이자보상배율이 1 미만인 곳의 비중은 44.2%에 달했다. 이는 건설사 절반 가까이가 외부 차입 없이는 정상적인 경영이 불가능

2024년 이후 건설 경기 침체가 장기화되면서 건설 업계 전반이 심각한 유동성 압박에 직면했다. 부동산 PF 부실, 공사비 급등, 고금리라는 3중고가 동시에 작용한 결과다. 내년에도 업황 개선을 기대하기 어렵다는 전망이 나오자, 주요 건설사들은 사옥과 자회사, 보유 부지 등 가용 자산을 매각하며 현금 확보에 나섰다.

자산 매각으로 유동성은 일시적으로 개선될 수 있지만, 매각 대상이 수익을 창출하던 핵심 자산이라면 장기적인 이익 창출 능력은 오히려 약화될 수 있다. 유동성 위기를 넘긴 이후에도 업황 회복이 지연된다면, 기업의 펀더멘털은 다시 시험대에 오를 수밖에 없다.

사례 2 미래 성장을 위한 체질 개선

SKC, 1.6조 원에 필름 사업 매각… "글로벌 ESG 소재 솔루션 기업 도약"

SKC 필름 사업은 디스플레이, 모바일 등 첨단 IT 기기와 산업 용도로 쓰이는 제품을 생산한다. 1977년 국내 최초로 PET 필름을 개발한 데 이어 1980년 국내 최초로 비디오테이프를 개발하는 등 국내 필름 산업을 선도해왔다. 2000년대에는 디스플레이용 필름으로 주력 제품을 전환했고, 최근에는 스마트폰 등 모바일 기기용 첨단 제품에 집중하고 있다. 지난해 매출 1조 1,319억 원, 영업이익 689억 원을 기록했다.

SKC가 필름 사업을 매각하기로 한 것은 이차전지, 반도체, 친환경 중심의 글로벌 ESG 소재 솔루션 기업이라는 정체성을 명확하게 하기 위함이다. SKC 관계자는 "필름 사업은 글로벌 경쟁력을 기반으로 매출과 영업이익이 지속적으로 성장하고 있지만 SKC가 추구하는 전략 방향과 다르다"고 설명했다.

〈조선비즈〉 2022.6.8

2022년, SKC는 수십 년간 회사의 상징이었던 필름 사업부를 사모펀드에 1조 6,000억 원에 매각했다. 당시 필름 사업은 돈을 잘 벌고 있었지만, 성장성은 정체돼 있었다. SKC는 이미 2020년에 이차전지 소재 기업인 SK넥실리스를 인수해둔 상태였다. 회사는 필름 사업을 매각한 돈으로 SK넥실리스의 공장을 증설하고 반도체 소재 등 미래 신사업을 육성하는 데 투자했다. 과거의 안정적인 현금흐름을 포기하는 대신, 미래의 성장에 베팅하기 위해 자산을 재배치한 것이다.

| 투자자 체크 포인트 |

자산 매각 공시가 떴다면, DART의 '타법인 주식 및 출자증권 처분 결정' 혹은 '유형자산 양도 결정' 공시를 열어 '처분 목적' 항목을 확인해야 한다.

자산의 처분 목적이 재무구조 개선, 차입금 상환, 유동성 확보라면 조심해야 한다. 회사의 현금흐름이 악화돼 빚을 갚기 위해 자산을 팔고 있다는 뜻이기 때문이다. 매각 차익으로 인해 당기순이익이 흑자가 나올 수 있지만 일시적인 이익에 현혹되지 말아야 한다.

반면 처분 목적이 신규 사업 투자 재원 확보, 핵심 사업 역량 집중, 사업 포트폴리오 재편이라면 긍정적이다. 다만 매각 대금이 구체적으로 어느 신사업에 투입되는지, 그 신사업의 성장성이 기존 사업을 대체할 만큼 충분한지 확인 후 투자를 결정해야 한다.

자산 매각은 회사의 체질을 바꾸는 중대한 사건이다. 단순히 '현금이 들어왔다'는 사실보다 그 현금이 '어디로 흘러가는가'가 훨씬 더 중요하다.

자산 매각에 관한 내용은 4장의 '자산 매각: 알짜 자산을 팔아 현금을 구하다'에서 자세히 다뤘다. 여기서는 앞선 내용을 바탕으로 핵심 내용만 간략히 정리했다.

대규모 유상증자 공시,
주가가 왜 급락할까?

회린이   내가 보유한 기업이 유상증자를 공시했는데 주가가 하한가로 직행했어. 아니, 회사가 투자를 받아서 자본금을 늘리는 건데 왜 주가가 떨어지는 거야? 그리고 기존 주주한테는 할인된 가격에 신주를 살 기회를 준다는데, 그럼 오히려 이득 아니야?

윤 회계사   이론적으로는 네 말이 맞아. 싼 가격에 신주를 배정받아 지분율을 유지하면, 주주가 보유한 총자산가치는 유지돼야 하거든. 하지만 현실 시장의 반응은 달라. 회사가 자금난을 스스로 해결하지 못하고, 그 부담을 주주들에게 전가한다고 보거든.

회린이   부담을 전가한다고?

윤 회계사　주주 입장에서는 추가 자금을 투입하지 않으면 지분율이 떨어지는 손해를 입게 돼. 울며 겨자 먹기로 현금을 더 넣어야 하는 상황이 강요되는 셈이지.

할인된 가격에 신주를 주는데 왜 손해일까? 수학적으로만 보면 손해가 아닐 수 있다. 예를 들어 1만 원짜리 주식을 가진 주주에게 8,000원짜리 신주를 살 기회를 준다고 하자. 주가가 조금 떨어지더라도 8,000원에 산 신주가 그만큼을 메꿔주기 때문에, 이론적으로 내 전체 자산가치는 보존된다.

하지만 현실의 주가는 수학 공식대로 움직이지 않는다. 주가는 이론적인 하락 폭보다 훨씬 더 깊게 추락한다. 유상증자 공시 직후 주가가 급락하는 데는 명확한 재무적 이유가 있다.

1. 주당 가치가 영구적으로 희석된다.

기업의 가치는 그대로인데(증자로 유입된 자금이 추가 이익을 만들어내지 못한다면) 주식 수만 늘어나면, 주식 1주가 갖는 권리는 그만큼 줄어든다. 예를 들어 100억 원을 버는 회사의 주식 수가 2배로 늘어나면, 1주당 돌아가는 EPS는 반토막이 난다. 주가는 EPS에 연동되므로, 주가 역시 하락 조정되는 것이 합리적이다.

2. 재무적 곤경의 신호다.

건실한 기업은 은행 차입이나 회사채 발행으로 자금을 조달한다. 이 자비용이 들긴 하지만 지분 희석은 없기 때문이다. 그런데 굳이 지분을 희석시키면서까지 주주들에게 손을 벌린다는 것은 금융권에서 더 이상 돈을 빌리기 어려운 한계 상황에 봉착했다는 의미로 해석된다.

| 유상증자의 두 얼굴 |

그렇다면 모든 유상증자가 악재일까? 아니다. 자금을 대는 주체, 즉 조달 대상에 따라 시장의 평가는 달라진다. 주주배정 유상증자는 일반적으로 악재다. 앞서 설명했듯, 회사의 자금 조달 능력이 한계에 부딪혔음을 의미하기 때문이다.

그러나 제3자 배정 유상증자는 호재가 될 수도 있다. 단순 자금 조달을 넘어, 전략적 파트너십을 구축하거나 대규모 투자를 유치한 경우다. 삼성전자나 LG 같은 대기업이 제3자로 참여한다면, 해당 기업의 기술력과 성장성을 인정받았다는 보증수표가 돼 주가는 급등한다.

유상증자의 성격에 따라 주가가 정반대로 움직였던 두 사례를 비교해보자.

사례 1 빚 갚으려 주주에게 내민 청구서

대규모 유상증자에 주가 급락… 20% 가까이 내려

C사가 재무구조 안정화와 신사업 추진을 위해 대규모의 유상증자를 진행한다는 소식에 21일 장 초반 주가가 급락했다. 이날 오전 9시 5분께 코스피 시장에서 C사는 전날 대비 16.83% 내린 1만 2,060원에 거래됐다. C사는 전날 이사회에서 5,700억 원 규모의 유상증자를 결의했다. 전날 종가(1만 4,500원) 기준 시가총액 6,921억 원에 맞먹는 규모다. 주당 7,630원에 신주 7,470만 주(보통주)가 발행되며, 유상증자는 주주배정 후 실권주 일반 공모 방식으로 진행된다.

〈연합뉴스〉 2023.6.21

코스피 상장사인 C사는 5,700억 원 규모의 유상증자를 발표했다. 방식은 주주배정이었고, 자금의 상당 부분은 채무상환에 쓰일 예정이었다. 재무구조 악화의 책임을 주주에게 전가한다는 비판과 함께 주가는 하루 만에 20% 가까이 폭락했다.

사례 2 중소기업의 대기업 파트너 확보

삼성 투자받는 로봇 기업 '레인보우로보틱스' 급등

코스닥 상장 로봇 업체 레인보우로보틱스가 삼성전자로부터 600억 원 가까운 투자를 받았다는 소식에 3일 주가가 상한가 가까이 급등했다. 이날 레인보우로보틱스 주가는 전날보다 27.45% 오른 4만 1,550원에 마감했다. 상장 직후였던 2021년 2월 5일(29.9%) 이후 거의 2년 만에 최대 상승률이다.

레인보우로보틱스는 이날 장 개시 전 시설자금 및 운영자금 조달을 위해 삼성전자를 대상으로 총 590억 원 규모의 제3자 배정 유상증자를 결정했다고 공시했다. 보통주 194만 200주를 주당 3만 400원에 신규 발행할 예정이다. 제3자 배정 유상증자란 회사가 특정 기업이나 금융회사 등에 주식을 새로 발행하는 대가로 자금을 조달하는 방식이다. 이번 유상증자로 삼성전자는 레인보우로보틱스 지분 약 10.3%를 보유하게 된다.

〈조선일보〉 2023.1.4

로봇 기업 레인보우로보틱스는 590억 원 유상증자를 공시했다. 방식은 제3자 배정이었고, 그 대상자는 바로 삼성전자였다. 단순한 자금 조달이 아니라 삼성전자의 로봇 사업 파트너로 낙점됐다는 전략적 의미가 부각됐다. 주가는 당일 급등했고, 이후로도 상승세를 탔다.

자산 재평가,
정말로 재무구조가 개선될까?

회린이　뉴스 봤어? '자산 재평가 실시, 부채비율 200%에서 130%로 획기적 개선'이라던데. 부채비율이 이렇게 급격히 떨어졌다는 건, 엄청난 호재 아니야?

윤 회계사　겉으로 드러난 수치만 보면 재무구조가 개선된 것처럼 보이지만, 본질을 들여다봐야 해. 이건 영업활동으로 돈을 벌어서 부채를 상환한 게 아니라, 자산의 가치를 현 시세로 다시 평가해서 자본을 늘린 효과거든.

회린이　자본을 늘렸다고? 증자를 한 것도 아닌데 어떻게 그게 가능해?

윤 회계사　회사가 보유한 토지나 건물의 가치가 과거보다 올랐다고 재무제표에 반영하면, 그 차액만큼 자산과 자본이 동시에 늘어나게 돼. 자본(분모)이 커지니 부채비율은 자연스럽게 낮아지는 거지. 하지만 명심해야 할 점은, 이 과정에서 회사로 유입된 현금은 0원이라는 사실이야.

기업이 보유한 토지나 건물 같은 유형자산은 시간이 지날수록 시장가치가 변동한다. 회계기준에서는 자산을 취득 당시의 가격(취득원가)으로 기록할지, 아니면 현재의 시장가치(공정가치)로 기록할지 기업이 선택할 수 있게 한다.

기업들은 보통 보수적인 관점에서 취득원가로 자산을 기록한다. 하지만 재무구조 개선이 시급하거나 자산가치를 시장에 알리고 싶을 때는 공정가치로 자산을 표시하기도 한다. 이 두 가지 방법을 더 자세하게 알아보자.

1. 원가 모형

취득 가격 그대로 적는다. 대부분의 기업이 채택하는 방식이다. 10년 전 강남 땅을 100억 원에 사서 지금 시세가 500억 원이 됐어도 재무상태표에는 여전히 100억 원으로 적는다.

2. 재평가 모형

지금 시세로 고쳐 적는다. 재무상태표에 적힌 100억 원을 지우고,

감정평가를 받은 현재 시세 500억 원으로 고쳐 적는 방식이다. 이렇게 하면 자산가치가 400억 원 늘어나고 동일한 금액만큼 자본도 늘어난다.

일반적으로 토지의 가치는 시간이 지날수록 오른다. 그래서 자산을 재평가하면 부채비율 개선 효과가 있다. 부채비율은 '부채총계÷자본총계'로 계산된다고 배웠다. 부채(분자)는 그대로지만, 재평가로 인해 자본(분모)이 커지면서 부채비율 수치가 하락하는 것이다.

실제 기업들은 어떤 상황에서 자산 재평가 카드를 꺼내 들었을까?

사례 1 롯데쇼핑의 재무구조 방어

롯데쇼핑, 작년 영업이익 4,731억 원… 자산 재평가로 부채비율 크게 낮춰

롯데쇼핑은 연결 기준 작년 매출 13조 9,866억원을 기록했다고 6일 공시했다. 전년 대비 3.9% 줄어든 수치다. 영업이익은 4,731억원으로 전년 대비 6.9% 줄었다. 롯데쇼핑은 "지난해 12월 통상임금 판결에 따른 추정 부담금(532억) 등 일회성 비용을 제외하면 영업이익이 5,372억으로 5.7% 증가한 수준"이라고 설명했다. 롯데쇼핑은 해외 사업에서 성장세를 보였고, 부동산 자산 재평가로 부채비율을 대폭 낮췄다.

지난 4분기 자산의 실질가치 반영을 위해 15년 만에 실시한 자산 재평가 결과 토지 장부가가 17조 7,000억 원으로 기존보다 9조 5,000억 원 늘었다. 부채비율은 190.4%에서 128.6%로 축소됐다.

〈조선일보〉 2025.2.6

롯데쇼핑은 유통 업황 둔화와 자회사 실적 부진으로 재무적 압박을 받고 있었다. 부채비율이 190% 수준까지 상승하자, 롯데쇼핑은 보유 중인 주요 백화점과 마트 부지에 대해 15년 만에 자산 재평가를 단행했다. 자산가치 상승분이 반영되면서 자본총계가 급증했고, 덕분에 부채비율은 130% 수준으로 하락했다. 실질적인 차입금 상환 없이도 재무 안정성 지표를 획기적으로 개선한 것이다.

사례 2 KCC의 재무 부담 완화

**"재무 부담" KCC, 16년 만에 서초동 본사까지 자산 재평가···
1.5조 원 자산 차액에 '숨통'**

13일 KCC에 따르면 KCC는 서울 서초동 본사 등을 포함한 토지와 투자 부동산에 대한 자산 재평가를 실시한 결과 총 1조 5,087억 원 규모의 평가 차액이 발생했다. 이는 전체 자산총액(15조 661억원) 대비 10%에 해당하는 금액이다.

토지의 경우 기존 장부가액은 1조 1,068억 원이었으나, 재평가 금액은 2조 3,156억 원으로 평가 차액이 1조 2,087억 원에 달했다. 투자 부동산은 장부가액 8,479억 원에서 자산 평가 금액이 1조 1,478억 원으로, 2,999억 원의 재평가 차액이 발생했다.

KCC가 자산 재평가에 나선 것은 지난 2019년 실리콘 소재 기업인 모멘티브를 인수한 이후 재무 부담이 가중됐기 때문이다. KCC는 당시 모멘티브를 30억 달러(약 3조 6,000억 원)에 인수하면서 인수 대금의 절반가량인 2조 원을 차입금으로 충당했다. 이에 모멘티브 인수 전 2조 원대였던 KCC의 총차입금 규모는 지난해 말 5조 3,000억 원(순차입금 4조 3,000억 원)까지 상승했다.

〈조선비즈〉 2025.5.13

KCC는 자회사 모멘티브를 인수한 후 늘어난 차입금으로 재무 부담을 겪고 있었다. 이에 16년 만에 서초동 본사를 포함한 보유 부동산에 대해 자산 재평가를 실시했다. 그 결과 1조 5,000억 원의 재평가 차액이 발생했고, 이는 고스란히 자본 확충 효과로 이어졌다. 부채 비율을 낮추고 재무 건전성을 확보해 시장의 우려를 덜어내기 위한 전략적 선택이었다.

| 투자자 체크 포인트 |

자산 재평가 공시가 나오면 부채비율과 PBR이 낮아지며 밸류에이션 매력이 부각돼 주가가 일시 반등하기도 한다. 하지만 투자자는 본질을 파악해야 한다.

1. 유동성은 개선되지 않았다.

장부상의 토지 가격을 올려 적었을 뿐, 실제로 그 토지를 매각해 현금을 확보한 것이 아니다. 즉, 단기차입금을 상환하거나 이자를 지급할 수 있는 현금 지급 능력은 전혀 변하지 않았다. 유동성 위기를 겪는 기업이 자산 재평가만으로 근본적인 문제를 해결할 수는 없다.

2. 본업의 경쟁력과는 무관하다.

부채비율이 낮아져 우량기업처럼 보일 수 있지만, 이는 회계적인 조정일 뿐이다. 영업이익률이나 매출 성장세와 같은 본업의 경쟁력은 그대로다. 흑자 기업이 자산가치를 인정받기 위해 재평가를 한다면 긍정적이지만, 적자가 지속되거나 부채 상환 압박을 받는 기업이 재평가를 단행한다면 이는 재무 지표를 관리하기 위한 목적일 가능성이 높다.

따라서 자산 재평가 공시를 접했을 때, 투자자는 이를 '회사가 획기적으로 살아났다'고 해석하기보다 '회사가 재무 지표를 방어하기 위해 보유 자산을 활용하고 있다'는 관점으로 접근해야 한다. 진정한 호재는 자산 재평가가 아니라, 그 자산을 활용해 신사업에 투자하거나 실제 현금흐름을 창출할 때 발생한다.

회린이   그런데 이해가 안 가는 게 있어. 지난번에 무학이 보유한 주식

가격이 오르면 '평가이익'이 발생해서 당기순이익이 늘어난다

고 했잖아. 그런데 왜 땅값이 오른 것은 당기순이익에 포함하지

않는 거야? 둘 다 자산가치가 상승한 건 똑같잖아.

윤 회계사   아주 예리한 지적이야. 결론부터 말하면 자산을 보유하는 '목

적'이 다르기 때문이야. 주식은 언제든 팔아서 돈을 버는 게 목

적이지만, 공장 땅은 계속 물건을 만드는 게 목적이거든. 목적

이 다르니 장부에 기록하는 방식도 달라지는 거야.

회계에서는 자산의 가격 상승분을 당기순이익(손익계산서)에 반영할지, 아니면 자본(재무상태표)에만 반영할지를 자산의 성격에 따라 엄격히 구분한다.

1. 금융자산(주식, 채권 등)

단기 매매 목적(당기손익-공정가치측정 금융자산)으로 보유한 주식은 시장성이 높아 언제든지 현금화가 가능하다. 따라서 주가가 오르면 실질적인 부가 증가한 것으로 보아, 그 평가 차익을 즉시 당기순이익에 반영한다.

2. 유형자산(토지, 건물 등)

공장 부지나 본사 사옥은 회사가 영업활동을 지속하기 위해 필수적으로 보유해야 하는 자산이다. 땅값이 1,000억 원 올랐다고 해서 당장 공장을 팔 수는 없다. 즉, 이 상승분은 아직 실현되지 않은 '미실현 이익'이다.

만약 이 금액을 억지로 당기순이익에 포함하면 심각한 정보 왜곡이 발생한다. 물론 당기순이익에는 영업 외적인 이익도 포함되지만, 자산 재평가 차익은 그 규모가 워낙 크고 일회성이기 때문에 회사의 수익성을 판단하는 데 큰 혼선을 준다.

이런 문제를 막기 위해 회계기준은 '기타포괄손익'이라는 계정을 사용한다. 자산 재평가로 늘어난 땅값은 손익계산서를 거치지 않고,

재무상태표의 자본 항목인 '자본잉여금(기타포괄손익누계액)'으로 직행한다.

> **결과 비교**
>
> 주식: 1,000억 원 오름 → 손익계산서의 당기순이익 증가
>
> 토지: 1,000억 원 오름 → 손익계산서 변동 없음 → 재무상태표의 자본 증가

이 차이 때문에 자산 재평가를 하면 자본이 커져 부채비율은 뚝 떨어지지만, 회사의 수익성을 나타내는 EPS나 PER 같은 지표는 전혀 좋아지지 않는 것이다.

전환사채 발행과
오버행 리스크

회린이   종목토론방이 난리가 났어. 회사가 전환사채를 발행한다고 공
시했는데, 주주들이 "지분 가치 다 떨어진다" "물량 폭탄 터진
다"면서 걱정하더라고. 아니나 다를까 오늘 주가가 10%나 빠
졌어. 전환사채가 그렇게 위험한 거야?

윤 회계사   주식 투자자 입장에서 전환사채 발행은 악재로 해석되는 경우
가 많아. 회사가 빚을 내는 건데, 그 빚을 나중에 현금이 아니라
주식으로 갚아야 할 수도 있거든.

회린이   빚을 주식으로 갚는다고? 그럼 내 주식은 어떻게 되는 거야?

윤 회계사   네가 가진 주식의 가치는 떨어지지. 특히 주가가 하락할 때 전

환가격을 낮춰주는 리픽싱 조항까지 있다면, 새로 찍어내야 할 주식 수가 엄청나게 늘어날 수 있어.

전환사채는 채권과 주식의 성격을 동시에 가진 메자닌 상품이다. 기본적으로는 이자를 받는 채권이지만, 주가가 오르면 채권을 주식으로 전환해 시세 차익을 얻을 수 있는 권리가 부여된다. 회사 입장에서는 낮은 이자율로 자금을 조달할 수 있다는 장점이 있지만, 기존 주주에게는 잠재적인 리스크가 된다.

가장 큰 문제는 오버행Overhang(잠재적 매도 물량)이다. 전환사채 투자자들은 회사와의 장기적인 동행보다 차익 실현이 목표인 경우가 많다. 주가가 전환가액보다 높아지면 언제든 주식으로 전환해 시장에 매도할 수 있기 때문이다. 즉, 주가가 오르면 대기하고 있던 매도 물량이 쏟아져 나와 주가 상승을 제한할 수 있다.

전환사채 발행이 주가와 기업가치에 어떤 영향을 미쳤는지 실제 사례를 통해 분석해보자.

사례 1 리픽싱 조항이 키운 오버행 우려

L사, 전환사채 전환가액 한도까지 조정… 풋옵션 '우려'

이차전지 양극활물질 제조사 L사가 전환사채 전환가액을 리픽싱 한도까지 조정했다. 주가 하락에 따른 전환가액 조정으로 이번이

두 번째다. 전환가액이 하락한 가운데 추가적인 잠재적 매도 물량(오버행) 우려가 나타나고 있다. 다만, 현재 주가가 전환가액보다 낮아 전환권 행사보다 풋옵션 가능성이 더욱 높은 상황이다.

16일 금융감독원 전자공시시스템에 따르면 L사는 지난 2021년 11월 15일에 발행한 1,000억 원 규모의 5차 전환사채 전환가액을 18만 2,268원에서 17만 7,462원으로 조정한다고 공시했다. 전환가액 하락에 따른 전환 가능 주식 수도 54만 8,642주에서 56만 3,500주로 늘었다. 이는 올해 3분기 말 기준 L사가 발행한 주식 총수(3,624만 7,825주)의 1.6%에 해당한다.

L사는 지난해 2월 15일 전환사채 전환가액을 한 차례 조정한 바 있다. 당시 전환사채 전환가액을 18만 6,802원에서 18만 2,268원으로 낮췄다. 그에 따른 전환 가능 주식 수는 53만 5,326주에서 54만 8,642주로 늘어난 바 있다. 두 차례의 전환가액 조정으로 잠재적인 매도 물량이 증가해 향후 오버행 우려가 커진 셈이다.

〈IB토마토〉 2023.11.16

이차전지 소재 기업 L사는 대규모 투자를 위해 전환사채와 교환사채를 발행했다. 하지만 전기차 업황 둔화로 주가가 하락세를 보이자, 리픽싱 조항이 작동했다. 리픽싱이란 주가가 하락하면 채권을 주식으로 바꿀 때 적용하는 가격(전환가액)을 낮춰주는 것을 말한다. 전환가격이 낮아지면 똑같은 빚을 갚더라도 발행해야 하는 주식의 수는 늘어난다.

사례 2 반복적인 메자닌 발행의 리스크

'전환사채 발행 → 전환가 낮추기 → 주가 반등'··· H사가 또?!

H사는 매년 대규모 전환사채와 신주인수권부사채를 발행, 회사에 필요한 자금을 조달하고 있다. 해당 메자닌을 인수하는 투자자들은 사모펀드와 기관, 또 누군지도 알 수 없는 개인까지 다양하지만 매번 조기 상환받거나 주식으로 전환해 이익을 챙긴다. 그 과정에서 피해를 보는 기존 주주들은 미식품의약국FDA 승인만 기다리고 있다. 매번 그 문턱을 넘지 못한 주력 신약은 내년에도 희망 고문을 안겨줄 전망이다.

H사는 지난 16일 기발행했던 330억 원 규모 39회 차 전환사채의 전환가액을 기존 5만 1,963원에서 4만 6,167원으로 하향 조정했다. 이는 주가 하락에 따른 것으로 전환가액은 주가 변동에 따라 재조정(리픽싱)할 수 있게 설계돼 있다. 주가 하락으로 전환가액이 낮아지는 만큼 이 채권으로 전환 가능한 주식 수 또한 증가하게 된다. 39회 전환사채의 전환가액은 최초 6만 5,953원이었지만 주가 하락에 계속 하향 조정되면서 현재 전환 가능해진 주식 수는 70만 주로 늘어난 상황이다. 현재 전환가액 4만 6,167원은 이 전환사채

바이오 기업 H사는 신약 개발을 위한 막대한 자금이 필요했기에 수년간 유상증자와 전환사채, 신주인수권부사채 발행을 반복해왔다. 이는 신약 개발을 위한 불가피한 선택이었지만, 그 과정에서 발행 주식 수가 계속 늘어나며 기존 주주들의 지분 가치는 희석될 수밖에 없었다.

실제로 전환사채 발행이나 전환 청구 공시가 나올 때마다 오버행 리스크가 부각되며 주가 변동성이 커지기도 했다. 이는 성장을 위한 자금 조달이라 하더라도, 그 빈도와 규모가 과하면 주주들에게 부담이 될 수 있음을 보여준다.

│ 투자자 체크 포인트 │

투자자가 가장 경계해야 할 기업은 전환사채와 신주인수권부사채를 습관적으로 발행하는 기업이다. 왜 습관성 발행이 위험할까?

1. 자생 능력이 없다는 증거다.

정상적인 기업은 영업활동으로 번 돈으로 재투자하거나, 은행에서 저금리로 대출을 받는다. 메자닌을 계속 찍어낸다는 것은 은행권 대출이 막혔을 만큼 신용도가 낮으며 영업활동 현금흐름이 좋지 않다는 방증이다.

2. 오버행(잠재적 매도 물량)이 영원히 해소되지 않는다.

메자닌을 자주 발행하는 기업은 주식으로 전환될 대기 물량이 끊임없이 쌓여 있다. 주가가 조금만 오르려 하면 채권자들이 주식으로 전환해 매도하기 때문에 주가는 유리천장에 갇히게 된다.

3. 머니 게임의 놀이터일 가능성이 높다.

본업과 무관한 투자조합들이 전환사채를 인수하고, 회사는 그 돈으로 타법인을 인수하거나 테마 사업에 진출한다고 홍보한다. 이 과정에서 주가를 띄워 채권자들은 차익을 챙겨 떠나고, 회사에는 껍데기와 빚만 남게 된다. 잦은 전환사채 발행은 기업 사냥꾼들이 가장 애용하는 자금 조달 루트임을 명심해야 한다.

영업이익 흑자 전환에도 순손실, 허상 흑자 논란

회린이   기업 실적을 분석하고 있는데 이해가 안 되는 부분이 있어. 영
업이익은 120억 원 흑자인데, 당기순이익은 300억 원 적자야.
본업에서 돈을 벌었는데 최종적으로는 손실이 났다는 게 무슨
의미야?

윤 회계사   본업의 경쟁력은 견조하지만, 재무구조나 투자활동 같은 영업
외적인 요인에서 문제가 발생했다는 뜻이야. 개인으로 비유하
면 연봉은 높은데, 주식 투자 실패나 과도한 대출 이자로 인해
자산이 줄어든 상황과 비슷하지.

회린이   아, 본업은 잘했는데 관리를 못한 거구나.

윤 회계사   맞아. 기업의 손익계산서 구조상 영업이익 아랫단에는 환율 변
동, 자산가치 하락, 이자비용 등 다양한 변수가 있어. 영업이익
과 당기순이익의 괴리가 클수록, 투자자는 그 원인이 일시적인
지 구조적인지 분석해야 해.

손익계산서의 구조를 다시 떠올려보자.

> 영업이익 = 매출액 − 매출원가 − 판매비와 관리비

매출액에서 매출원가와 판매비와 관리비를 뺀 금액인 영업이익은
기업 고유의 영업활동 성과를 나타낸다.

> 당기순이익 = 영업이익 + 영업외수익 − 영업외비용 − 법인세

영업이익에서 영업외수익을 더하고 영업외비용과 법인세를 뺀 당
기순이익은 최종적인 경영 성과다.
영업이익은 흑자인데 당기순이익이 적자라는 것은 본업에서 창출
한 이익을 모두 상쇄하고도 남을 만큼의 대규모 영업외비용이 발생
했음을 의미한다.
수익성 지표의 괴리가 발생했을 때, 이를 어떻게 해석해야 할까?
실제 사례를 통해 분석해보자.

사례 1 흑자 전환의 빛을 가린 이자와 손상차손

K사, 흑자 전환에도 순손실 규모는 그대로⋯왜?

종합 제지 업체인 K사가 2024년 1~3분기 흑자 전환을 달성했음에도 유의미한 당기순손익 개선을 이루지 못한 눈치다. 차입금 확대에 따른 이자비용과 환율 변동으로 인한 외환차손 증가, 유형자산 손상차손 인식 등이 복합적으로 작용한 결과다.

K사는 해당 분기에 기계장치 손상차손을 인식했다. 기계장치를 계속 사용하거나 매각할 경우 장부가액보다 자산가치가 낮을 것으로 예상돼, 그 부족분만큼을 손실로 처리한 것이다. 이에 따라 K사는 동 분기 총 81억 7,344만 원 규모 유형자산 손상차손을 반영했고, 이로 인해 기타영업외비용이 전년 동기보다 2,011.57% 증가했다.

여기에 금융비용 부담도 한몫했다. 2024년 1~3분기 K사의 이자비용은 131억 7,760만 원으로 전년 동기 대비 29.94% 늘었다. 단기 차입금이 지난해 말 598억 3,116만 원에서 올해 9월 말 기준 1,130억 8,998만 원으로 확대된 결과로 해석된다. 환율 역시 발목을 잡았다. 같은 기간 외환차손은 7억 6,353만 원에서 23억 3,336만 원으로 증가했다.

〈뉴스드림〉 2024.11.13

제지 및 생활용품 기업 K사는 2024년 영업이익 흑자 전환에 성공했다. 본업인 제지와 기저귀 사업 등에서 수익성을 개선한 덕분이었다. 하지만 당기순이익은 여전히 대규모 적자를 기록했다.

기사에 따르면 원인은 두 가지였다. 첫째, 보유 중인 기계장치의 가치가 하락해 이를 비용(유형자산 손상차손)으로 처리했고, 둘째, 차입금이 늘어나면서 나가는 이자비용이 급증했기 때문이다. 본업이 살아난 것은 긍정적이지만, 벌어들인 돈 중 많은 금액이 이자로 나가고 있다는 점은 여전히 리스크 요인이다.

사례 2 판관비 절감으로 만든 허상 흑자

D산업 '허상 흑자'… 흑자 포장 뒤 숨은 300억 적자

D산업이 3년 만에 연결 기준 영업이익 흑자 전환에 성공했지만 지난해 당기순손실 296억 원이라는 성적표를 받으며, 수익 구조 개선이 여전히 '반쪽짜리'에 머물러 있는 것으로 나타났다. 판관비 절감과 매출총이익 확대 등 의미 있는 변화를 이끌었지만, 고금리 기조와 투자자산 손상에 따른 충격은 그 이상의 속도로 재무 건전성을 훼손했다.

매출총이익은 2023년 570억 원에서 지난해 750억 원으로 179억 원 늘어났다. 같은 기간 판관비는 841억 원에서 631억 원으로 210억 원 줄었다. 영업이익 흑자 전환(391억 원 개선)의 53% 이상이 판관비 절감에서 비롯됐다는 계산이 가능하다.

다만 이는 구조적 혁신이 아닌, 일회성 비용 통제에 따른 결과로 보인다. 지난해 당기순손실은 전년(206억 원)보다 확대됐기 때문이다.

회계 항목별 손익 구조를 뜯어보면 D산업이 직면한 리스크가 보다 선명하게 드러난다. 2024년 금융비용은 393억 원으로 전년(290억 원) 대비 103억 원 증가했다. 이는 D산업이 기록한 영업이익(120억 원)의 3배가 넘는 규모다.

급격한 금융비용 증가는 단기차입금 증가와 고금리 환경의 결합에서 비롯됐다. 실제로 총차입금은 1년 만에 2조 2,233억 원에서 3조 120억 원으로 44% 넘게 증가했다.

〈뉴스웨이브〉 2025.4.7

철강 기업 D산업은 2024년 120억 원의 영업이익을 기록하며 흑자를 냈다. 하지만 당기순이익은 300억 원대 적자였다. 기사는 이를 두고 '허상 흑자'라고 비판했다. 영업이익 흑자마저도 매출 성장이 아니라 판관비를 줄여서 만든 것이었고, 그마저도 막대한 이자비용을 감당하기에는 턱없이 부족했기 때문이다. 영업이익만 보면 흑자 기업 같지만, 속을 들여다보면 영업이익으로 이자도 갚기 힘든 상황이었다.

| 투자자 체크 포인트 |

영업이익보다 당기순이익이 작을 때 투자자는 주석을 통해 아래 두 가지를 확인해야 한다.

1. 단순한 평가손실인가, 경쟁력 약화의 신호인가?

'투자자산 평가손실'이나 '외화환산손실'처럼 단순히 장부상 자산 가치를 깎아내린 것이라면, 당장 현금이 나가는 것은 아니다. '당기손익-공정가치측정금융자산평가손실'은 보유 중인 주식 가격이 떨어져서 장부상으로만 손해를 기록한 것뿐이다. 외화환산손실 역시 환율 변동에 따른 장부상 평가액의 변화일 뿐 실제 현금이 나가지 않는다.

이처럼 비현금성 비용들은 현금흐름을 악화시키지 않는다. 또한 이런 손실은 확정된 것이 아니며, 향후 주식이나 환율의 반전에 따라 미래에는 언제든 평가이익으로 환입될 수 있다. 따라서, 이러한 요인들로 인한 일시적인 당기순손실은 기업가치에 큰 영향을 미치지 않을 수 있다.

다만, 똑같은 비현금성 비용이라도 '유형자산 손상차손'은 성격이 조금 다르다. 당장 현금이 나간 것은 아니지만, 이는 회사가 보유한 기계나 설비 등이 제 가치를 못 할 정도로 본업의 경쟁력이 나빠졌음을 의미하기 때문이다. 즉, 미래의 현금 창출 능력이 훼손되었다는 신호가 될 수 있다.

'무형자산 손상차손'도 마찬가지다. 비싼 돈을 주고 인수한 기업이 기대만큼 돈을 벌지 못해 영업권을 깎아내렸거나, 야심 차게 개발하던 신기술이 결국 상용화에 실패해 개발비를 손실 처리했다는 뜻이기 때문이다. 이는 단순히 장부상의 수치 감소를 넘어, 회사의 미래 성장 전략이 실패했다는 의미가 될 수 있다.

2. 이자보상배율이 1배 미만인가?

가장 우려해야 할 상황은 D산업처럼 이자비용이 영업이익보다 더 커서 당기순손실이 발생한 경우다. 즉 이자보상배율이 1배 미만이라는 의미다. 이는 회사가 벌어들인 돈으로 차입금 이자조차 감당하지 못하는 구조적 부실을 의미한다. 특히 금리 인상기에는 이런 한계기업의 리스크가 극대화되므로, 부채 상환 능력을 최우선으로 점검해야 한다.

앞서 말한 것처럼 환율이나 주식 평가 등 외부 변수에 의한 일시적인 당기순손실은 기업가치에 미치는 영향이 제한적일 수 있다. 하지만 영업이익으로 금융비용을 감당하지 못해 발생하는 만성적인 순손실은 기업의 생존을 위협한다.

단기차입금 급증,
이자 부담 눈덩이

회린이   재무제표를 보는데 좀 이상해. 부채비율은 작년이랑 비슷한데, 단기차입금이라는 게 갑자기 3배나 늘었어. 어차피 갚아야 할 빚인 건 똑같은데, 단기든 장기든 무슨 상관이야?

윤 회계사   빚이라고 다 같은 빚이 아니야. 네가 은행에 돈을 빌릴 때 "10년 뒤에 갚으세요"라는 말과 "내년까지 갚으세요"라는 말이 같을까?

회린이   당연히 내년까지 갚는 게 훨씬 무섭지. 못 갚으면 큰일 나니까.

윤 회계사   바로 그거야. 단기차입금 비중이 급격히 늘어났다는 건, 회사가 장기 자금을 조달할 능력을 상실했거나 당장 갚아야 할 유동성 압박이 심해졌다는 신호일 수 있어.

부채의 '총량'만큼 중요한 것이 부채의 '만기'다. 갚을 날짜가 코앞에 닥친 빚이 많을수록 기업의 숨통을 조여오기 때문이다.

재무상태표의 부채는 상환 기한에 따라 유동부채(1년 이내 만기)와 비유동부채(1년 이후 만기)로 분류된다. 이 중 유동부채의 급증은 아래 두 가지 이유로 투자자들이 유의해야 한다.

1. 차환 위험의 증가

단기차입금은 만기가 1년 이내로 매우 짧다. 만약 만기 시점에 회사의 신용도가 하락하거나 금융 시장이 경색돼 만기 연장(롤오버)에 실패하면, 회사는 채무불이행 상태에 빠지게 된다.

2. 자금 조달 비용의 상승

기업은 이자율이 낮고 안정적인 장기 차입을 선호한다. 단기 차입 의존도가 높아졌다면 신용도가 하락해 장기 자금 조달이 불가능해졌거나, 급전을 융통해야 할 만큼 자금 사정이 다급해졌음을 의미한다. 이런 구조는 고금리 부담으로 이어져 수익성을 악화시킬 수 있다.

감당할 수 없는 빚이 기업을 어떤 상황으로 내모는지 실제 사례를 통해 확인해보자.

사례 1 차입금 상환을 위한 핵심 사업부 매각

'부채비율 3,500%' H화학, 1.3조 수혈 가시권… 다음은 베트남 법인 정상화

H화학의 특수가스 사업부 매각이 9부 능선을 넘기면서 현금 유동성에 숨통이 트일 전망이다. 최종 매각으로 1조 3,000억 원의 현금을 확보하면 화학 시황 부진으로 촉발된 '부채비율 3,500%'를 낮출 수 있게 된다. 재무 건전성 악화를 키운 베트남 법인 지분 매각이 추가로 진행된다면 H화학의 정상화 진입도 한층 빨라질 것으로 보인다.

H화학은 재무 건전성 확보와 투자 재원 확보를 위해 특수가스 사업부 매각을 꺼냈다. 올해 1분기 기준 부채비율은 3,486%에 달한다. 만기가 1년 이내인 유동부채는 2조 5,577억 원으로 지난해 말 (2조 1,475억 원) 대비 4,000억 원 이상 늘었다. 무엇보다 영업활동만으로 현금 유동성 확보가 쉽지 않다. 지난 2021년 4분기를 시작으로 10개 분기 연속 적자를 이어가고 있다.

〈뉴스1〉 2024.7.15

H화학은 베트남 공장 설비 투자 과정에서 차입금이 급증했다. 설상가상으로 업황 부진이 겹치며 적자가 누적됐고, 부채비율은 3,500%에 육박하는 위험 수준에 도달했다. 특히 1년 이내 갚아야 하

는 유동부채가 4,000억 원 이상 늘었다.

이자비용을 감당하기 어렵고 차입금 상환 압박이 거세지자, 회사는 결국 재무구조 개선을 위해 알짜 사업부인 특수가스 사업부의 매각을 결정했다. 과도한 차입금이 기업의 핵심 경쟁력까지 포기하게 만든 사례다.

사례 2 영업이익을 넘어선 금융비용

위기의 L그룹… 영업이익으로 이자 감당 못하는 계열사 5곳

최근 유동성 위기설이 불거진 L그룹의 계열사 5곳이 영업이익으로 이자도 내지 못하는 것으로 나타났다. 이들은 모두 1~3분기 누적 기준 3년간 이자보상배율이 1 미만이었다.

이자보상배율은 영업이익을 대출이자 등 금융비용으로 나눈 값이다. 이 수치가 1보다 작으면 연간 영업이익으로 이자도 감당할 수 없는 '잠재적 부실기업'임을 의미한다.

최근 L그룹은 계열사 A를 발화점으로 유동성 위기설이 불거졌고 이를 만회하기 위해 토지 자산 재평가, 부진 사업 매각으로 자구책을 찾고 있다.

현재 가치 6조 원 대로 추산되는 L타워도 은행권에 담보로 내놨다. 계열사 A의 회사채 신용도를 끌어올리기 위해서다. 계열사 B는 실적이 부진한 점포를 매각한다. 또 계열사 C는 호텔 브랜드의 자산

L그룹의 주요 상장사 중 A를 포함한 계열사 5곳이 영업이익으로 이자비용조차 감당하지 못하는 상태인 것으로 나타났다. 특히 계열사 A는 업황 부진과 과거 대규모 M&A로 인한 차입금 증가가 맞물리면서 금융비용이 눈덩이처럼 불어났다.

버는 돈보다 나가는 이자가 더 많은 상황이 지속되자, 시장에서는 유동성 위기에 대한 우려가 제기됐다. 이는 아무리 덩치가 큰 대기업이라도 과도한 차입금과 이자 부담 앞에서는 흔들릴 수 있음을 보여준다.

투자자 체크 포인트

보유 종목의 유동부채 또는 단기차입금이 전년 대비 유의미하게 증가했다면, 투자자는 사업보고서를 열어 다음 세 가지를 순서대로 확인해야 한다.

1. 이자보상배율과 유동비율

가장 먼저 볼 것은 이자보상배율이다. 영업이익을 이자비용으로 나눈 값이 1배 미만인 상태가 지속된다는 것은 벌어들인 돈으로 이자도 못 갚는 상태임을 의미한다.

다음으로 유동비율을 확인한다. 1년 안에 갚아야 할 모든 빚이 1년 안에 현금화할 수 있는 자산보다 많다면 위험할 수 있다.

2. 차입금의 만기 구조와 조달처

주석 사항의 차입금 상세 내역을 통해 돈을 어디서 빌렸는지 확인한다. 제1금융권이라면 그나마 다행이지만, 제2금융권이나 대부업체의 비중이 늘어나고 있다면 신용도가 바닥을 쳤다는 증거다.

3. 이자율의 추이

마지막으로 주석에 적힌 차입금의 연 이자율을 점검한다. 작년에는 3%대에 빌렸는데 올해 빌린 돈은 7%, 8%를 넘어가고 있다면? 이는 시장 금리 상승분을 감안하더라도 회사의 신용 위험이 급격히 높아졌거나, 자금 사정이 매우 급박하다는 것을 의미한다.

매출채권 회수 지연,
현금흐름 빨간불

회린이　내가 보고 있는 이 회사 말이야. 물건은 엄청 잘 팔린다고 뉴스
에 나오는데 주가는 왜 자꾸 떨어지지? 사람들이 "돈이 안 돈
다"고 걱정하던데, 매출이 늘면 당연히 돈도 많이 들어오는 거
아냐?

윤 회계사　외상으로 물건을 많이 팔면 장부상 매출액은 엄청나게 늘어나
지. 하지만 실제 현금은 한 푼도 안 들어왔을 수도 있어.

회린이　그럼 장부엔 이익이 났다고 되어 있어도 정작 회사 금고는 텅
비어 있을 수도 있다는 거야?

많은 투자자가 매출이 늘어나면 기업이 성장하고 있다고 생각한다. 실제로 대부분의 경우 그렇다. 하지만 매출은 발생주의에 따라 기록되는 숫자다. 즉, 물건이나 서비스를 제공하기만 하면 실제로 현금이 들어왔는지와 관계없이 매출로 인식될 수 있다.

이 점을 이용해 연말에 매출을 앞당기거나, 회수 가능성이 낮은 거래처에 외상으로 물건을 판매하면서 단기적으로 매출을 키우는 경우도 있다. 이때 회사 장부에는 매출이 늘어나지만, 통장으로 들어오는 현금은 없다. 대신 매출채권만 급격히 늘어난다.

이 매출채권과 함께 봐야 할 항목이 대손충당금이다. 회계에서는 '못 받을 가능성이 있는 금액은 미리 반영하자'는 원칙이 있다. 그래서 실제로 돈을 떼인 뒤에 비용 처리하는 것이 아니라, 못 받을 가능성이 생기는 시점에 미리 비용으로 반영한다. 이것이 대손충당금이다.

예를 들어 매출채권이 1,000억 원이라면, 그중 100%를 모두 회수할 수 있다고 가정하는 기업은 드물다. 과거 경험상 2~3% 정도는 회수가 어렵다고 가정하고 그만큼을 대손충당금으로 미리 비용 처리한다.

이제 매출과 매출채권, 대손충당금의 관계가 이해됐다. 매출 성장 뒤에 숨은 현금흐름의 악화를 보여주는 실제 사례를 살펴보자.

사례 1 M&A까지 가로막은 미수채권

I사, 매출 절반이 채권… M&A 무산 배경에 '미수채권 리스크' 논란

콘택트렌즈 제조 업체 I사의 대주주 지분 매각이 불발된 가운데 회사의 과도한 매출채권 규모가 딜 브레이커Deal Breaker로 작용했을 가능성이 제기된다. 사실상 회수가 어려운 부실 채권임에도 이를 손실로 설정하지 않아 실사 과정에서 투자자의 신뢰를 떨어뜨렸다는 것이다. 대주주 측은 매각 대금으로 대규모 주식담보대출을 상환할 예정이었으나 거래가 무산되면서 궁지에 몰리게 됐다.

실제로 올해 상반기 I사의 매출채권 연령 분석 내역을 보면 만기 1년이 지난 채권의 대손충당금 설정률이 20.9%에 그쳤다. 지난해 말 기준으로도 26.2%에 불과했다. 만기 2년을 초과해서야 충당률을 100%로 설정했다. 이는 콘택트렌즈라는 업종의 특수성을 고려하더라도 과하게 낙관적이다. 여타 제조자개발생산ODM·주문자상표부착생산OEM 업체들은 만기 1년만 지나도 전액을, 6개월~1년 초과분은 70% 이상을 충당금으로 처리한다.

〈블로터〉 2025.9.16

콘택트렌즈 제조사 I사는 꾸준한 매출 성장을 이어왔지만, 그 이면에는 심각한 매출채권 리스크가 숨어 있었다. 2024년 I사의 매출채권 회전율은 1.76회로, 동일 산업군 평균인 4.5~5.5회와 비교하면 현저히 낮은 수준이다.

⇨ I사 매출채권회전율 추이

(단위: 회)

	2024년	2023년	2022년	2021년	2020년
매출채권회전율	1.76	1.67	1.8	2.06	1.9

매출채권회전율이 1.76회라는 것은 매출채권을 회수하는 데 평균 207일(365일÷1.76회)이 걸린다는 의미다. 매출채권 회수 기간이 길면 그만큼 자금 운용 부담과 대손 위험이 커진다.

이처럼 현금화되지 않는 매출이 누적되자 I사의 실적에 대한 신뢰도는 점차 훼손됐다. 결국 이러한 미수채권 리스크는 기업가치 평가에 부정적으로 반영됐고, 대주주의 지분 매각 협상마저 무산되는 결과로 이어졌다.

사례 2 외형 성장 뒤 쌓인 매출채권

T사, 외상값 절반이 '부실 채권'… 충당금도 부족

화장품 기업 T사가 회수하지 못한 외상 매출채권이 절반을 넘어서며 재무 불안정성 우려가 커지고 있다. 특히 1년 이상 연체된 고위험 채권이 전체의 5분의 1에 달하는 데다, 이를 흡수할 손실충당금마저 충분하지 않아 향후 회수 가능성에 대한 불확실성이 더욱 짙어지고 있다는 지적이다. 26일 금융감독원 전자공시시스템에 따르면 T사의 올해 3분기 말 기준 매출채권과 기타채권은 총 481억 원으로 전년 말 316억 원 대비 52.2% 급증했다.

실제 T사가 연체된 매출채권과 기타채권에 대비해 쌓은 손실충당금은 101억 원에 불과하다. 전년 말(96억 원)보다 5.2% 늘었지만 같은 기간 연체채권이 39.9% 증가한 것에 비하면 턱없이 부족한 수준이다. 충당금 적립이 채권 부실 규모를 따라가지 못하면서 향후 대규모 제각이 발생할 경우 그만큼 비용 부담이 커져 순이익을 직접적으로 훼손할 가능성이 높다.

〈이데일리〉 2024.11.26

화장품 브랜드 T사는 다이소 입점과 수출 호조로 매출 성장세를 보였다. 하지만 매출채권의 건전성에 경고등이 켜졌다. 기사에 따르면 T사의 연체채권이 전년 대비 39.9% 증가한 것으로 나타났다. 매출 외형은 커졌지만, 실제 현금으로 회수되지 않는 부실 채권이 쌓이고 있다는 뜻이다.

만약 이 채권들의 회수가 어렵다고 판단되면 회사는 대규모 대손충당금을 쌓아야 하며, 이는 향후 영업이익을 급감시키는 요인으로 작용한다.

| 투자자 체크 포인트 |

매출이 급증했다면, 투자자는 다음 세 가지를 차례대로 확인해 매출의 실체를 검증해야 한다.

1. 매출채권회전율

매출이 증가했다면 가장 먼저 확인해야 할 지표는 매출채권회전율이다. 건전한 기업이라면 매출이 늘어나도 매출채권회전율은 큰 변화 없이 유지된다.

반대로 매출채권회전율이 눈에 띄게 하락하고 있다면 주의해야 한다. 이는 제품은 많이 팔았지만, 그만큼의 현금은 제때 들어오지 않고 있다는 뜻이다. 회전율 하락은 거래처의 지급 능력 악화 또는 실적을 만들기 위한 무리한 외상 판매의 신호일 수 있다.

2. 영업활동 현금흐름

손익계산서상 영업이익은 흑자인데, 지속적으로 영업활동 현금흐름이 마이너스를 기록하고 있다면, 이익의 대부분이 매출채권이나 재고자산에 묶여 있을 가능성이 있다.

3. 대손충당금 설정률

재무제표 주석에서 매출채권 및 대손충당금 내역을 확인한다. 매출채권 대비 대손충당금 설정 비율이 경쟁사보다 낮거나, 과거 대비 급격히 줄어들었다면 부실 채권에 대한 대손충당금 설정을 미루고 있는 것은 아닌지 의심해봐야 한다.

매출이 아무리 늘어도 현금이 들어오지 않는다면 겉만 화려할 뿐 실속은 없는 성장에 불과하다. 매출 증가 뉴스를 볼 때는 반드시 매출채권의 건전성과 영업활동 현금흐름을 함께 확인해서 그 성장이 지속 가능한지 확인해야 한다.

영업권 손상차손,
자회사가 만든 회계 쇼크

회린이   손익계산서를 보는데 좀 이상해. 영업이익은 분명 흑자인데, 당
기순이익이 마이너스 5,000억 원이나 돼. 주석을 보니까 영업
권 손상차손 때문이라는데, 이거 우리가 3장에서 배웠던 그 '영
업권' 맞지?

윤 회계사   기억하고 있구나. 맞아. 기업을 인수할 때 얹어준 웃돈을 영업
권이라고 했지? 그땐 자산이었지만, 지금은 그 가치가 사라졌
다고 판단해서 비용으로 털어버린 거야. 쉽게 말해 "과거에 비
싸게 주고 샀던 회사가 제값을 못 하고 있습니다"라고 경영진
이 회계적으로 자백한 셈이지.

앞서 우리는 기업이 다른 회사를 인수할 때 순자산가치보다 더 지불한 금액을 영업권이라는 무형자산으로 기록한다고 배웠다.

문제는 인수 이후다. 회계기준은 매년 이 영업권의 가치가 유효한지 확인하는 손상 검사를 의무화하고 있다. 경영진은 피인수 기업의 미래 현금흐름을 추정해보고, 만약 사업 성과가 당초 기대에 미치지 못한다고 판단되면 장부상 가치를 감액해야 한다.

이때 발생하는 비용이 바로 영업권 손상차손이다. 이는 현금이 유출되지 않는 비현금성 비용이지만, 손익계산서상 당기순이익을 급감시키고 재무상태표의 자본총계를 훼손하는 중대한 재무적 사건이다. 즉, 과거의 고평가된 투자가 현재의 실적 악화로 돌아오는 구조다.

인수합병이 어떻게 회계적 손실로 이어졌는지 실제 사례를 통해 확인해보자.

사례 1 인수 당시 기대치와 실적의 괴리

E사, 매출 선방에도 순손실 9,000억··· G사가 만든 회계 쇼크

국내 대형마트 E사가 유통 업황 악화 속에서도 별도 기준 매출 성장세를 보였다. 그러나 지난해 인수한 G사의 가치 재평가 과정에서 손상차손이 발생하면서 9,000억 원에 달하는 당기순손실을 기록했다. 향후 E사는 G사의 시장 경쟁력 확보에 집중해나갈 것으로 전망된다.

G사는 E사에 인수된 이후 지속적인 적자를 이어왔다. 2022년 영업이익은 655억 원, 2023년 320억 원, 2024년 674억 원 손실을 기록했다. 매출액도 2022년 1조 3,185억 원, 2023년 1조 1,967억 원, 2024년 9,612억 원으로 매년 감소했다. 지속적인 적자 발생으로 인해 G사는 기업가치가 인수 이전보다 하락하면서 9,000억 원을 넘어서는 손상차손이 발생했다.

〈IB토마토〉 2025.4.11

E사는 2021년 이커머스 경쟁력 강화를 위해 G사를 3조 4,000억 원에 인수했다. 당시에는 전통 유통 강자가 디지털 전환을 위해 던진 승부수로 평가받았다.

그러나 인수 이후 이커머스 시장의 경쟁 심화로 G사의 실적 성장이 정체되자, E사는 2024년 결산 시점에서 G사의 가치를 재평가했다. 그 결과 9,000억 원에 달하는 대규모 손상차손을 인식했다. 이로 인해 E사는 본업에서 영업이익을 냈음에도 불구하고, 대규모 당기순손실을 기록하게 됐다. 이는 인수 당시의 기대수익률과 실제 성과 간의 괴리가 회계적 손실로 현실화된 사례다.

이 사례에서 인식된 손실의 정확한 계정과목은 연결 재무제표상의 영업권 손상차손이 아니라, 별도 재무제표상의 종속기업투자주식손상차손이다. 앞서 이 개념을 설명한 적이 없는데, 그만큼 난도가 높고 까다로운 내용이기 때문이다. 지금 단계에서 이를 이해할 필요는 없다. '연결이 아닌 별도 재무제표에서는 이런 이름으로 부르기도 하는구나' 정도로 가볍게 알고 넘어가자.

사례 2 고금리 여파로 인한 영업권 손상차손

N사, 작년 4분기 매출 6,490억 원… 무형자산 손상으로 당기순손실 1,667억 원

N사는 2023년 4분기 연결 기준 매출 6,490억 원, 영업이익 352억 원을 기록했다고 13일 밝혔다. 전년 동기 대비 매출은 2.5% 감소했으나 영업이익은 87.2% 증가했다. 전 분기와 비교하면 매출은 0.3% 증가했지만 영업이익은 46.3% 감소했다. 무형자산 손상 처리로 당기순손실 1,667억 원을 기록했다.

〈비즈니스플러스〉 2024.2.13

N사는 2021년 글로벌 소셜카지노 게임사 S사를 2조 5,000억 원에 인수했다. 포트폴리오 다변화를 위한 전략적 결정이었다. 하지만 이후 금리 인상과 경기 침체로 인해 S사의 성장세가 둔화하자, N사는 보수적인 관점에서 자산가치를 재산정했다. 2023년 4분기 실적을 보면 영업이익은 352억 원 흑자였지만, 무형자산(영업권 등) 손상차손을 반영하며 당기순이익은 마이너스 1,667억 원으로 적자를 기록했다.

│ 투자자 체크 포인트 │

대규모 인수합병을 단행한 기업에 투자할 때는 인수 효과뿐 아니라 잠재적인 재무 리스크도 함께 고려해야 한다.

하지만 영업권의 가치를 사업별로 하나하나 따져보는 것은 현실적으로 쉽지 않다. 영업권은 개별 사업 단위가 아니라 여러 사업이 묶인 포트폴리오(현금 창출 단위)에 배분돼 평가된다. 이론적으로는 해당 현금 창출 단위의 성과를 보면 되지만, 그 구성과 손익이 외부에 상세히 공시되지 않는 경우가 많다.

따라서 투자자가 영업권 리스크를 판단하는 가장 현실적인 기준은 자본 대비 영업권의 비중이다. 자본에 비해 영업권 규모가 지나치게 크다면 투자에 유의해야 한다. 이 경우 대규모 영업권 손상차손이 발생하면 자본 잠식으로 이어질 위험이 있다.

영업권 손상차손은 기업이 과거의 투자 의사결정이 실패했음을 회계적으로 인정하는 사건이다. 이는 현금 유출이 없다는 점에서는 다행이지만 경영진의 안목에 대한 시장의 신뢰를 떨어뜨릴 수 있다.

자사주 매입,
진정한 주주 환원일까?

회린이   '주주 가치 제고를 위해 자사주 1,000억 원 취득 결정'이라는 뉴스가 떴어. 회사가 자기주식을 살 만큼 자신감이 있다는 뜻이니까 호재 맞지?

윤 회계사 반은 맞고 반은 틀려. 회사가 자기주식을 사는 취득만으로는 주가 상승에 한계가 있어. 진정한 호재가 되려면 산 주식을 없애 버리는 소각까지 이어져야 해.

회린이   없앤다고? 비싸게 산 걸 왜 없애?

윤 회계사 주식을 소각해야 전체 주식 수가 줄어들고, 그래야 남아 있는 주식의 가치가 올라가기 때문이야.

주주 환원 정책의 핵심은 배당과 자사주 소각이다. 자사주는 '자기(自) 회사(社) 주식(株)'의 줄임말이다. 뉴스에서는 자사주라고 표현하지만 사업보고서에는 자기주식으로 표시된다. 투자자는 자사주 매입과 자사주 소각의 차이를 명확히 구분해야 한다.

1. 자사주 매입(취득)

회사가 시장에서 자기주식을 사들이는 것이다. 당장 수급이 개선돼 주가에 긍정적일 수 있지만, 매입한 주식은 회사 금고에 '자기주식'으로 남게 된다. 이는 언제든 시장에 다시 매각될 수 있는 잠재적 물량이다. 따라서 소각이 전제되지 않은 매입은 진정한 의미의 주주 환원이라 보기 어렵다.

2. 자사주 소각

회사가 보유한 자사주를 영구히 없애버리는 것이다. 전체 발행 주식 수가 줄어들기 때문에, 기존 주주가 보유한 1주당 순이익과 지분율이 상승하는 실질적인 가치 제고 효과가 발생한다. 애플이나 마이크로소프트 같은 글로벌 기업의 주가가 장기적으로 우상향할 수 있었던 것은 본업의 이익 성장과 더불어 지속적인 자사주 소각 정책 덕분이라고 할 수 있다.

자사주 매입과 소각이 어떻게 다른지 실제 사례를 통해 확인해보자.

사례 1 적극적 주주 환원 정책

메리츠금융지주, 5,514억 원 자사주 소각… 추후 7,000억 원 추가 소각도

메리츠금융지주가 5,514억 원에 달하는 자사주 소각에 나선다. 20일 공시에 따르면 메리츠금융지주는 자기주식 취득 신탁계약을 통해 취득한 자사주 전량을 소각하기로 했다. 해당 신탁계약은 지난 3월 26일 체결됐으며, 이날 해지 후 회사로 귀속된 자사주를 소각하는 것이다.

이번에 소각되는 자사주는 총 479만 2,700주로, 금액으로 따지면 5,513억 9,606만 5,350원에 달한다. 소각 예정일은 오는 29일이다. 회사 측은 주주 가치 제고를 위해 자사주 소각을 진행한다고 언급했다.

〈디지털투데이〉 2024.8.20

메리츠금융지주는 국내 시장에서 선도적인 주주 환원 모델을 보여주는 기업으로 꼽힌다. '당기순이익의 50%를 주주에게 환원하겠다'는 정책을 발표한 후, 실제로 2024년에만 1조 원이 넘는 자사주를 매입해 소각했다. 이는 회사의 잉여현금을 활용해 주식 수를 줄임으로써 주당 가치를 높이겠다는 경영진의 의지가 반영된 결과다.

시장은 이런 투명하고 적극적인 환원 정책을 긍정적으로 평가했고, 이는 주가 재평가로 이어졌다.

사례 2 자사주 활용을 둘러싼 갈등

"자사주는 소각 대상이지 매각 수단 아니다"… 소액 주주들 집단 반발

D사가 자사주를 활용한 사모 교환사채 발행에 나서자 소액 주주들이 강하게 반발하고 있다. "자사주는 소각의 대상이지 매각 수단이 될 수 없다"며 주주 가치 훼손을 중단하라는 요구다.

D사는 보유 중인 자사주 416만 주 가운데 222만 주를 교환 대상으로 설정, 1,094억 원 규모의 사모 교환사채를 발행할 계획이다. 회사 측은 "주주 가치 희석을 최소화하면서도 안정적 자금 조달을 도모하는 방안"이라는 입장이지만, 소액 주주 연대는 "자사주 활용이 주주 환원 효과를 약화하는 결과로 이어질 수 있다"며 우려를 표시했다.

〈위메이크뉴스〉 2024.8.31

반도체 파운드리 기업 D사는 자사주를 매입해 보유하고 있었으나, 이를 소각하는 대신 교환사채EB, Exchangeable Bond 발행 등의 자금 조달 수단으로 활용하려는 움직임을 보였다. 교환사채란 채권 발행사의 주식(자사주 또는 타사 주식)으로 교환할 수 있는 권리가 부여된 채권을 말한다.

이에 주주들은 "자사주 매입의 취지는 주주 가치 제고인데, 이를 다시 시장에 유통해 자금을 조달하는 것은 주주 이익에 반한다"며 반발했다. 자사주를 소각하지 않고 보유할 경우, 경영진의 필요에 따라 언제든 우호 지분 확보나 자금 조달 수단으로 활용될 수 있다는 자사주 리스크가 부각된 사례다.

┃ 투자자 체크 포인트 ┃

해당 기업이 주주 친화적인 기업인지 확인하고자 할 때 투자자는 다음 세 가지를 확인해야 한다.

1. 총주주환원율

배당수익률뿐 아니라 총주주환원율을 확인해야 한다. 이 비율이 높을수록 주주 친화적인 기업이다.

> 총주주환원율 = (배당금 총액 + 자사주 소각 금액) ÷ 당기순이익

2. 자사주 취득 공시의 목적

'자기주식 취득 결정' 공시에서 취득 목적을 확인한다. 소각 계획

이 명시되지 않았다면, 향후 재매각 가능성이 열려 있다. 이익 소각, 주식 소각이라는 내용이 있다면 주식 수를 줄이겠다는 명확한 의사 표현이므로 긍정적이다.

3. 보유 자사주 비중

사업보고서의 '주식의 총수 등' 항목을 통해 회사가 보유한 자사주 수량과 비중을 확인한다. 만약 자사주 비중이 높은데도 이를 소각하지 않고 장기간 보유하고 있다면 주의가 필요하다. 향후 해당 물량이 시장에 출회될 가능성이 있기 때문이다.

미국 등 선진 자본 시장에서는 자사주 매입이 곧 소각을 의미하는 경우가 많지만, 한국 시장에서는 매입과 소각이 별개인 경우가 많다. '자사주를 샀다'는 뉴스에 안심하기보다, 그 자사주를 '어떻게 처리할 것인가'에 대한 회사의 계획을 확인하는 것이 중요하다. 진정한 주주 가치 제고는 매입이 아닌 소각에서 완성되기 때문이다.

물적 분할,
개미들이 눈물짓는 이유

회린이　관심 있게 보던 기업이 배터리 사업부를 분할한다고 발표하네. 회사가 커져서 사업부를 독립시키는 거라는데, 그럼 호재라고 봐야 해?

윤 회계사　회사의 성장 측면에서는 효율적일 수 있지만, 기존 주주 입장에서는 경계해야 할 신호야. 핵심 사업부가 떨어져 나가서 별도 상장까지 하게 되면, 기존 회사의 기업가치가 떨어지는 현상이 발생하거든.

회린이　회사가 잘돼서 상장하는 건데 왜 내 주식 가치가 떨어져?

윤 회계사　투자자는 핵심 사업부의 성장성을 보고 그 회사 주식을 산 거잖아? 그런데 그 사업부가 따로 상장되면, 투자자들은 굳이 기존 회사 주식을 들고 있을 이유가 없어지거든.

핵심 사업부를 떼어낸다고 해서 무조건 주가가 떨어지는 것은 아니다. 중요한 건 '분할되는 방식'이다. 내가 가진 주식의 가치가 보존될지, 아니면 껍데기만 남을지는 기업이 선택한 분할 방식에 따라 결정된다.

주주 입장에서 가장 눈여겨봐야 할 차이는 단 하나다. '새로 생기는 회사의 주식을 기존 주주인 나에게도 주는가?'다. 이 질문에 대한 답에 따라 기업 분할은 크게 두 가지로 나뉜다.

1. 인적 분할

회사를 A(존속)와 B(신설)로 나눌 때, 기존 주주들에게도 지분율대로 B사의 주식을 나눠주는 방식이다. 주주는 두 회사의 주식을 모두 직접 소유하게 되므로 주주 가치 훼손이 거의 없다.

2. 물적 분할

회사를 나눌 때, B사(신설)의 주식을 기존 주주가 아닌 A사(존속)가 100% 소유하는 방식이다. 기존 주주는 B사의 주식을 한 주도 받지 못한다. 물론 A가 B를 지배하므로 간접적으로 소유하는 셈이지만, 문제는 재상장[IPO]이다. 알짜 자회사인 B가 주식 시장에 따로 상장되면,

모회사 A의 가치는 중복 계산 이슈로 인해 시장에서 할인 거래되는 경향이 강하다.

이제 주주 입장에서는 물적 분할을 경계해야 된다는 것을 알았다. 그럼 물적 분할 후 재상장 이슈가 시장에 어떤 파장을 일으켰는지 실제 사례를 통해 확인해보자.

사례 1 L사의 배터리 사업 분할 충격

"105만 원 L사 주식, 62만 원 됐다"… 개미 울린 물적 분할 잔혹사
"배터리 산업의 미래를 위해서 투자한 개미들이 대부분인데 알짜 기업을 떼어서 회사를 만드는 것 자체가 불법입니다. 더구나 상장하게 되면 개미들이 더 큰 피해를 받게 됩니다."
지난 13일 청와대 국민청원 게시판에 올라온 글의 일부다. 소액 주주의 권리를 보호하기 위해 기업의 물적 분할을 법으로 금지해달라는 내용이다. 올해 국민청원 게시판에는 이와 유사한 내용의 게시물이 10여 건 이상 올라왔다.
최근 주요 기업들이 핵심 사업부를 떼어내 자회사를 설립하는 물적 분할을 추진하는 경우가 잇따르자 개인 투자자의 반발이 커지고 있다. 신설 회사를 상장하는 과정에서 모회사의 주가가 급락하고 있기 때문이다. 기업들은 신사업 투자 재원을 마련하기 위한 최

2020년, L사는 배터리 사업 부문을 물적 분할해 자회사를 설립했다. 당시 주주들은 배터리 사업의 성장성을 보고 L사에 투자했으나, 분할로 인해 배터리 사업 주식을 직접 보유할 기회를 잃게 된다며 반발했다. 우려는 현실이 됐다. 신생 자회사가 상장하자마자 배터리 투자를 원하는 자금은 자회사로 쏠렸고, 모회사의 주가는 고점 대비 크게 하락했다. 이 사건은 물적 분할이 기존 주주에게 미치는 부정적 영향을 단적으로 보여주는 사례다.

사례 2 주주 달래기에 나선 S사

물적 분할 돌파구 찾은 S사… "자회사 IPO 때 주식 교환 추진"

S사가 배터리 사업 부문 자회사의 상장 시점에 맞춰 두 회사 주식을 교환하는 방안을 추진한다. 자회사 IPO에 따른 투자 성과가 모회사 주주들에게도 돌아갈 수 있도록 해 물적 분할 과정에서 제기될 수 있는 시장의 불만을 해소하려는 의도다.

〈한국경제〉 2023.3.30

S사 역시 배터리 사업부를 물적 분할 하면서 주주들의 거센 비판을 받았다. "알짜 사업만 떼어가고 주주 가치는 훼손한다"는 비난이 쏟아졌다.

이에 S사는 2023년 주주총회에서 파격적인 주주 환원 정책을 발표했다. 향후 자회사가 상장할 때 모회사 주주들에게 자회사 주식을 나눠주거나 교환해주겠다는 내용이었다. 이는 물적 분할에 따른 주식 가치 하락 문제를 해결하기 위해 기업이 내놓은 해결책이었다. 시장은 이를 긍정적으로 평가하면서도 실제 이행 여부를 예의주시하고 있다.

┃ 투자자 체크 포인트 ┃

회사 분할 결정 공시가 나왔다면, 다음 세 가지를 차례로 점검해 리스크를 피해야 한다.

1. 분할 방식

인적 분할은 주주 가치 측면에서 중립적이거나 긍정적이다. 반면, 물적 분할이라면 주주 가치 희석 우려가 있으므로 주의가 필요하다.

2. IPO 계획 유무

공시나 IR 자료에서 신설 법인의 상장 계획을 확인해야 한다. '투자 유치를 위해…' '경영 효율화를 위해…'라는 명분 뒤에 상장 계획이 있을 가능성이 높다. 핵심 사업부가 상장될 경우 모회사의 투자 매력도는 급감할 수 있다.

3. 분할 대상 사업의 중요도

분할되는 사업부가 회사의 미래 성장을 견인할 핵심 사업인지 확인한다. 핵심 사업이 빠져나가는 물적 분할이라면, 모회사 주식에 대한 비중 축소를 고려해야 한다.

미국 등 선진 자본 시장에서는 모회사가 자회사를 쪼개서 중복 상장하는 사례가 드물다. 이는 주주 이익 침해로 간주되기 때문이다. 하지만 국내 시장에서는 자금 조달을 목적으로 핵심 사업을 물적 분할후 상장시키는 경우가 종종 발생한다. 내가 투자한 회사의 핵심 성장동력이 내 것으로 남는지, 아니면 별개의 회사로 떨어져 나가는지 감시하는 것은 주주의 권리이자 의무다.

8장

투자의 승률을 높이는
재무제표 활용법

사고 나서
기도하지 마라

회린이   나 어떡하지? 유튜브에서 대박 소스라고 해서 산 바이오 주식

이 있는데, 계속 떨어지기만 해.

윤 회계사   저런, 어떤 회사인데? 또 재무제표 안 보고 샀지?

회린이   응… 오를 거라고 해서 일단 샀지. 계속 떨어지니까 재무제표를

찾아봤는데, 3년 연속 적자에 자본 잠식 직전이더라고. 근데 뉴

스 보니까 다음 달에 임상 결과 발표가 있대. 그거 성공하면 대

박이라는데 '존버'해도 되겠지? 제발 오른다고 말해줘.

윤 회계사   지금 네가 하고 있는 건 투자가 아니라 도박이야. 이미 저질러

놓고 나서 마음의 위안을 얻으려고 재무제표를 보는 건 아무 소

용이 없어. 그건 분석이 아니라 합리화일 뿐이야.

주식 시장에는 아주 흔한, 하지만 아주 치명적인 투자 패턴이 있다. 바로 '선매수 후분석'이다. 지인의 추천이나 뉴스, 유튜브의 급등주 추천 영상을 보고 혹해서 일단 매수 버튼부터 누른다. 주가가 오를 때는 아무 문제 없다. 문제는 주가가 하락하기 시작할 때다.

계좌에 파란불이 들어오고 손실이 -10%, -20%로 커지면, 그제야 투자자는 공포에 질려 스마트폰을 켜고 네이버 증권이나 DART에 들어간다. 그리고 뒤늦게 회사의 재무제표와 뉴스 기사를 뜯어보기 시작한다. 하지만 이때의 분석은 냉정한 검증이 아니다. 내가 이 주식을 손절하시 않고 버텨야 할 이유를 찾기 위한 필사적인 자기 위안일 뿐이다.

이때부터 투자자의 뇌는 보고 싶은 것만 보는 확증 편향에 빠진다. 재무제표에 빨간색(적자)이 가득해도 "이건 미래를 위한 투자일 거야"라며 회피한다. 이자비용이 급증해도 "요즘 금리가 높아서 그럴 거야"라며 합리화한다. 감사보고서에 경고등이 켜져 있어도 "설마 상장폐지까지 가겠어?"라며 애써 무시한다.

대신 희망적인 뉴스 한 줄, 주식 토론방의 긍정적인 글 하나를 붙들고 기도를 시작한다. "제발 본전만 오게 해주세요. 본전만 오면 다 팔고 다시는 안 그럴게요." 수많은 개미 투자자가 깡통을 차는 전형적인 '기도 매매'의 과정이다.

┃ 묻지 마 투자는 이제 그만 ┃

실제 사례를 하나 들어보자. 과거 개인 투자자들에게 큰 인기를 끌었던 A라는 기업이 있었다. 이 회사는 획기적인 신기술을 개발했다는 뉴스로 연일 주가가 급등했다. 게시판에는 찬양 글이 넘쳐났고, 사람들은 지금 안 사면 늦는다며 너도나도 매수 버튼을 눌렀다.

하지만 재무제표를 한 번만 열어봤다면 단 1분 만에 매수 생각을 접었을 것이다. A기업은 3년 연속 영업 적자를 기록 중이었고, 결손금이 쌓여 자본금마저 갉아 먹고 있는 자본 잠식 상태였다. 영업활동 현금흐름은 수년째 마이너스였고, 부족한 돈을 메우기 위해 전환사채를 밥 먹듯이 발행하고 있었다.

재무제표는 이미 "이 회사는 시한부입니다"라고 신호를 보내고 있었다. 결국 A기업은 감사의견 거절을 받고 거래가 정지됐다. 뒤늦게 재무제표를 확인한 투자자들이 땅을 치고 후회했지만, 이미 버스는 떠난 뒤였다.

이제는 순서를 바꿔야 한다. 재무제표는 주식을 사고 나서 마음의 평화를 얻기 위해 보는 경전이 아니다. 사기 전에 이 회사가 위험한 곳인지 아닌지를 걸러내는 거름망이자 안전벨트로 써야 한다.

많은 사람들이 "재무제표 분석은 어렵고 시간이 많이 걸려…"라고 변명한다. 하지만 거짓말이다. 이 책에서 배운 재무제표 분석이 습관화되면 한 시간이면 충분하다. 스마트폰 MTS(모바일트레이딩시스템)

앱만 켜도 바로 확인할 수 있다. 한 시간의 수고를 아끼려다 몇 년 동안 피땀 흘려 모은 종잣돈을 날리는 것이다.

우리가 마트에서 2,000원짜리 두부를 살 때도 유통기한을 확인하고, 5만 원짜리 옷을 살 때도 사이즈가 맞는지 입어본다. 하물며 수백, 수천만 원을 투자하면서 재무제표조차 확인하지 않고 덜컥 매수 버튼을 누르는 것은 투자가 아니라 도박이다.

 # 주가는 꿈을 먹고, 재무제표는 현실을 말한다

회린이   나 이제 재무제표 보는 법은 어느 정도 감이 잡힌 것 같아. 그럼 이제 이 지식으로 10배 오를 대박 종목을 찾으러 가볼까? 재무제표를 샅샅이 뒤져서 이익이 매년 2배씩 늘어나는 회사를 찾으면 그게 바로 텐 배거^{Ten Bagger} 아니겠어?

윤 회계사   으이구, 또 김칫국부터 마시네. 미안하지만 재무제표만 열심히 본다고 해서 미래에 10배 오를 종목이 툭 튀어나오진 않아.

회린이   뭐? 그럼 내가 지금까지 머리 싸매고 공부한 건 다 헛수고야?

윤 회계사   헛수고가 아니라 용도를 잘못 알고 있는 거야. 주가는 꿈을 먹고 자라지만, 재무제표는 현실을 말해주거든.

회린이	꿈과 현실?
윤 회계사	응. 주가는 앞으로 이 회사가 얼마나 성장할까 하는 기대감으로 움직여. 하지만 재무제표는 회사의 현재 상태를 보여주는 지표야.

재무제표 분석으로 대박 주식을 찾아낼 수 있을까? PER과 PBR이 낮은 저평가 우량주, 혹은 작년 실적이 사상 최대인 기업을 찾으면 주가가 10배, 20배 오를 거라는 환상을 가질 수 있다. 하지만 솔직히 말하면, 재무제표만으로는 제2의 엔비디아나 SK하이닉스를 찾기 어렵다. 과거가 아니라 미래를 선반영하는 주가의 속성 때문이다.

▌ 재무제표 분석의 진짜 목적은 리스크 관리 ▐

재무제표는 기업이 걸어온 과거의 발자취를 기록한 성적표다. 2026년 3월에 나온 사업보고서는 2025년 한 해 동안의 기록일 뿐이다. 반면 주가는 2027년, 2028년에 이 회사가 얼마나 성장할지에 대한 기대감으로 결정된다.

쉽게 비유하자면 주식 투자는 나무를 고르는 것과 같다. 투자자들은 눈에 보이는 화려한 꽃과 열매, 즉 미래의 성장성과 호재에 열광한다. 하지만 재무제표는 땅속의 뿌리, 즉 기업의 펀더멘털이다. 뿌리가 썩어 있다면 아무리 꽃이 화려해도 그 나무는 태풍을 견디지 못하고 쓰러진다.

실제로 주식 시장에서는 펀더멘털이 부실한 적자 기업의 주가가 기대감 때문에 폭등하기도 하고, 펀더멘털이 튼튼한 알짜 기업의 주가가 소외돼 제자리걸음인 경우도 허다하다.

예를 들어보자. 신약 개발 기업인 A사는 수년 동안 적자를 기록하며 재무제표상으로는 자본 잠식 우려가 있는 부실기업이다. 하지만 주가는 연일 신고가를 경신한다. 투자자들은 현재의 적자가 아니라, 신약 개발 성공 시 벌어들일 미래의 현금흐름에 프리미엄을 부여하기 때문이다.

반대로 철강 기업인 B사는 매년 수백억 원의 흑자를 낸다. 재무구조는 더할 나위 없이 탄탄하다. 하지만 주가는 지루하게 횡보한다. 투자자들이 이 산업에서 더 이상의 폭발적인 성장을 기대하지 않기 때문이다.

그렇다면 우리는 왜 과거 데이터인 재무제표를 분석해야 할까? 어차피 주가는 기대감으로 움직인다면 성장 가능성만 보면 되는 것 아닐까?

아니다. 재무제표 분석의 진짜 목적은 수익의 극대화가 아니라 리스크의 통제에 있다. 꿈을 꾸는 건 좋지만, 그 꿈을 실현하기 전에 기업이 재무적 위기로 무너진다면 투자금 전액이 손실될 수 있기 때문이다.

│ 재무제표는 족집게가 아니라 거름망 │

앞서 말한 바이오 기업 A사로 다시 돌아가보자. 신약이 성공하면 대박이지만, 실패하면 어떻게 될까? 혹은 성공하기까지 앞으로 3년이 더 걸리는데 당장 연구원들의 월급을 줄 현금이 없다면? 이 기업은 꿈을 이루기도 전에 상장폐지 되거나, 생존을 위해 대규모 유상증자를 단행해 기존 주주들의 가치를 희석시킬 것이다.

이때 재무제표를 볼 줄 아는 투자자는 이렇게 판단한다. "이 회사의 신약 파이프라인은 매력적이야. 하지만 재무제표를 보니 현금 유동성이 바닥났고 부채비율이 위험 수준이네. 외부 자금 조달 없이는 버틸 수 없는 구조야. 리스크가 너무 크니 투자하지 않아야겠어."

반면 재무제표를 모르는 투자자는 오직 뉴스에 나온 장밋빛 전망만 믿고 투자했다가 기업의 재무 리스크가 현실화됐을 때 속수무책으로 당하게 된다.

이것이 재무제표의 핵심 기능이다. 대박 종목을 찍어주는 족집게가 아니라, 쪽박 종목을 걸러내는 거름망 Screening Tool이다. 부실기업은 재무제표에 뚜렷한 위험 신호를 남긴다. 3년 연속 영업 적자, 영업활동 현금흐름의 지속적인 마이너스, 감당할 수 없이 늘어나는 차입금, 자본 잠식의 징후 등이다.

이런 신호들은 재무제표에 명확한 숫자로 기록돼 있다. 현명한 투자자는 부실기업을 걸러내고 투자 포트폴리오에서 배제한다.

│ 하방 리스크를 지우면 승률은 따라온다 │

국내 주식 시장에는 2,000개가 넘는 종목이 있다. 이 중에서 미래의 주도주를 정확히 예측하는 것은 전문가에게도 어려운 영역이다. 하지만 재무적으로 위험한 기업 걸러내는 일은 재무제표에 대한 기본 지식만 있다면 누구나 가능하다.

이렇게 재무제표를 통해 하방 리스크를 통제하고 나면, 튼튼한 펀더멘털을 가진 기업들만 남는다. 이런 기업들은 최소한 망할 걱정은 하지 않아도 된다. 설령 시장의 변동성으로 주가가 일시적으로 하락하더라도 불안하지 않다. 막연한 믿음이 아니라 검증된 숫자에서 버틸 수 있다는 확신이 나오기 때문이다.

투자의 승률은 자연스럽게 올라간다. 예를 들어 내가 투자하고 싶은 산업군에 10개의 종목이 있다고 가정해보자. 재무제표를 볼 줄 모르는 투자자는 10개 종목을 모두 선택지에 올려두고 그중 하나를 골라야 한다. 이 10개 중에는 알짜 기업도 있지만, 내일 당장 망해도 이상하지 않은 부실기업도 섞여 있다. 운이 나쁘면 부실기업을 고르게 될 확률이 존재한다.

반면 재무제표를 분석할 줄 아는 투자자는 10개 종목 중 재무 상태가 엉망인 5개 종목을 걸러낸다. 그리고 남은 5개의 기업 중에서만 선택한다. 실패할 확률이 높은 절반의 선택지를 지워버렸기 때문에, 승률은 당연히 높아질 수밖에 없다.

# 재무제표가 현실을
말하지 못할 때도 있다

회린이 지난번에 재무제표는 기업의 현실을 보여주는 거라고 했잖아. 그런데 내가 찾은 이 회사는 재무제표가 이렇게 훌륭한데 주가는 왜 바닥을 기고 있을까? 시장 참여자들이 합리적이라면 좋은 기업의 주가는 당연히 비싸야 하는 거 아니야? 혹시 숨겨진 악재라도 있는 걸까?

윤 회계사 물론 그럴 가능성도 배제할 수 없지. 하지만 반대로 시장이 그 기업의 진가를 아직 발견하지 못했거나, 오해하고 있을 가능성도 있어. 사람들은 주식 시장이 합리적이고 효율적으로 돌아간다고 믿지만, 실제로는 비효율적일 때도 있거든.

회린이 시장이 비효율적이라고?

윤 회계사 응. 시장은 계산기가 아니야. 때로는 공포에 질려 우량주를 헐값에 던지기도 하고, 때로는 탐욕에 눈이 멀어 부실주를 천정부지로 올려놓기도 해. 이때 주식 가격과 가치의 괴리가 발생해.

▎ 가치와 가격이 불일치할 때 ▎

재무제표를 분석한다고 해서 내일 당장 급등할 종목을 찾아낼 수는 없다. 하지만 잃지 않는 투자를 위한 가장 강력한 무기인 안전마진은 확보할 수 있다.

안전마진이란 주식의 적정 가치보다 낮은 가격에 주식을 매수했을 때 확보되는 차익을 의미한다. 쉽게 말해 1만 원의 가치가 있는 주식을 8,000원에 매수했다면, 2,000원의 안전마진을 확보한 셈이다.

그렇다면 왜 멀쩡한 1만 원짜리 주식이 8,000원에 거래되는 일이 발생할까? 교과서에 나오는 효율적 시장 가설EMH, Efficient Market Hypothesis에 따르면 모든 정보는 즉각 주가에 반영돼야 한다. 하지만 현실은 그렇지 않다. 주식 시장은 인간의 심리가 지배하는 곳이기 때문이다.

이런 시장의 비효율성으로 인해 기업의 적정 가치와 현재 주가 사이에 괴리가 발생하는 대표적인 사례를 두 가지 살펴보자.

1. 동일 산업 내에서 소외된 경우

주식 시장에서는 같은 업종에 속해 있고 실적 규모가 비슷함에도 불구하고, 주가 차이가 벌어지는 일이 발생한다. 예를 들어 건설업을 보자. A건설과 B건설은 매출 규모와 영업이익, 재무구조가 쌍둥이처럼 비슷하다. 그런데 A건설은 시장의 주목을 받아 PER 10배에 거래되는 반면, B건설은 별다른 이유 없이 소외돼 PER 5배에 머물러 있다.

비슷한 사업 구조와 이익 규모를 가진 경쟁사 대비 PER이나 PBR이 현저히 낮다면, 그 이유를 파악해야 한다. 만약 지배구조의 문제나 재무적 부실 같은 합당한 할인 요인이 없다면, 지금의 낮은 주가는 시장의 오해나 무관심에서 비롯된 것일 가능성이 높다.

회사의 본질 가치에 문제가 없는데도 단지 시장이 알아보지 못해서 싼 가격에 거래되고 있다면, 안전마진을 확보할 기회가 생긴다. 시장의 오해가 풀리고 관심이 돌아오는 순간, 주가는 제 가치를 찾아갈 것이다.

2. 일시적인 악재에 과민 반응한 경우

펀더멘털이 우수한 기업이 예상치 못한 일시적 악재를 만나 주가가 급락하는 경우다. 예를 들어, 글로벌 시장에서 잘나가던 자동차 기업이 주요 수출국의 관세 폭탄 우려로 주가가 20% 폭락했다고 가정해보자.

재무제표를 볼 줄 모르는 투자자는 "이제 수출 길 다 막혔다"며 주식을 매도한다. 하지만 현명한 투자자는 상황을 다르게 판단한다.

"관세는 정치적인 협상 카드일 가능성이 높아. 관세 이슈는 영원히 지속될 수 없을 것이고, 언젠가는 타협점을 찾아 해결될 거야."

그리고 계산기를 두드린다. 주가가 폭락한 덕분에 배당수익률이 크게 치솟았기 때문이다. 재무제표를 보니 보유 현금도 넉넉하고 매년 벌어들이는 현금흐름도 좋아 배당을 삭감할 이유는 없어 보인다.

"지금 주가라면 배당수익률만 8%가 넘네? 은행 이자의 2배잖아? 주가가 당장 회복되지 않아도 배당만으로도 충분히 매력적이야."

악재는 일시적이고 회사의 본질 가치(자동차 판매 경쟁력)는 훼손되지 않았다. 주가만 싸진 덕분에 안전마진을 확보할 기회가 생긴 것이다.

물론 저평가된 주식을 매수했다고 해서 주가가 즉시 제자리를 찾아가는 것은 아니다. 시장이 그 가치를 인정해줄 때까지 인내의 시간이 필요할 수도 있다. 하지만 주식 투자의 역사가 증명하는 불변의 진리가 있다.

> 장기적으로 주가는 반드시 기업의 본질 가치에 수렴한다.

현미경을 치우고
망원경을 들어라

회린이   이거 뭐야? 내가 투자한 회사 분기보고서를 분석 중인데 접대
           비 항목이 작년보다 10%나 늘었네? 요즘 경기가 어렵다면서
           경영진이 회삿돈을 흥청망청 쓰고 다니는 거 아니야?

윤 회계사   10%가 늘었다고? 그 회사 전체 판관비는 얼마야? 그리고 그중
           에서 접대비는 얼마고?

회린이   어디 보자… 판관비 총액은 1,000억 원 정도 되고, 접대비는
           10억 원 정도야.

윤 회계사   판관비가 1,000억 원이 넘는 회사에서 고작 10억 원짜리 항목
           을 붙들고 고민하는 게 의미가 있을까? 그건 판관비의 1% 남짓

이야. 회사 전체 판관비에 비해 너무 적은 돈이지.

회린이   그래도 재무제표는 꼼꼼하게 분석해야 하는 거 아니야?

윤 회계사   투자자는 회계사처럼 숫자 하나하나를 돋보기로 보면서 검증하는 사람이 아니야. 현미경으로 먼지를 찾지 말고, 망원경으로 회사가 어디로 가고 있는지 방향을 봐야지.

재무제표 공부를 갓 끝낸 투자자가 빠지기 쉬운 함정이 있다. 바로 완벽주의의 함정이다. 재무제표에는 수백 개의 숫자가 나열돼 있다. 이 모든 숫자를 이해하고 분석해야 한다는 강박을 가진다. 그래서 큰 줄기는 보지 않고 아주 지엽적인 계정과목에 집착하기 시작한다.

"접대비가 작년보다 조금 늘었네?"

"복리후생비가 줄었으니 직원 대우가 박해진 거 아닌가?"

"소모품비가 왜 이렇게 많이 나왔지?"

물론 꼼꼼한 분석은 미덕이다. 하지만 무엇이 중요한지 본질을 놓쳐서는 안 된다. 기업의 가치를 결정하는 건 전체 비용의 1%도 안 되는 접대비나 소모품비 같은 사소한 계정과목이 아니다.

| 나무에 집착 말고 숲을 보자 |

회계에는 중요성의 원칙Materiality Principle이라는 대원칙이 있다. 의사 결정에 영향을 미치지 않는 사소한 금액이나 오류는 무시해도 좋다는 뜻이다. 수조 원을 굴리는 기업에서 수억 원의 변동은 통계적으로 무의미하다. 투자자 역시 과감하게 무시하고 넘어가는 법을 배워야 한다.

현미경을 내려놓고 망원경을 들어보자. 그리고 사소한 계정과목과 단일 분기의 숫자가 아니라, 최소 3년에서 5년 치의 재무제표를 시계열로 나열해놓고 숫자가 흐르는 방향을 읽어야 한다.

손익계산서를 분석한다고 해보자.

단편적 시각

A기업의 작년 영업이익은 105억 원, 올해는 100억 원이다.

→ "영업이익이 5억 원이나 줄었네?"

→ 판관비 내의 계정과목 하나하나의 증감을 분석하기 시작한다.

추세적 시각

A기업의 매출액은 5년 연속 증가하고 있다. 비록 올해 원자재 가격 상승으로 영업이익 규모는 살짝 줄었지만, 매출 대비 판관비 비중은 15%에서 14%, 그리고 올해 13%로 매년 꾸준히 낮아지고 있다.

→ "일시적인 원가 부담만 해소되면, 개선된 체질을 바탕으로 장기적으로 영업이익은 늘어날 거야."

→ 판관비 내 금액이 큰 계정과목의 증감을 확인한다.

> → "광고선전비 금액이 증가하는 걸 보니 공격적으로 마케팅하나 보네."

재무상태표를 분석할 때도 마찬가지다. 부채비율을 분석한다고 해보자. 역시 숫자의 크기보다 방향성이 훨씬 중요하다.

> B기업: 부채비율 150%
>
> C기업: 부채비율 100%

단순히 숫자만 보면 C기업이 더 안전해 보인다. 하지만 과거 3년 치 흐름을 보면 해석은 완전히 달라질 수 있다.

> B기업: 300% → 200% → 150%
>
> 막대한 설비 투자가 끝나고, 벌어들인 현금으로 빚을 빠르게 갚아나가고 있다.
>
> → "재무 리스크가 해소되면서 기업가치는 재평가받을 거야."
>
> C기업: 50% → 80% → 100%
>
> 빚이 절대적으로 많은 건 아니지만, 조금씩 늘어나고 있다.
>
> → "수익성이 악화돼 빚으로 운영비를 충당하고 있을 가능성이 높아."

이처럼 재무제표를 분석할 때는 모든 계정과목을 검증하는 것이 아니라, 회사의 펀더멘털을 좌우하는 핵심 지표의 추세를 읽어내는 게 중요하다. 소액 계정과목의 일시적 변동이 아니라 매출성장률, 영업이익률의 개선, 부채비율의 추이와 같은 굵직한 흐름이 기업의 성장성과 안정성을 보여주기 때문이다.

개미가 분식회계를 피하는 유일한 방법

회린이 이제 재무제표 보는 눈도 어느 정도 생겼으니 분식회계를 잡아 내는 기술도 알려줘. 내가 꼼꼼하게 분석해서 잘못된 숫자를 찾 아내면 상장폐지 같은 악재는 피할 수 있잖아?

윤 회계사 현실적으로 말해서 그건 쉽지 않아. 분식회계를 잡아내는 건 전 문가들에게도 매우 고난도의 영역이거든.

회린이 에이, 전문가가 마음먹고 검증하면 전부 찾아낼 수 있는 거 아 니야?

윤 회계사 글쎄. 상장회사를 감사할 때 수명의 회계사가 팀을 이뤄서 며칠 밤을 새우며 검증해도, 작정하고 왜곡된 정보를 숨기려는 회사를 완벽하게 적발하기란 정말 어려워. 하물며 내부 자료를 볼 수 없는 개인 투자자가 모니터 속 숫자만 보고 분식회계를 잡아 내다는 건 현실적으로 불가능에 가깝지.

회린이   그럼 우리는 그냥 위험에 노출돼야만 하는 거야?

윤 회계사   아니지. 분식회계를 증명하려고 애쓰지 말고, 조금이라도 의심 스러운 정황이 보이면 투자 대상에서 배제하면 돼.

| 분식회계는 회계사도 발견하기 어렵다 |

많은 사람이 회계를 공부하면 기업의 분식회계를 간파할 수 있을 거라는 기대를 품는다. 하지만 현실적으로 개인 투자자가 공시된 재무제표만 보고 분식회계를 찾아내는 것은 매우 어렵다.

먼저 분식회계의 뜻부터 정확히 알아보자. 분식(粉飾)이란 '가루 분' '꾸밀 식' 자를 써서 얼굴에 분을 발라 꾸민다는 뜻이다. 기업이 재무 상태를 실제보다 양호하게 보이게 하려고 자산을 과대 계상하 거나 부채를 축소하고 이익을 부풀리는 회계적 왜곡 행위를 말한다.

이런 부정을 미연에 방지하기 위해 자본 시장에는 외부감사라는 시스템이 존재한다. 상장회사를 감사할 때는 회계사 혼자서 재무제표 를 훑어보지 않는다. 수년 동안 전문적으로 훈련된 회계사 여러 명이 감사팀을 구성해 회사에 상주하며 강도 높은 현장 감사를 수행한다.

회사의 내부 주요 문서를 열람하고, 금융기관에 직접 조회서를 발송해 예금 잔고와 차입금 내역을 교차 검증하며, 거래처를 방문하거나 재고 실사를 통해 실물 자산의 존재 여부까지 확인한다.

여기서 끝이 아니다. 현장에 투입된 회계사들이 작성한 감사 조서는 회계법인 내의 품질관리실(심리실)로 이관돼, 감사에 참여하지 않은 베테랑 회계사들의 2차, 3차 정밀 검토를 받는다. 이 과정은 매우 엄격하고 체계적이다.

만약 부실 감사를 하거나 기업의 회계 부정을 묵인한 사실이 발각되면 어떻게 될까? 담당 회계사는 자격 정지나 등록 취소 같은 중징계를 받게 되며, 회계법인은 영업 정지를 당하거나 투자자들로부터 막대한 손해배상 소송을 당해 존폐 위기에 처할 수 있다.

즉, 회계사가 고의로 분식회계를 눈감아줄 가능성은 제로에 가깝다. 얻는 이익에 비해 짊어져야 할 리스크와 책임이 비교할 수 없을만큼 크기 때문이다. 그럼에도 불구하고 간혹 분식회계 사건이 발생하는 이유는 기업이 정교하게 데이터를 왜곡하거나 정보를 은폐해 감사인을 기만했기 때문이다.

상황이 이렇다. 많은 내부 정보에 접근 권한이 있고 엄격한 검증 시스템을 갖춘 전문가 집단도 발견하기 어려운 것이 분식회계다. 하물며 제한된 정보인 재무제표와 주석만 볼 수 있는 개인 투자자가 분식회계를 찾아낸다는 것은 현실적으로 불가능하다.

그렇다면 투자자는 이런 위험에 어떻게 대처해야 할까? 우리에게는 회계사에게 없는 강력한 권한이 있다. 바로 투자하지 않을 권리다.

회계사는 심증만으로 회사의 재무제표를 부정할 수 없다. 의심이 든다면 회사에 추가 자료를 끊임없이 요구해야 하고, 회사가 끝까지 자료를 제출하지 않거나 소명이 부족할 때 비로소 '감사 범위 제한'을 근거로 의견거절을 낼 수 있다. 즉, 의견을 거절하기 위해서도 타당한 근거를 확보하고 입증해야 하는 무거운 책임이 따른다.

하지만 투자자는 다르다. 우리는 누구에게 설명할 필요도, 근거를 입증할 필요도 없다. 조금이라도 석연치 않은 부분이 있다면 그 회사 주식을 사지 않으면 그만이다. 분식회계를 피하는 유일하고도 확실한 방법은 힘들게 검증하려 드는 것이 아니라 위험 징후가 포착되면 회피하는 것이다.

| 분식회계의 징후들 |

투자자가 유의해야 할 대표적인 분식회계의 징후는 다음과 같다.

1. 회사의 실체가 이해되지 않는 경우

정상적인 기업이라면 DART의 '사업의 개요'만 읽어도 이 회사가 무엇을 만들어 어디에 팔아 돈을 버는지 머릿속에 그려져야 한다. 하지만 실체 없는 신사업 용어만 나열돼 있어 도대체 무엇을 하는 회사인지 감이 잡히지 않는다면 의심해봐야 한다. 숫자도 마찬가지다. 재무상태표나 손익계산서에 거액의 '대여금'이나 '기타금융부채'가 찍혀 있는데, 이를 설명하는 주석이 부실한 경우가 있다. 이는 당신의 회계 지식이 부족해서 못 찾는 것이 아니다. 회사가 의도적으로 정보를 은폐하고 있을 가능성이 더 크다.

2. 잦은 번복과 불성실한 공시

공시 후 계산 오류 등을 이유로 공시를 정정하거나, 감사보고서 제출을 지연시키는 기업들이 있다. 이는 회계 시스템이 제대로 작동하지 않거나, 감사인과 이견을 좁히지 못하고 있다는 방증이다. 자본 시장에서 신뢰는 가장 중요한 자산이다. 약속을 지키지 않는 기업의 숫자는 신뢰하기 어렵다.

3. 설명되지 않는 완벽한 실적

동종 업계 경쟁사들은 불황으로 고전하는데, 유독 해당 기업만 압도적인 이익률을 기록하며 성장한다면 합리적인 의심이 필요하다. 물론 탁월한 경쟁력을 갖춘 기업일 수도 있다. 하지만 그 비결이 명확하게 설명되지 않는다면, 숫자가 부풀려졌을 가능성을 배제할 수 없다.

4. 잦은 경영진 교체와 정체성의 혼란

기업에게 사명은 단순한 이름이 아니라 시장에서 쌓아온 브랜드이자 신뢰의 상징이다. 따라서 정상적인 기업이라면 막대한 비용과 혼란을 감수하면서까지 간판을 수시로 바꿔 달 이유가 없다. 만약 사명을 변경한다면, 이는 과거의 부정적인 이미지를 세탁하거나 투자자들의 눈을 속여 마치 새로운 기업인 것처럼 위장하려는 의도일 가능성이 있다.

대표이사의 잦은 교체 역시 마찬가지다. 기업 경영은 장기적인 비전과 일관된 전략이 필수적이다. 하지만 리더가 수시로 바뀐다면 사업의 연속성이 결여될 수밖에 없고, 책임 경영 또한 기대하기 어렵다.

여기에 더해 본업과 무관한 당시의 유행 사업(바이오, 블록체인, 이차전지 등)을 사업 목적에 무분별하게 추가하는 경우라면 더욱 경계해야 한다. 이는 본업의 경쟁력 강화 대신, 단기적인 주가 부양에만 몰두하고 있다는 방증일 수 있다.

5. 복잡한 특수관계자 거래

주석의 '특수관계자 거래' 내역에 듣도 보도 못한 회사와의 거래가 많다거나, 매출의 상당 부분이 계열사와의 거래에서 나오고 있다면 경계해야 한다. 건전한 회사라면 굳이 주주들의 오해를 살 수 있는 복잡한 내부 거래를 만들지 않는다. 거래 구조가 복잡할수록 그 안에 감추고 싶은 비밀이 있을 확률이 높다.

6. 이익과 현금의 괴리

정상적인 기업이라면 손익계산서의 이익과 영업활동 현금흐름은 같은 방향으로 움직인다. 이익이 늘면 현금도 늘고 이익이 줄면 현금도 함께 줄어드는 것이 자연스럽다. 그런데 이익은 꾸준히 늘고 있는데 영업활동 현금흐름은 약해지거나 오히려 마이너스를 반복한다면 문제가 있을 수 있다.

물론 단기적인 경기 변동이나 일회성 요인으로 현금흐름이 흔들릴 수 있다. 하지만 장기간에 걸쳐 이익과 현금의 괴리가 있다면 이는 구조적인 문제일 가능성이 높다.

현금은 거짓말을 하지 않는다. 이익과 현금 사이의 간극이 커질수록 재무제표에 왜곡이 숨어 있을 확률도 함께 높아진다.

재무제표에서 발견된 사소한 의구심은 빙산의 일각일 수 있다. 굳이 투자자가 많은 시간과 노력을 들여 실체를 파헤칠 필요는 없다. 그시간에 재무구조가 투명하고, 비즈니스 모델이 직관적이며, 경영진의 신뢰도가 높은 기업을 찾는 것이 훨씬 효율적이고 안전하다.

# 좋은 기업 vs 나쁜 기업 체크리스트

회린이　지금까지 재무제표 읽는 법부터 위험한 기업을 피하는 법, 그리고 재무비율 분석까지 정말 많이 배웠잖아. 내용이 유익한 건 알겠는데⋯ 솔직히 양이 너무 많아서 머릿속에서 정리가 잘 안 돼. 막상 실전에서 이걸 다 기억하고 써먹을 수 있을까 걱정이야.

윤 회계사　하하, 처음 배우는 거니까 당연한 반응이야. 그래서 내가 널 위해 준비한 게 있어. 그동안 우리가 공부한 방대한 내용을 실전에서 바로 써먹을 수 있도록 핵심만 모은 '체크리스트'야.

회린이　오, 체크리스트?

윤 회계사　앞으로 주식을 사기 전에 이 리스트를 한번 확인해봐.

1. 리스크 관리를 위한 부실기업 스크리닝법

투자의 제1원칙은 '원금을 잃지 않는 것'이다. 수익을 좇기 이전에, 영구적 손실을 초래할 수 있는 위험 요소를 제거해야 한다. 아래 항목 중 단 하나라도 해당한다면, 매수 결정을 보류하고 해당 위험 요인이 해소될 수 있는지 원점에서 재검토해야 한다.

감사보고서의 경고등을 확인했는가? (4장)

☑ 최근 3년 감사의견 중 한정, 부적정, 의견거절이 있는가?

☐ 적정의견이지만 '계속기업 불확실성' 단락이 있는가?

☐ 감사보고서 제출이 법정 기한보다 지연되고 있는가?

돈을 못 벌어서 빚으로 연명하는가? (4장, 6장)

☐ 3년 이상 연속으로 영업 적자를 기록 중인가?

☐ 이자보상배율이 1 미만인가?

☐ 자본총계가 자본금과 비슷하거나 자본 잠식이 진행 중인가?

☐ 제2금융권(저축은행, 캐피털 등) 차입금이 있는가?

이익과 현금의 괴리가 발생하는가? (5장, 7장)

☐ 손익계산서는 흑자인데 영업활동 현금흐름은 마이너스인가?

☐ 영업활동(-), 투자활동(+), 재무활동(+)의 패턴인가?

☐ 매출채권이나 재고자산회전율이 떨어지고 있는가?

자산의 구성과 질은 어떤가? (3장, 4장, 6장)

☐ 자본총계 대비 개발비와 영업권의 비율이 높은가?

☐ 유동비율이 150% 미만이거나 감소 추세인가?

☐ 재고자산 평가손실이나 유형자산 손상차손이 반복 발생하는가?

경영진과 자금 조달이 수상한가? (4장, 7장, 8장)

☐ 전환사채나 신주인수권부사채를 반복적으로 발행하는가?

☐ 핵심 자산을 파는데, 목적이 신사업 투자가 아닌 '운영자금'이나 '차입금 상환'인가?

☐ 특수관계자 거래(대여금 등)가 복잡하거나 불투명한가?

☐ 사명이나 대표이사 교체가 빈번한가?

2. 가치 투자를 위한 우량기업 선별법

재무적 위험성이 제거됐다면, 이제는 기업의 펀더멘털과 성장 잠재력을 평가할 차례다. 단순한 생존을 넘어, 지속 가능한 이익을 창출하고 주주 가치를 제고할 수 있는 기업은 다음과 같은 재무적 특징을 보인다. 아래 항목에 충족하는 요건이 많을수록 투자의 안정성과 기대 수익률은 높아진다.

돈을 잘 벌고 성장하고 있는가? (6장)

☑ 매출액이 꾸준히 우상향하고 있는가?

☐ 매출액성장률보다 영업이익성장률이 더 높은가?

☐ 영업이익률 OPM이 경쟁사보다 높거나 개선되고 있는가?

☐ 자기자본이익률 ROE이 꾸준히 10~15% 이상을 유지하는가?

현금이 풍부하게 돌고 있는가? (5장)

☐ 영업활동 현금흐름이 당기순이익보다 큰가?

☐ 잉여현금흐름 FCF이 플러스인가?

☐ 영업활동(+), 투자활동(−), 재무활동(−)의 패턴인가?

주주를 진정으로 위하는가? (7장)

☐ 총주주환원율(배당 + 자사주 소각)이 높은가?

☐ 자사주를 '매입'하는 데 그치지 않고 '소각'까지 실행하는가?

☐ 배당금을 꾸준히 지급하거나 늘려왔는가?

가격이 가치보다 싼가? (6장)

☐ PER이 업종 평균이나 과거 평균보다 낮은가?

☐ PBR이 1배 미만인가?

☐ EV/EBITDA가 낮은가?

물론 이 체크리스트를 완벽하게 점검한다고 해서 투자의 성공이 100% 보장되는 것은 아니다. 주식 시장에는 재무제표만으로는 설명할 수 없는 수많은 변수가 존재하기 때문이다. 때로는 모든 조건을 충족한 우량기업의 주가가 떨어지기도 하고, 반대로 부실기업의 주가가 오르기도 하는 곳이 바로 주식 시장이다.

하지만 적어도 '몰라서 당하는' 치명적인 실수는 피할 수 있게 해준다. 체크리스트는 정답을 알려주는 해설지가 아니라, 위험한 길로 가지 않도록 막아주는 최소한의 안전장치다.

처음에는 이 항목들을 하나하나 확인하는 게 번거롭고 시간도 걸릴 것이다. 하지만 이 과정을 반복하다 보면, 어느새 재무제표를 쓱 훑어보기만 해도 회사의 재무 상태가 한눈에 들어오는 순간이 온다.

막연한 감이나 타인의 추천에만 의존했다가 손실을 보면 후회만 남는다. 하지만 스스로 분석하고 납득한 뒤에 내린 결정이라면, 설령 결과가 좋지 않더라도 그 과정은 고스란히 실력으로 남는다.

매수 버튼을 누르기 전, 잠시 숨을 고르고 이 질문들을 한 번만 떠올려보자. 작은 습관이 당신의 소중한 자산을 지키는 든든한 방패가 돼줄 것이다.